日本語の述語文法

～「新手法」で 学び取れる～

村山匡司

まえがき

　本書『日本語述語文法　～新手法で学び取れる～』の記述目標は目新しい記号などを有効に使って、述語派生や活用形の本当の姿を一般形式で開示することです。つまり、日本語の述語：動詞、形容詞、名詞・名容詞(形容動詞)の述語活用についての新しい法則性を解明するものです。

＜膠着語の性質を記号で明示すると...＞

　これに先駆ける前著には態の用法を中心に初出版した『日本語動詞 態文法を再生する』(2016)がありまして、膠着語の動詞活用を「ローマ字つづり」で解析する方法で「語幹と語幹の密結合には[挿入音素]を挟む規則がある」と提起しました。

　本書では日本語の膠着語としての性質を理解して整理したことで、先史以来の日本語の発展進化が現代文法と同じ法則に依拠しているのだと実感したことを基軸にして解説しています。

　著者は電気・放送関係の技術者で、語学の興味は20代の頃から態動詞の多義性や接辞形態の異形二重性に疑問と好奇心を持ち続けていました。定年退職後に独学で勉強して70代で成果を前著でまとめ、80代を前にして発展版を出せる段階にきました。

＜国語文法「かな解析」では密結合の膠着を分析不可能です＞

　学校文法の構文構成の分析で、「文の節目＝文節」までは「かな解析」で標準的な区切りができます。

が、さらに文節以下：「文節を細分化する節目＝単語？語節？と活用節」に区切って明示したいが、「かな解析」では「語の節目＝語幹」と「活用節＝活用形」の膠着具合を正しく音素識別・表現することができません。

特に膠着度が強い用言の活用(自立語語幹＋活用節)では語幹と活用語尾が混合してしまい、語幹や接辞(助動詞)の形態を「かな文字」では正しく音素分析できません。　語尾でもないのに「活用語尾」という概念(語幹末尾音と挿入音素と接辞語頭音の膠着)で解釈して済ませるつもりが延々と続いています。

　また、膠着度が弱い体言の活用（自立語節＋活用節）や、副詞・連体詞・接続詞などの活用（自立語節＋活用節）は、「かな文字解析」できる部分が多いのにも関わらず、「活用しない」と規定してしまっている。

すべての自立語は文章構文の中で「活用節」を持ち得るし、文節であるための必須条件＝自立語節＋活用節、を文句なく満たしている。つまり体言も間投詞・接続詞も活用して文章を作るのです。

例：ほんの(:連体詞)すこし(:副詞・連用詞)ですが(:付属語・活用節・判定詞・終止形・接続助詞つき)、:というように活用文節を作ります。

　ネット検索で文法用語を調べても旧来の国語文法に依拠した解説だけです。これを信じて日本語を学習する若者、留学生が気の毒です。

いろいろな文法則が進展して来たのに、公式の文法が時代遅れのままでは、社会の損失循環です。　国語学者や日本語教師が正しくない法則基盤で教育したり、推奨したりしている姿は早く終わりにして、正しい法則を実践してほしい。

＜膠着方法の実際を選択演算形式にして実体験してもらう＞

　膠着強度に3種あり、強い順に派生 [/]、複合 [+]、縮約 [×]、と区別しました。3種概念を一括して、記号[#]で示します。膠着汎用記号です。

日本語の膠着になじんでいても、それを膠着記号で見たり聞いたり、説明を受けたりしたことはないかもしれません。

「新文法」の仮説的新概念を「一般形式表記」で開示し、どんな動詞の活用にも適用できる法則だと説得して理解していただくのが一番よいと考えました。
（文法法則の記号化＝可視化して法則を実感したい）
・動詞活用のように語幹と語幹が密結合する場合、日本語の膠着規則は「子音/子音、母音/母音の衝突回避法」が優先して[連結母音]、[連結子音]を[挿入音素]として仲介させます。
このとき、[挿入音素]＝[連結母音/無音]、[無音/連結子音]の選択演算子の形式で一般形式記号化すると、発話者に「衝突回避」の選択を体験してもらえます。それで膠着方法を誰でも実感できます。
・膠着強度の低い名詞単語の[+]複合の発音でも、可視化記号を用いると
例：酒屋：sake[+0a]ya, 小雨：ko[+s]ame, などの調音制御の働きを表現できます。もっと膠着強度の高い用言語幹の[/]派生に対しては工夫した記号：[挿入音素]を使って文法則を明確に示せるので効果的です。

＜文節の細部＝自立語節[#]活用節([#]活用節/補助文節)...＞

　文節をさらに細分化するには「単音素単位」に分解開示できる「ローマ字」解析が必要となり、「新手法」の出番となります。
・文節＝自立語節[#]活用節[#]活用節...。活用節が補助文節を持てます。
・用言自立語節＝(動詞、形容詞)用言語幹、
・用言活用節＝[/]接辞語幹([+]補助文節)[/]接辞語幹...、
（語幹と語幹の蜜な膠着：[/]派生記号）
・体言自立語節＝(名詞、名容詞＝形容動詞)体言の語幹でなく単語、
・体言活用節＝[+]助詞、[+]助詞[×]接辞語幹[/]接辞語幹...。
（ゆるやかな膠着：単語と助詞の[+]複合、助詞と接辞語幹の[×]縮約）
膠着語での活用構造とは「自立語節」に「活用節」が連結・膠着[#]する

ことなのです。

「用言は密膠着活用節」ですが、「体言とその他の自立語は同じ疎膠着での活用節」を生成して文章内で使われます。

　まず、用言の密膠着[/]派生方法で活用節を生成する実際の選択演算操作について、確認してください。一般形式表記にも慣れてください。

＜動詞文節＝動詞語幹：Dに、活用節＝[/]接辞語幹を膠着させる＞

例：動詞語幹：Dとすると、五段活用/一段活用の一般形式表記は一行で書き表せます。（選択式膠着法に少しなじんでみてください）

（注：五段/一段・活用＝動詞語幹の子音末/母音末での活用）

・D[a/-]na[k]0i, D[-/y]ou, D[0i=IQN/-]te, D[-/r]u, D[-/r]u, D[-/r]e[+]te, D[-/r]e(yo)/(ey)o,

　例：書く：kak[a]na[k]0i, kak[-]ou, kak[0i=I]te, kak[-]u, kak[-]e[-]te, kak[-]e,

（[0i=IQN/-]te、イ音便活用の選択演算子と定義）

　例：食べる：tabe[-]na[k]0i, tabe[y]ou, tabe[-]te, tabe[r]u,tabe[r]e[-]te, tabe[r]o, (語幹：Dに実例の語幹を代入して、選択演算しました)

注1：[a/-], [i/-], [-/r], [-/s], [-/y], [-/k], 密結合の仲介[挿入音素]であり、2種の[連結母音/無音]、4種の[無音/連結子音]です。

[挿入音素]はこの6種類だけです。（[0i]い音便、[0u]う音便を除く）

注2：[i/-]は[i]音便の場合、3種の音便表記があります。

・[0i=I/-]前音消音便, [0i=Q/-]促音便, [0i=N/-]撥音便の3つですが、これらを[0i=IQN/-]で簡略的に一括表現しました。

・書いて：kak[0i=I/-]te＝kak[i]te＝ka[i]te, ・泳いで：oyog[0i=I/-]de,

4

・分かった：wak[-]ar[θi=Q]ta＝wak[-]a[Q]ta＝wakatta,

・読んで：yom[θi=N]de＝yo[N]de, ・食べて：tabe[i/-]te＝tabe[-]te, と、日本
語に慣れると意識せずに自然に選択して発話しているはずです。
（注：子音接辞：-te- / -de- との連結で唇や舌の動きを酷使しないで、子音接
辞を響かせるために音便制御が働くのです）
古く平安期から音便法が始まっているようです。

＜態動詞文節＝動詞語幹：Dに、活用節＝[/]態接辞語幹を膠着させる＞
　国語文法では密結合の態活用形式を正しく表記できないので、
長年文法的な重大な損失循環に陥っています。
（態接辞：-e-, -ar-, -as-,を見抜けない状態が続いています）
「新文法」の正しい一般形式表記なら簡明な法則として表現できます。
例：能動態の四態：
・D(- - / [-/r]e- / [-/r]ar- / [-/r]ar[-]e-)[-/r]u,：語幹括り出し。
・または：D[-/r](-[0]- / -e- / -ar- / -ar[-]e-)[-/r]u,：終止形語幹括り出し。
注：[0]は前置挿入音素[-/r],[-],[r],を消去する仮記号。
・能動態・書く：kak[-/r]u＝kak[-]u, ・食べる：tabe[-/r]u＝tabe[r]u,
・可能態・書ける＝kak[-]e[r]u,　　・食べれる＝tabe[r]e[r]u,
・結果態・書かる＝kak[-]ar[-]u,　・食べらる＝tabe[r]ar[-]u,
・受動態・書かれる＝kak[-]ar[-]e[r]u, ・食べられる＝tabe[r]ar[-]e[r]u,
便宜的にD[-/r]を終止形語幹と仮称しましたが、
本来 [挿入音素] は語幹と接辞語幹の中間に置くので、中間接辞なしでは
D[-/r]([0:挿入音素消音])[-/r]u で代用しました。
例：「能動態、強制態、使役態の三系四態」の一般形式表記を併記すると、終
止語幹の相違点と「四態接辞の並び形態」の共通性が判ります。
・強制態の四態：D[-/s]as[-](-[0]- / -e- / -ar- / -ar[-]e-)[-/r]u,

5

：強制終止形語幹括り出し。

（書かす、食べさす：Dに代入して四態の選択演算をお試しあれ）

・使役態の四態：D[-/s]as[-]e[r](-[0]- / -e- / -ar- / -ar[-]e-)[-/r]u,

：使役終止形語幹括り出し。

（書かせる、食べさせる：Dに代入して四態の選択演算をお試しあれ）

＜形容詞文節＝形容詞語幹：Kに、活用節＝[k]接辞語幹を膠着させる＞

例：形容詞語幹：K（すべて母音末語幹）なので、挿入音素は [-/k]＝[k]で表記できます。

・(シ)ク活用：K[k]u[+]na[k]0i, --, K[k]u[-]te, K[k]0i, K[k]0i, K[k]ere[+]ba, --,

・カリ活用：K[k]ar[a/-]zu, K[k]ar[-/y]ou, K[k]ar[-]i, --, K[k]ar[-]u-, --,

K[k]ar[-]e-, （新旧混在で簡略表記）

（早：haya, 寒：samu, 楽し：tanosi, をKに代入し選択演算してみてください）

　ここまで、用言：動詞/形容詞の[#]活用節の膠着表記を選択演習して確認していただきました。

　つぎに体言：名詞/名容詞の[#]活用節の疎膠着法を示す順番ですが、[+]助詞の膠着からはじまる活用節ですから、文章の切れ・続きの視点：構文相の「新手法」の視点でゆっくり前説しましょう。

＜日本語の基本構文型：選択演算式なら一般形式一行表記が可能＞

　「新手法」の目玉として提起したいのは、日本語の作文指導に役立つ「選択演算式基本構文型：一般形式表記」の考察です。

・日本語構文を概念的に表記すると、

　構文＝文節＋文節(、)＋文節＋文節….。の構造です。

構文内容の立場で表記しなおすと、複数文節の意味の構造が見えます。

構文＝主部活用節＋補語活用節＋述語活用節...。のようにつながった意味の構造になっているでしょう。（概念的表現ですが）

・活用節＝([#]活用節)[#]構文相、：活用節の最後は「構文相」になる。

・構文相＝①連用形/②連体形/③終止形、のどれか選択し構文連結する。

・自立語四品詞＝体言(名詞・名容詞)と用言(動詞・形容詞)が、

[#]活用節＝[#]構文相(=①連用形/②連体形/③終止形)と連結して意味のある構文を作り出すのだという認識を持つことが最重要です。

　そこで、主部体言＝T、補語体言＝S、述語用言＝Y、の記号を使い構文相を定義しましょう。（形容動詞＝名容詞：体言の仲間）

・主部体言:Tの3つの構文相とは、

T①連用形＝体言+助詞＝名詞M/名容詞My+助詞は/が/に/を/で/...、

T②連体形＝M+の、My+な、

T③終止形＝T+判定詞:です/だ/である/でございます/...。

・補語体言:Sの3つの構文相活用形は、

S①連用形＝(指定/措定語、連体底)+助詞＝S+は/が/に/を/で/...、または

S①連用形＝形式名詞「の/...」+助詞＝のは/のが/のに/のを/ので/...、

S②連体形＝M+の、My+な、M/My+なの、

S③終止形＝S+判定詞:です/だ/である/でございます/...。

・述語用言:Yの3つの構文相活用形は、動詞/形容詞ともYで示すと

Y①連用形、Y②連体形、Y③終止形、（形の説明を省略）です。

これだけの要素に絞り込む工夫により一行で基本構文型が表現できます。

<「【選択演算式基本構文型】:一般形式表記」>

【T①(T②/Y②)T①(-Y①/-Y②)...S①(S②/Y②)[S①-S③]/[S①-Y③].】

注:/ 記号＝択一選択、( )記号＝要否選択、[ ]記号＝範囲整理を表す。

先行文:T①(T②/Y②)T①(-Y①/-Y②)...　主部に修飾要素を選択でき、

後続文：S①(S②/Y②)[S①-S③]/[S①-Y③]．で体言文/用言文の選択形式
にします。（複文構成に備えて「先行文…後続文」構成にしてあります）

・体言文ではS①(S②/Y②)[S①-S③]/~~[S①-Y③]~~．を選択し、

・用言文ではS①(S②/Y②)~~[S①-S③]~~/[S①-Y③]．を選択する。

ここでは、応答文：即答文/回答文/陳述文の形式で選択演習の見本を示します。

（文節の取捨選択の様子を「取消し線付き」で示しています）

例：「太郎は①「大阪に①→行く②「:|予定③」+です。:回答文。

　　T①,T①~~(T②/Y②)~~T①~~(Y①/~~Y②)…S①(S②/Y②)~~[S①-S③]/[S①-Y③]~~．

　　:T①は複数化OK。

・「太郎は①「:|予定③」+です。:即答文。

（「太郎＝予定」を根拠に人魚構文？）

　　T①~~(T②/Y②)T①(Y①/~~Y②)…S①(S②/Y②)~~[S①-S③]/[S①-Y③]~~．

・「太郎は①「予定に①」→より①…「大阪に①」→行きます③。

:陳述文。T①~~(T②/Y②)T①(~~Y①/~~Y②)…S①(S②/Y②)~~[S①-S③]~~/[S①-Y③]．

・「太郎は①「大阪に①→行く②「予定で①」:>いそがしい③。

:陳述文。T①~~(T②/Y②)T①(~~Y①/~~Y②)…S①(S②/Y②)~~[S①-S③]~~/[S①-Y③]．

・「太郎が①「大阪に①→行く②「のは①「:|予定③」+です。

:回答文。

　　T①~~(T②/Y②)T①(~~Y①/-Y②)…S①~~(S②/Y②)[S①-S③]/[S①-Y③]~~．

・「太郎の②…「それは①「:|予定③」+です。:即答文。

　　~~T①(T②/Y②)T①(Y①/Y②)~~…S①~~(S②/Y②)[S①-S③]/[S①-Y③]~~．

（基本構文型の根源は応答文＝即答文、回答文、陳述文、を想定して
います。発話者の恣意的な文型要請に対応できるように選択形式にした
おかげで、一行構文化できました）

この例題構文は日本人言語学者が「人魚構文」と名付けて、
特殊な構造だとして調査研究に取り上げた文型です。
"回答文の動詞文が名詞文に直結した半人半魚の構造だ"という視点です。
"即答文の名詞文「太郎は予定です。」をまさに半人半魚だ"と誤解釈しています。(ウナギ屋での「僕はウナギだ。」と同じ端折り形式)
「太郎は(動詞文節修飾句を省略)予定」です：動詞文節の連体修飾句を省略
しても「太郎＝予定した状態」を意味するので安定のはずです。
「新文法」の解釈では、特殊どころでなく日本語の基本文型にきちんと
収まる構造であるとしたいわけです。　構造は基本文型におさまることが分か
ります。まだまだ、別の因子があるのでしょうか？

＜構文規律には「主部律と「述語律」の両作用＞
・主部律：主部要素の格助詞による相互関係の規律明示。
・述語律：述語要素の生起が主部要素と如何に関わるかの規律。
＜言葉言及には「状態判断説明／動作事象叙述」の二面性＞
　文章の作成や意味解釈を確実におこなうには、この二項目(述語律/言葉二
面性)を十分に理解していることが望ましいが、「人魚構文」に囚われるのは日
本語の日常使いの文法研究が十分に進んでいない証拠なのです。
　本書では各章の後段で構文考察を展開して、この二項目を確実に分析でき
る文法を目指します。
　名詞文・補語文の機能について簡単に前説すると、
・「太郎はT①(～行くY②)「:|予定S③」+です」「太郎はT①(～行くY②)「:|つもり
S③」+です」：両文とも行くことの「事由」説明文。

・「太郎はT①（〜行くY②)「予定がS①」→あるY③、/「太郎はT①（〜行くY②)
「予定でS①」:>忙しいY③、：「予定が/でS①」は実行計画の存在を想定させ、
準備行動の必要性を内包する。
・Y②連体形で修飾される被修飾語「連体底S」は関係代名詞なしの形式名詞/
事由名詞/措定名詞/推量・伝聞接辞などが用いられ、構文上の重要機能を
発揮します。（名詞補語文の「述語律」：第五章）
　日本語の構文は複数の主部要素（登場人・物）を文末の述語一つで、
まとめ上げます。　だから、「主語律」ではなく「主部律」と言い、
「述部律」ではなく「述語律」なのです。
・西欧語、たとえば英語の場合は、主語と補語の真ん中に動詞が入る
構成ですから、主語律、述語律が補語要素を規律するのでしょう。
・英語の基本構文型も、選択演算式表記をすると、（単文型単純形）
・S+V+O+O+C.（5文型）　または、S+V+O+O+A+C.（7文型）
の一般形式の一行表記が可能です。（活用するのは、ほぼ動詞:Vだけです。
英文法の詳細説明を省略します）
　日本語の基本構文型は、すべての自立語が活用節を持てることを前提にし
ていますし、対話応答文に「複主体の構文」が現れる確率も高いので、「先行
文…後続文」の複文型一般形を提案しています。

「複主体構文」とは：主体が二項目で構成される構文と広くとらえ、
・「桜[は]T①…「花[が]S①」→咲きましたY③。（〜[は]/〜[が]構文）
・太郎[は]T①「大阪にT①→行くY②…「の[が]S①「:|予定S③」+だ。
・太郎[は]T①「大阪にT①→行くY②…「:|予定S③」+です。
・太郎[は]T①…「:|予定S③」+です。（最小の二項目構文です）
・太郎[は]T①…「予定[が]S①」↕変更されたY③。

10

などを一括して複主体＝複主部構文と見立てます。なかでも、Y②連体形修飾の"大阪にS①→行くY②"を「先行文の叙述修飾」とみなすか、
以下のように「後続文の限定修飾」とみなすか、の違いが重要です。
・「太郎[は]T①...「大阪にS①→行くY②「の[が]S①「:|予定S③」+だ。
・「太郎[は]T①...「大阪にS①→行くY②「:|予定S③」+です。
先行文でも後続文でもどちらに組み入れても基本構文型に適合します。
・"→行くY②連体形"が限定修飾なら「の[が]S①、「:|予定S③」を修飾する動詞
であり、人称に無関係な"不定詞②連体形"として解釈できます。
・接続助詞や関係代名詞を使わない直結限定修飾の方法は"不定詞修飾"だ
と解釈するのが理に適うだろう。補語"予定"が「当てはめ措定語」ですから、
措定根源が限定修飾で密着する構成であると安心できます。
・「太郎[は]T①...「それ[が]S①「:|予定S③」+だ。
・「太郎[は]T①...「そのS②「:|予定S③」+です。
のように、"それが/その":措定根源の代替えを置くと、補語述語文がきちんと
収まる。人魚構文だとは解釈せずに済むようになる反面、着眼点が、"やるべ
き予定内容"に向くような文意になってしまう。
・「太郎[は]T①...「:|予定S③」+です。:文意の真芯はもう少し違うところにあり
ます。それが補語文の深層理解の難しさなのです。
(「:|予定S③」+で(に-決めて-あ(る状態であ)りま)す、に近い意味です)

＜名詞/名容詞文節＝名詞/名容詞単語:M/Myに、活用節＝[+]助詞([×]接
辞語幹[/]接辞語幹...)を膠着させる＞
・「新文法」では体言(名詞/名容詞)の活用形を緩やかな疎膠着ではあるが、
用言(動詞/形容詞)と同様の構文相形式で文章の中で活用させることができ
ると提案します。

・体言①連用形＝M/My単語[+]助詞：[+]は/が/を/に/で/と/…
・体言②連体形＝M/My単語[+]の/な/なの…
・体言③終止形＝M/My単語[+]である/だ/で(ありま)す/です/…
・この体言・補語③終止形＝M/My単語に「述語律」を認めるが、[+]である/です/…を判定詞と呼び、これには「肯定/否定」表現機能だけを認めますが述語律はないものとします。（詳細は第五章に記述する）

　まえがきでは本書の全体を概略的にご案内いたしました。
各章をご一読いただいて新たな発想の種にしていただけたらうれしいかぎりです。

目次

まえがき...1
　＜膠着語の性質を記号で明示すると...＞...1
　＜国語文法の「かな解析」では密結合の膠着を分析不可能です＞...1
　＜膠着方法の実態を選択演算形式にして実体験してもらう＞...2
　＜文節の細部＝自立語節＋活用節([+]補助文節)＋活用節...＞...3
　＜動詞文節＝動詞語幹：Dに、活用節＝[／]接辞語幹を膠着...＞...4
　＜態動詞文節＝動詞語幹：Dに、活用節＝[／]態接辞語幹を...＞...5
　＜形容詞文節＝形容詞語幹：Kに、活用節＝[k]接辞語幹を...＞...6
　＜日本語の基本構文型：選択演算式なら一般化一行表記が＞...6
　＜「選択演算式基本文型：一般形式表記」＞...7
　＜構文規律には「主部律と「述語律」の両作用＞...9
　＜言葉言及には「状態判断説明／動作事象叙述」の二面性＞...9
　＜名詞／名容詞文節＝名詞／名容詞単語：M/Myに、
　活用節＝[＋]助詞([×]接辞語幹[／]接辞語幹...)を膠着させる＞...11

目次...13-18

はじめに...19
　＜まず、目標は「本居宣長の手法」を乗り越えること＞...19
　＜学校文法が通用するのは「文の節目＝文節区切り」まで＞...20
　＜日本語の「語の膠着方式」を正確に識別し可視化する＞...20
　＜新文法：自立語節＋活用節→文節→文：
　：主部律＋述語律→構文を考察＞...22
　＜日本語の「基本文型：一般形式」を可視化して提示する＞...24

第一章　述語文法に新手法を導入する...27
1-1. 述語活用形を「ローマ字つづり」で表記する...29
1-2. 述語活用の「膠着強度」を3種類に分類表記...30
　＜膠着種別選択記号：[#]＞...32
1-3. [挿入音素]の構造は2種類、音素区別で6種類...32

1-4．動詞活用形の変遷を鳥瞰する…33
　　＜規則活用動詞：五段活用形／一段活用形＞…34
　　＜先史・古語時代の二段活用形＞…34
　　＜不規則活用動詞：来る／する：多語幹動詞＞…34
1-5．［連結母音／無音]、［無音／連結子音] の意味…35
　　＜[連結母音／無音]：[a/-], [i/-] の意味＞…35
　　＜[無音／連結子音]：[-/r], [-/s], [-/y], [-/k], の意味＞…37
1-6．動詞派生と先史時代の八母音…42
1-7．[i] 音便の［ローマ字表記法]…43
　　＜正然て形・た形の[i] 音便の表記法＞…44
　　＜形容詞活用での音便形：-u-音便、-i-音便＞…45
　　＜ちょっと脇道：-te-, -ta, 接辞の活用形＞…46
1-8．「態の三系四態」：可能態-e[r]u-の底力…48
　　＜動詞派生＝態相＋動作相＋切れ続き：構文相＞…48
　　＜態の三系四態：可能態の底力！＞…49
1-9．「述語律」が文章の基礎・土台をつくる…50
　　＜文章の主部と述部の区切りを明示する＞…51
　　＜述語のどこに「述語律」があるのか＞…52
　　＜複主体型構文を「述語律」で解く＞…53
　　＜構文の種別：物語り文／品定め文＞…55
　　＜体言・用言の構文三活用形＞…55

第二章　新文法の動詞活用形…57
2-1．動詞派生のしくみ（基礎1：自他交替/態派生）…59
　　＜動詞の自他交替派生形式の一覧表＞…60
　　＜先史時代の動詞派生＞…62
　　＜態派生の選択分岐：態の三系四態＞…63
2-2．動詞活用のしくみ（基礎2：規則/不規則動詞/活用相）…64
　　＜規則動詞/不規則動詞の活用形1：動作相接辞一覧＞…65
　　＜動作相の形態と後続[#]との関係＞…67
　　＜動詞の活用形2：活用相接辞・文節＞…68
2-3．接辞活用のしくみ（基礎3：動作相の立掛け一覧）…69
　　＜述語動作相の立掛け一覧表＞…69

2-4. 動詞活用形の最新部分:新手法版…71
　＜動詞活用形の名称の考え方＞…71
　＜最新:活用形の名称整理＞…71
　＜新呼称の将然・促進形、已然・実現形の説明＞…72
2-5. 動詞活用形の意味:最新版の動作相・活用相…74
　＜活用形の意味＞…75
2-6. 動詞活用派生のしくみ(応用:多次派生)…78
　＜「多重派生」にはご用心＞…79
2-7. 連体形の修飾能力(応用:基本文型へ)…82
　1)連体形は構文の「主・述」順序を乱すもの…82
　2)「新手法」視点で日本語構文を一般形式化する…84
　＜日本語の基本文型を探る1:主部/述部の活用形スリム化＞…85

第三章　新文法の態動詞活用形…89
3-1. 態動詞派生のしくみ…90
　＜ 態動詞派生のしくみ:「態の三系四態」全体一覧表＞…91
3-2. 「態の三系四態」のしくみ…92
　＜「態の三系四態」派生の構造:音素つづりを確認しやすく＞…92
　＜「態の四態」は -e[r]-, -e[r]e[r]-, -e[r]e[r]e[r]- 可能派生の繰り返し！＞
　…95
3-3. 態動詞の「述語律」と「律記号」…97
　＜「態の三系四態」と「述語律」「律記号」「主部に規律」一覧表＞…98
　＜共通の「四態」の述語律と律記号＞…99
　1)能動系四態:四態記号→「✛」…99
　2)態三系の「述語律」:三系四態→「✛」/「・✛」/「;✛」…102
3-4. 態の多重派生を正否判定する…105
　1)態の多重派生を如何に正否判定するのか…105
　2)「ら抜き、れ足す」は已然/可能接辞 -e- の多重化の恩恵…106
　＜「ら抜き言葉」は論理的に問題ないのです＞…107
　3)仮定形接辞:〜なら:n(i[x])ar[a] を推奨したい…108
　＜仮定形接辞の比較:〜ば、〜たら、〜なら、(動作相の違い)＞…109
　4)「さ入れ言葉」は、強制接辞 -as- の多重化の弊害…112
　＜膠着語の先行研究:「連結音素」に関して＞…113

　＜上代ク語法を謎のままにするのですか＞…114

3-5. 態動詞のはたらき：「述語律」…117

　＜態文法を「述語律と「律記号で」読み解く＞…118

　1）基本四態の述語律：✛能動系四態を基本四態と想定…118

　2）強制系、使役系の四態の述語律…120

　＜態の「主部律「述語律」をRPNスタック記法で表現する＞…121

　【要点整理：第三章】…123

第四章　新文法の形容詞活用形…124

4-1. 形容詞派生のしくみ：用言なのか…125

　＜形容詞の活用派生は「語幹[挿入音素:k]接辞語幹」形式＞…125

4-2. 形容詞述語派生のしくみ（基礎）…127

4-3. 形容詞の種類と(応)用法…129

　＜活用方法：単語一つを例に復習してみよう＞…129

　＜さまよう形容詞活用＞…131

4-4. 形容詞述語のはたらき：「述語律」…132

　＜形容詞述語の「述語律」と「律記号」＞…132

　＜日本語の基本構文を探る2：抽象：[は]/[が]+[ある]/[いる]＞…136

　復習：「構文相」活用形について…142

　【要点整理：第四章】…143

第五章　新文法の名詞述語形式…145

5-1. 名詞(名容詞)の自立活用形：構文規則の啓発…146

5-2. 名詞(名容詞)の終止形：判定詞の活用形…149

5-3. 名詞(名容詞)文のしくみ：補語述語文節…151

　1）名詞文は補語活用の終止形…152

　2）補語活用形から「述語律」を誘導する…153

　＜①指定律(名付け規律)：補語終止形＞…155

　＜②措定律(当てはめ規律)：補語終止形＞…156

　＜③推量・伝聞律(推定・伝聞状態の規律)＞…158

5-4. 判定詞のいろいろ…159

　＜判定詞の同類を調べる＞…159

　＜名容詞につく判定詞＞…160

5-5. 名容詞と形容詞の違い…161
　＜連体形、連体詞、形容詞など＞…162
5-6. 名詞(名容詞)文の「主部律「述語律」…163
　1)「主部要素の範囲」は「直列入れ子型カギカッコ」で明示…163
　2)文法上の工夫：措定補語を体言活用させる…164
　3)解釈の工夫：名詞文を人魚構文と見立てない論理…167
　＜日本語の基本文型を探る3：一般形式表記＞…169
　＜選択演算式基本文型とRPNスタック記法との類似性＞…172
　＜「人魚構文」の本当の意味は？＞…173
　＜言葉の二面性による解釈で＞…175
　＜判定詞：であるの意味の真芯＞…177
　＜[は][が][の]：係助詞/格助詞/準体助詞の意味の違い＞…179
　4)構文上の工夫：単文、複文、「〜は〜が」構文…181
　＜基本構文型による構文生成＞…181
　（単文生成/複文生成/「〜は〜が」構文生成）…181, 182
　＜「は/が」構文の解釈方法＞…183
　【要点整理：第五章】…187

第六章　新文法の「日本語構文「述語律」…189
6-1. 構文主部内での「主部律「述語律」…190
　＜本旨構文の主部要素に修飾句をつける：概念表＞…193
6-2. 構文内の開始格：「作文学習基本法」…196
　＜基本文型を探る4：作文開始格を示す＞…200
6-3. 構文述部内での「述語律」…202
　1)動詞述語は、動詞語幹[/]接辞語幹[/]接辞語幹、…204
　2)形容詞述語は、形容詞語幹[k]接辞語幹[/]接辞語幹、…206
　3)名詞・名容詞の体言活用形は終止形の場合が名詞文…207
6-4. 難解？構文での「述語律」…208
　＜難解？構文例：述語律記号を付けて表記＞…210
　＜古語的強制表現の場合＞…215
6-5. 日本語述語文法の新手法一覧…220
　表1)日本語の膠着連結の種類と記号…220
　表2)[挿入音素]の種類と記号…220

（表＜挿入音素と態接辞の由来推測、活用一覧の概念推測＞）...221

表３）動詞活用形の一般形式表記...222

表４）不規則動詞活用形の表記...223

（表＜動詞活用派生の順序：態を最初に＞)...223, 224

表５）形容詞活用形の一般形式表記...225

表６）派生膠着でのイ音便表記...225

表７）述語の「述語律」と「律記号」の一覧表...226

（態動詞：12種、形容詞：3種、名詞・名容詞：3種)...226

表８）構文主部の範囲を識別する...226

9）構文の「主部律」と「述語律」を適合させる...227

（基本構文型１、基本構文型２：RPNスタック表記)...227

【基本構文を探る5：文構成要素を「択一/要否」選択する】...228

＜言葉の概念：内包性/外延性、意味の真芯/縁辺を知る力＞...231

＜〜[は/が/の]、〜[で/に/と]：助詞の意味を悟る＞...232, 233

＜単語、助詞の意味の真芯：辞書の使い方＞...236

＜動詞活用派生の一覧表形式の再考＞...237

＜主要四品詞の活用一般形式（構想案）＞...238

あとがき...243

1）可能態の二重化：成否は？...244

（強制態と使役態：書かす/書かせる、の四態を比較...)...245

2）受動態の二重化：つかむ/つかまる、の四態を比較...247

3）態の四態：✚記号の頂点の動作動詞の条件はなにか。...248

4）動詞の自他交替で自/他動詞ともに「四態✚頂点」に立つ...249

＜新文法を可視化すると＞...252

参考図書...254

18

はじめに

　日本語の述語に対する「新文法」を提起します。

本書で記す「新文法」や「新手法」などと明示して説明する項目は、まさに「仮説」の段階であり、まだ「真説」どころか「新説」としても世に受け入れられるだろうか大いに不安です。

同時に大いなる目標があります。

　なぜ今、述語文法を取り上げるのか、その考察方針を記述します。

1. 古語、文語時代の「述語研究手法」は江戸期の本居宣長、春庭に始まり、日本語研究の道を拓いて学派の流れも多様化しつつ「述語活用研究」に成果をみせた。が、それ以降の日本語変革期に研究は十分な発展を果たせず長い混乱から抜け出せないでいます。（明治以降には西欧語文法を流用しすぎています）

2. この初期「本居手法」概念は、動詞の働きを調べるのに近似の歌合せの本文どうしを比べ合わせることです。これでは詳細、精密な文法を提示しようがありません。

   また、「ローマ字」で「音素つづり」の道具を使ったとしても、単に字面を並べただけでは「かな文字」分析と変わりなく「初期本居手法」に頼ることになってしまうのです。

＜まず、目標は「本居宣長の手法」を乗り越えること＞

3. まず目標は「本居手法」を乗り越えることです。　乗り越えるための道具は「新手法」です。

   「新手法」により「文法概念を記号化」して構文内に嵌め込んで説明できるように工夫することです。

4. 目的は「日本語の骨組みを一段掘り下げて膠着連結を開示して、しっかり教えられる、学び取れる、疑問を解く手掛かりになる」そういう文法を目指して「新手法」を提起します。

   目的は大きく高いのですが、目標の一つ「本居手法」を乗り越えたなら先の視界がひらけるでしょう。

<学校文法が通用するのは「文の節目＝文節区切り」まで>

5. 日本語の文章が「句、読。点」以外では、語列がびっしり連続します。強いて「文の節目」を想定するには「学校文法」で習う「文節区切り」の方法が便利です。（文節段階までなら膠着語でも区切りやすいのです）

   ・文節頭部の自立語で：名詞・名容詞(形容動詞)文節、動詞文節、形容詞文節などと呼んで文要素を区分することができます。

<日本語の「語の膠着方式」を正確に識別し可視化すること>

6. さらに細かい「文節の中の節目：自立語＋活用要素の節目」の膠着部分には何を以って識別区切りとするのでしょうか。

「新手法」での区切り概念を示します。

・文節＝自立語節＋活用節＋活用節…。活用節が補助文節を持てる。

・自立語節：用言なら語幹(動詞:D、形容詞:K)、がそれに相当、

　：体言なら単語形態(名詞、名容詞=形容動詞)、が自立語節に相当。（形容動詞＝名容詞と呼び、名詞と同様に単語形態で扱います）

・用言活用節＝[/]接辞語幹([+]補助文節)[/]接辞語幹…、

・体言活用節＝[+]助詞、[+]助詞[×]接辞語幹[/]接辞語幹…。

（膠着記号：派生[/]、縮約[×]、複合[+]、3種類の膠着方式がある）

膠着語が活用する構造は「自立語節」に「活用節」が連結することなのです。

（膠着強度に3種あり、話者は発話の際に選択します）

音素解析の方法を用いてこれらの節目を見つけ出し、一般形式表記できるように記号化します。

・記号化：文節内での膠着種別や派生法を識別し節目を明示します。

・膠着種別＝[/]派生、[＋]複合、[×]縮約 の3種類。

・派生[/]＝[a/-], [i/-]と、[-/r], [-/s], [-/y], [-/k], の6種類の[挿入音素]を取捨選択して、語幹と語幹を連結します。

・[挿入音素]の構造＝[連結母音/無音]＝[a/-],[i/-],の2種類と、

　＝[無音/連結子音]＝[-/r],[-/s],[-/y],[-/k],の4種類で合計6種類の構造。

・活用節＝活用形と似ていますが、[膠着記号]接辞語幹などの構造を意味します。（実際には活用節も①連用形、②連体形、③終止形の名前を借用して機能を表現することを推奨します）

例：どう使われるのか。：動詞節。

（発話者が[/]の中身を択一選択します）

：Dou tukaw[-/r]ar[-/r]e[-/r]u noka.＝選択で(tukaw[-]ar[-]e[r]u)と発話する。

・よく読んで考えてから、ご返事ください。([i]音便の表記法/選択法）

：Yoku yom[0i=N/-]de kangae[i/-]te[+]kara, gohenzi kudasar[0i=I/-].

＝Yoku yo[N]de kangae[-]te[+]kara, gohenzi kudasa[I].（選択結果）

（動詞語幹が子音終わり:yom,か、母音終わり:kangae,かにより、文法則の選択肢を示しつつ、[挿入音素の前側/後側の音素]を択一選択させるように方向づけの表記ができます）

・派生[/]の[挿入音素]は6種類のほか、イ音便・ウ音便の変種を加えて

も10種類までにはなりません。

例：とっても楽しかった。：形容詞節。

（形容詞語幹は母音終わり：早、楽し、重、[挿入音素]＝[-/k]=[k]）

：Tottemo tanosi[k]ar[0i=IQN/-]ta/da.＝選択で(tanosi[k]ar[0i=Q]ta＝tanosi[k]aQta＝tanosi[k]atta.)とする。（[i]音便の選択結果です）

・とても楽しゅうございました。：tanosi[k]0u gozar[0i=I/-]mas[i]ta.

＝Totemo tanosi[k]u(tanosyu) goza[I]mas[i]ta.（[u]音便の選択結果）

例：吾輩は猫である。：名詞節。（「:|猫」+である＝体言の③終止形）

（名詞節にも活用節が結合し機能を果たします）

（名詞+である=判定詞：で(ありま)す/だ/...恣意的な変化形が多いです）

：Wagahai[+]wa neko[+]de[×]ar[-]u.

＝猫：単語＋活用節：判定詞＝③終止形。

：判定詞＝複合膠着[+]記号や、縮約[×]記号、派生[/]記号が付く。

：d(e[×])a(r[-/r]u)＝da：猫+だ。名詞+判定詞で名詞の③終止形とみる。

（縮約の及ぶ範囲を( )で示す。de([×]ar[i/-]ma)s[-]u=です/で(ありま)す）

：吾輩+は/が/に/を/で/...名詞節の活用節＝①連用形、

：吾輩+の/猫+の/元気+な/実直+な/...名詞名容詞の活用節＝②連体形。

7. 「かな文字」解釈の国語文法では「語節解釈」に難渋します。

　　・語尾でもないのに「活用語尾？」として[密結合膠着]を見逃した説明をしています。　音素解析のローマ字が発達しても、長い世紀にわたり「活用語尾？」の説明が続いています。

＜新文法：自立語節+活用節→文節→文:主部律+述語律→構文を考察＞

8. 本書では、文節の細部：自立語節+活用節を各章で解説しつつ、

各章の後段では、文節から文につながる構文としての「主部律」、「述語律」を考察します。

・「主部律」の概念は文中の「登場人・物：主体/客体/対象/補語/...」などの相互の事象関与者の関係性を規律することです。

具体的には、主部に「名詞節：名詞語節＋活用節(助詞など)」を使って「登場人物」の(格助詞などで)関係性を言及します。

これを①連用形、②連体形、③終止形の規律にもなぞらえます。

・「主部律」は複数人物を対象とするので、「主語(単独)律」ではありません。（日本語に「主語律」は不要です）

・「述語律」は逆に単独の述語で「文全体」を規律します。

　具体的には「述語節」を作れるのは上の6.項例のように、

・動詞節＝(態)動詞節：D([/]態接辞)[/]接辞...、

・形容詞節：K[k]接辞...、などの用言節に対して

「述語律」を想定するだけでなく、

・名詞・名容詞節：M/My[+]活用節の形態で

「文の補語」要素になる場合に対しても必須で想定する。

＝①連用形、②連体形では「主部補語」であり、

＝③終止形になると「補語であり述語である」体裁を取ります。（③終止形の[+]判定詞自身には「述語律なし」とみるので、

「補語自体が「述語律」を果たします。補語は「主部律」と「述語律」の両方を果たす重要な役割があります）

9. 各章の後段では「主部律」「述語律」を考察しながら、日本語の文章作成法「構文の構成法」を調べています。

第二章、四章、五章の各章では「基本構文型を探る」項目で詳しく応答文：即答文/回答文/陳述文の構成を元に考察します。

第六章でたどり着いた結論的な「基本構文型」は、一行形式で
一般化表記できる「選択演算式基本構文型」を提起するところまで到
達できました。

<日本語の「基本構文型：一般形式」を可視化して提示すること>

　10. 構文内の「文節の切れ・続き」を調べる際には、各要素の活用節を限
　　　定的に絞り込むと、構造の把握がしやすくなる。
　　　・用言活用節：Y①連用形、Y②連体形、Y③終止形にしぼり、
　　　・体言活用節：T①連用形、T②連体形、T③終止形にしぼり、
　　　・補語活用節：S①連用形、S②連体形、S③終止形にしぼり、
　　　これらを文節の区切り指標にします。（：四品詞三活用形）
　　　・補語活用節を区別するのは、補語が構文上の重要な位置づけで使
　　　われることが多いからで、
　　　・補語の役目＝指定語、措定語、連体修飾受けの「連体底」
　　　の位置づけで使われる。　つまり、措定語や形式名詞「＋の」を「連体
　　　底」に立てて先行文全体を身代わりさせたり、後続文の始まり役を果
　　　たします。
・選択演算式の基本構文型：（必要要素だけを取捨選択して使う）
構文型1：T①(T②/Y②)T①-Y①/-Y②…S①(S②/Y②)[S①-S③/S①-Y③].
（注：先行文…後続文の構造。要否選択( )、択一選択 / ,範囲整理[ ] ）
四品詞・三活用形に絞り込むことで、日本語の基本構文型をたった
一行で一般形式表現できるのです。（第二章2-7最終段）
例：「象[は]T①…「＋鼻[が]S①」:>長いY③。：陳述文、即答文。
　：T①(T②/Y②)T①-Y①/-Y②…S①(S②/Y②)[S①-S③/S①-Y③].
　少し踏み込んだ構文構成を考察すると、

・「象[は]T①、「+何[が]T①:>すごいY②(「のか？S'③」とS'①→いうY'②とS'①)... :(先行文：提題自問文)

...「+鼻[が]S① :>長いY②「:|ことS③」+です。:(後続文：自答文)

:T①~~(T②/Y②)~~T①~~Y①/Y②~~(か？)...S①~~(S②/Y②)~~~~[S①-S③/S①-Y③]~~.

となって、("のか？というと"が範囲外)回答文をはみ出します。

・しかし、大きな発見です。(自問自答文構造)

・「象[は]「+何？[が]「特徴な「+のか？」(...これ[は])

...「+！鼻[が]:>長い「:|こと」+です。=「象は鼻が長い。」

の「～は～が」構文を作り出す根源的理由が分かります。

～[は]で提題自問し、+～[が]で解答・自答する構文構造を作り上げてきたのでしょう。

　これが第五章の最終段での気づきです。「自問自答文」にも対応する基本構文型を見つけ出すと画期的なことになります。

・しかし、自問自答文の構成条件はもっと厳しいものであり、

　自問先行文でも体言/用言の③終止形の選択が必要であり、

　自答後続文でも体言/用言の③終止形の選択が必要になります。

・さあ、「新手法」の工夫/考察は第五章、六章でどれだけ進展するのかたのしみです。

基本構文型を掲示しておき、作文の際に必要要素を選択・考察し、不要要素を消去するだけで多くの表現を生み出せるように使える「回答文・自問自答文が両立する構文構造」を望みたい。

例：「太郎[は]T①「なぜ？T①「出張なS②「+のか」S'③？...

...(「これ[は]S①)「+！予定なS②「:|のS③」+です。

＝「太郎は「:|予定(なの)③」＋です。

構文型2：T①(T②/Y②)T？①[Y①…]/[Y②/-S②](のかS'③？)…

…(これは)S①{S！②/Y②}[S①-S③/S①-Y③].（自問自答構文試案）

・自問自答の要点は「なぜ？」なら「！予定」だ、と答えること。

例：「象[は]T①「何[が]？T①「理由でS①…「＋！鼻[が]S①:>長いY②「:|のS③」＋ですか？（探究型自問文）

構文型3：T①(T②/Y②)T？①[Y①…/-S①…]/[Y②/-S②](のかS'③)…

…S！①(S②/Y②)[S①-S③/S①-Y③](か？).（探究型自問構文試案）

この構文型3なら応用範囲がどんどん広がりそうな予感がします。

先行自問文も後続自答文も体言/用言が、T①/Y①、Y①/S①、Y②/S②のように均等的に「並行・択一の選択並び」になっています。

この「均等性」がとても気に入りました。

　ここは「はじめに」の段階であり、第五章、六章を待たずに試案を出してしまい心配になってきました。

まず、各章本文で膠着言語の膠着の実像を目視していただき、膠着を選択演算する体験を十分していただくと、「新手法」の領域に進めるようになります。

まだ学者も教師も進んでいない道です。

しかし迷い道ではないはずです。

　では、ゆっくりと選択演算しつつ、考えながらお読みください。

第一章　述語文法に新手法を導入する

1-1. 述語活用形を「ローマ字つづり」で表記する

1-2. 述語活用の「膠着強度」を3種類に分類表記

　　＜膠着種別選択記号：[#]＞

1-3. [挿入音素]の構造は2種類、音素区別で6種類

1-4. 動詞活用形の変遷を鳥瞰する

　　＜規則活用動詞：五段活用形／一段活用形＞

　　＜先史・古語時代の二段活用形＞

　　＜不規則活用動詞：来る／する：多語幹動詞＞

1-5. [連結母音／無音]、[無音／連結子音]の意味

　　＜[連結母音／無音]：[a/-], [i/-]の意味＞

　　＜[無音／連結子音]：[-/r], [-/s], [-/y], [-/k], の意味＞

1-6. 動詞派生と先史時代の八母音

1-7. [i]音便の[ローマ字表記法]

　　＜正然て形・た形の[i]音便の表記法＞

　　＜形容詞活用での音便形：-u-音便、-i-音便＞

　　＜ちょっと脇道：-te-, -ta, 接辞の活用形＞

1-8. 「態の三系四態」：可能態-e[r]u-の底力

　　＜動詞派生＝態相＋動作相＋切れ続き＞

　　＜態の三系四態：可能態の底力！＞

1-9. 「述語律」が文章の基礎・土台をつくる

　　＜文章の主部と述部の区切りを明示する＞

　　＜述語のどこに「述語律」があるのか＞

　　＜複主体型構文を「述語律」で解く＞

　　＜構文の種別：物語文／品定め文＞

　　＜体言・用言の構文三活用形＞。

第一章では日本語の述語文法への導入として、「膠着語の活用派生の実態」：つまり「派生音素の結合状態」を「ローマ字つづり」で正確に再現する「新手法」を開示します。　密結合の膠着では「語幹と接辞語幹の連結」に際して「子音/子音の膠着回避、母音/母音の膠着回避」が必須の
文法条件になります。

　国語文法が「かな文字」で膠着語を解析し続ける不利な状態から、停滞を乗り越えられずにいる現状を「新手法」で打開することができます。
・導入章として1−1から1−6までの「膠着法則」に関する考察が新文法の中心構想です。発展して1−7〜9の「構文構成」も構想します。
　まず新手法の基本となる「ローマ字つづり」方法を開示して、
・「膠着強度の表記法」や「[挿入音素]の表記法」を解説します。
原理は簡単ですから、演習するつもりで読み込んでください。
・述語活用の中で起きる「て形、た形」接辞の [i] 音便などの変則形態の表記法も演習しておきましょう。
（ローマ字表記法の基本解説は1−7節までで完了します）
この章の内容が「新文法」への出発点、踏切台となります。

1. 「ローマ字解析」を元に、活用形式の「膠着強度」を3種類に分類したり、語幹と語幹の連結派生では中間に[挿入音素]をはさみこむ（子音/母音重複の回避）法則を確実に見つけ出せるようになります。

2. また、それを元に述語派生を（五段活用／一段活用）共通一般形式で表記できるような、強力な分析道具に仕立て上げることができます。

3. これを元に（助動詞）接辞を取り替えれば、自他交替派生や態動詞派生などの分析結果を同様概念で一般形式の表記ができるのです。

4. それにより、接辞の連結による二次派生、三次派生が生み出す複雑な述語文節も正しく接辞の区切りを識別して意味の相関関係を考察できます。しかも共通一般化した表記方式で解釈できるので、時空を超えて先史時代、古語時代、文語時代、現代語を通じた接辞派生の形態を見渡すことができるようになります。 現代の謎を「新手法」の論理と推量で先史の土台・遺産と通じ合わせることもできます。

5. つまり、新手法を用いて「述語文法の分析に好循環を生み出す」ことが現実に可能になるのです。好循環の結果、国語文法の難関を難なく解決してしまいます。

1-1. 述語活用形を「ローマ字つづり」で表記する

①学校文法で学ぶ「訓令式のローマ字つづり」を基本的に使います。

　先史、古語時代には、母音が a,i,u,e,o, 五音の他に 、ï,ë,ö, も使われて八母音であったり、h行音がf行音で発話される時代もあったり、ahu, afu, aw[a]na[k]0i, など現代でもh行音がw行音に変わる発話があります。それらを含めて「訓令式ローマ字表記」で表現します。

・文節の切り出し方法や述語活用の基礎、専門用語は学校文法に依拠します。

ただし、述語分析には「ローマ字つづり」を適用し、順次新分析の効果を発揮して新しい用語が増えてくるでしょう。

次項②は読み飛ばしても構いません。本章が表記方法にこだわる理由でもありますが、当たり前のことですから。

（1-2. 述語活用の「膠着強度」を3種類に分類表記、の「新手法」へ進みます）

②学校文法で学ぶ「述語活用形」概念は良しとしても、「かな文字による一覧表」形式の表記をおこなっていては無残な形態でしか表現できません。

・述語活用形＝述語語幹＋活用語尾＋接辞語幹＋活用語尾＋接辞語幹、の構造で表記する概念ですが、語尾でもない活用語尾を語幹の間に挟む理由が不明確ですし、「かな文字」では語幹も活用語尾も混合してしまい明確に表記できません。

（語幹と活用語尾と接辞が連結するとき、子音と母音で膠着したら、かな文字では切り離す表記ができません）

・例：書かなかった：か・か・な・か・った／kak・a・na・k・a・tta.

このように「かな→ローマ字」変換表記を採用するだけでは、見た目の効果もなく「新手法」の利点がほとんど活かされません。

語幹/接辞の膠着状態を明示する「新方法」が必須条件なのです。

1-2. 述語活用の「膠着強度」を3種類に分類表記する

　次に大切な新手法の着眼点は「膠着の性質を識別し表示する方法」を案出することです。提案する表示記号を説明します。

つぎの3種の膠着記号：[/], [+], [×], により識別します。

①述語文節内の密結合「派生」→ [/] 記号で表示。

　実際の構成内容は[挿入音素]：単純な母音か子音の1音素。

・述語活用＝用言語幹 [/] 接辞語幹 [/] 接辞語幹・・・

例：書かなかった：kak[a/-]na[-/k]ar[0i=Q]ta.

　1. 挿入音素：[/]の詳細は次節1-3で説明します。

2. [i]音便の促音便 ['0'i=Q/-]ta, 撥音便 ['0'i=N/-]da, 消音便 ['0'i=I/-]ta, の詳細は、1–7節で述べます。

②述語文節内の疎結合「複合」→ [+] 記号で表示。

・連用文節や複合名詞、複合動詞などでの緩やかな複合[+]膠着を表す。

例：書き始めて気がついた：

kak[i/-]Ø[+]hazime[i/-]te[+]ki[+]ga[+]tuk[0i=I/-]ta.

1. 挿入音素：[/]の詳細は次節1–3で説明します。

2. [i]音便の促音便 ['0'i=Q/-]ta, 撥音便 ['0'i=N/-]da, 消音便 ['0'i=I/-]ta, の詳細は、1–7節で述べます。

③名詞述語文節内の縮約結合「縮約」→ [×] 記号で表示。

・名詞述語文＝名詞(固有、普通、形式) [+] 助詞 [×] 接辞語幹 [/] 接辞語幹・・

1. 名詞述語の前半の「名詞」部分は文の主部要素：補語に位置づける のが新文法であり、詳細は1–9節で解説します。

2. 後半部分が判定詞＝[+]助詞 [×] 接辞語幹 [/] 接辞語幹・・・)の構造 です。

3. 判定詞：[+]d(e[×])a(r[-/r]u)：である、だ、が併存し、判定詞：である、 だ、であります、です、でございます の発話は話者に選択権がありま す。

4. 縮約の範囲は恣意性があるので( )括りで省略部分を示します。

例：吾輩は猫である：「吾輩は「:| 猫」+である。

1. 名詞述語文節＝「:| 猫：名詞・補語」+de[×]ar[-]u：判定詞、と解釈しま す。(:| 記号は名詞述語律記号3種類のなかの1つ)

2. 「吾輩は「:|猫」+でござんす de[×]gozar[0i=N](ma)s[-]u. と発話しても
責任は「吾輩にも「猫にも」ありません。発話者の責任です。(「吾輩は
「:|猫」＝主部＋補語だけで規律しあいます)

　以上の膠着記号を的確に配置しておけば、明確に語幹の区切り、接辞の形
態、語幹と音便の結合を記述できます。

＜膠着種別選択記号:[#]＞
　述語文節のなかで活用連結・膠着のしかたを3種類から選び出してつなげ
る必要があります。選択を促す記号に、[#]＝[[/]/[+]/[×]]を想定しています。
初出説明を次章2-2節に記述します。

1-3. [挿入音素]の構造は2種類、音素区別で6種類

　次に大事な「新手法」着眼点は[挿入音素]の内容表記の方法です。

1. ①用言活用＝用言語幹[挿入音素]接辞語幹の密結合を助ける「仲
介の挿入音素」ですから(子音衝突、母音衝突を回避するため)、

2. ・語幹子音末[連結母音]子音語頭接辞、子音末[無音]母音語頭接
辞の派生事態に対応する記号化が必要です。
・[連結母音／無音]構造の選択的演算子機能の表記を用いるなら、
子音末語幹の用言には十分条件を満たします。

3. ・語幹母音末[無音]子音語頭接辞、母音末[連結子音]母音語頭
接辞の派生事態に対応する記号化が必要です。
・[無音／連結子音]構造の選択的演算子機能の表記を用いるなら、
母音末語幹の用言には十分条件を満たします。

4. ・つまり、[連結母音／無音] 子音語頭接辞：構成なら、用言語幹が子音末／母音末のどちらにも連結させて選択演算することを求める記号表記にすることができます。

5. ・また、[無音／連結子音] 母音語頭接辞：構成なら、用言語幹が子音末／母音末どちらにも連結させて選択演算を求める記号表記にすることができます。

それゆえに、[挿入音素] ＝ [連結母音／無音]、[無音／連結子音] の2種類の構造があれば十分条件を満たせるのです。

1. ②[挿入音素] ＝ [連結母音／無音] → [a/-], [i/-],の2種類、
   [挿入音素] ＝ [無音／連結子音] → [-/r], [-/s], [-/y], [-/k]の4種類で、合わせて6種類ですべての用言派生に対応できます。

2. ③[挿入音素] を選択演算子で記号化することを採用する理由は、2つあります。

3. ・動詞派生を一般形式として書き表せます。動詞語幹：Dとして規則動詞の終止形は D[-/r]u ですべて代表させて書き表せます。

4. ・演習の場でも、書くkak[-/r]u→kak[-]u, 見る mi[-/r]u→mi[r]u, のように、語幹形態を明示して派生状態を説明できます。

（ローマ字つづりでも、単なるベタ打ちで書き残しても読みにくいだけで学習力向上になりません：kaku, miru,…）

1-4. 動詞活用形の変遷を鳥瞰する

　[挿入音素] の意味を解説する前に、動詞活用形の全体を「新手法＝記号化」によって一覧してみましょう。記号化の利点を感じていただけるでしょうか。

・動詞活用形を調べながら、変遷の一端を眺めてみましょう。

特に動詞述語は動作の様相を描写するので、動作相：アスペクトを内在させる側面や、突き詰めると態：ヴォイスが内在する側面があり、それを洞察・了解する視点がとても大切です。
動作相と活用相を「〜然・〜形」併記する方法で活用形を示します。
・①未然・否定形、②将然・促進形、③正然・連用形、④事然・終止形、⑤係然・連体形、⑥已然・実現形、⑦命然・命令形：と動作相を意識した呼び名をつけます。将然・促進形、已然・実現(仮定)形と新呼称をつけます。

＜規則活用動詞：五段活用形／一段活用形＞
　動詞活用形（五段／一段活用）の一般形式で示しています。
・D([a/-]na[k]0i, [-/y]ou, [i/-]te, [-/r]u, [-/r]u, [-/r]e, [-/r]e/o,)
：1行で一般形式に表記！
例：書く：kak([a]na[k]0i, [-]ou, [0i=I]te, [-]u, [-]u, [-]e, [-]e(yo),)
　見る：mi ([-]na[k]0i, [y]ou, [-]te, [r]u, [r]u, [r]e, [r](ey)o,)
　食べる：tabe([-]na[k]0i, [y]ou, [-]te, [r]u, [r]u, [r]e, [r](ey)o,)

＜先史・古語時代の二段活用形＞
・D([i]na[k]0i, [i]m[-]u, [i]te, [-]u, [-]u[r]u, [-]u[r]ë, [i]+yo,)：上二段、
・D([e]na[k]0i, [e]m[-]u, [e]te, [-]u, [-]u[r]u, [-]u[r]ë, [e]+yo,)：下二段、
例：過ぐ：sug([ï]na[k]0i, [ï]m[-]u, [ï]te, [-]u, [-]u[r]u, [-]u[r]ë, [ï]+yo,)
　食ぶ：tab([e]na[k]0i, [e]m[-]u, [e]te, [-]u, [-]u[r]u, [-]u[r]ë, [e]+yo,)
（二段動詞は、sug[a], tab[a], の発音では動作意味が成立しないので、未然-将然-正然に sug[i], tab[e], の形態で押し通すわけです。江戸期には母音末動詞となり一段活用に収れんします）
＜不規則活用動詞：来る／する：多語幹動詞＞

来る：

・K([ö]na[k]0i, [ö][y]ou, [i]te, [-]u([r]u), [-]u[r]u, [-]u[r]ë, [ö](+yo)i,)

：K[ö],K[i],K：3種の語幹形態。

（Ko[r]u：到達点に来る、Ki[r]u：来る途上にある、Ku[r]u：来る全行程長の事象）

する：

・S([i,e]na[k]0i, [i,e][y]ou, [i,e]te, [-]u, [-]u[r]u, [-]u[r]ë, [i,e](+yo)i,)

：S[i],S[e],S：3種の語幹形態。

（S[i]：視認できる動作、S[e]：完了して判る動作を表現、・両用する傾向で収れんしていない）

1-5. [連結母音／無音]、[無音／連結子音] の意味

　さて、[挿入音素]のことをもう少し深く掘り下げて解説しよう。

<[連結母音／無音]: [a/-], [i/-] の意味>

・古語の「未然：未だ然らず」で [a/-] を挿入したのは、動詞の意味概念を外延的に拡張するため「他の音：[i], [e], u, e,と競合しない自由の-a-音」を選択したのであろう。

　だから、D[a] の形態で未然形と名付けても自立的な意味はない。

現在は否定・打ち消しの接辞が後続する。未然形と言わす未然(・否定形)と呼ぶのがよいだろう。

・古語の将然には、D[a/-]m[-]u：

：書かむ：kak[a/-]m[-]u、見む：mi[a/-]m[-]u、が心理的な動作始めの意思(意向/推量) 描写に使われた。

　また、D[a/-]m[a]i：

：書かまい：kak[a/-]m[a]i、見まい：mi[a/-]m[a]i 、が心情的な打ち消し意向(否定意思/否定推量、反語的勧奨)表現に使われ、未然の幅はもっと広めであった。

・いまの将然：D[-/y]af[-]u→D[-/y]au→D[-/y]ou と変化してきた。

　これは、-ah[-]u, af[-]u（古語接辞：継続する、やり合うの意味：合う、敢う：であり、例：叩かう、戦う、語らう、住まう、などの造語がある）の派生による言い回しになってきて、将然の表現が積極的な折衝意向(意思/勧奨)の発話に変わってきたのです。

　さらに近世に近づいて、幸いなことに-au- 接辞と認識したうえで、母音末動詞にも[-/y]を仲介させて将然の派生が安定したのだろう。

・一方、失敗の例が [a/-]仮定法にあります。

例：住まば都：sum[a]+ば、住めば都：sum[-]e+ば、これが文語では成立し使われてきた。(子音末語幹動詞に限定した使い方)

だが、(mi,tabe,)[a/-]+ば→「見ば、食べば」は成立せず、已然の(mi,tabe,)[-/r]e+ば→見れば、食べれば、が成立する。已然なら住めば：sum[-/r]e+ば、無理なく両立で成立します。

　つまり、住まば形式の前提条件には一般性がなかったと気づいたわけです。近世の変動期に已然形の一用途：確定条件法が定着してしまった。(已然には完遂形・実現形の役割があるのに、、、)

・それで[a/-]は否定・打ち消し用の挿入音素に用途が限定されて、後続接辞＝ない：na[-/k]0i 、ず：z[-]u、などが連結する。

(本来、未然形 D[a/-] は単独では意味を持たない)

・正然・連用形の活用に [i/-], [i/-], [e/-], [ë/-], が使われ、二段活用を支えていたが、徐々に語幹に吸収されて、母音末語幹、一段動詞に変わった。

　現在では、五段の正然に[i/-]だけが使われ、[e/-]は語幹に吸収されて挿入音素には現れない。

・「正然：正に然る」は[i/-] 挿入音素を介して動作進行を描写するために多用される。(後続接辞＝中止法・動名詞、～mas[-]u、te、[+]補助動詞述語など）

・「已然：既に然る」は [-/r]e の -e- 接辞だから連結音素とは異なり、動作の遂行、完遂を描写するための接辞です。正然とともに動きの両翼を担っている。（成し遂げたあとではじめて認識できる動作を表す。完遂の動作相と態交替を伴う接辞です）

：已然の後続接辞には ～mas[-]u、te、[+]補助動詞述語などがあり、正然形と同様です。「已然[+]ば＝仮定形」と定義すると態相も不安定になりやすく、やはり已然も仮定形を避けるべきでしょう。

・已然の主機能「実現形」を優先し、完遂・尽力・可能・「互律」の意味に徹するほうがよいと提起したい。（第三章3–4.3)節に解説）

＜[無音／連結子音]：[-/r], [-/s], [-/y], [-/k], の意味＞

　子音末語幹で四段・五段活用で使われる動詞は語幹自体で動作事象（動作概念の内包状況）を明確に表し得る。

一方、母音末動詞の語幹は、動作概念の外延描写の形態のままなので、適切な[連結子音]を介在させ、きちんと動作概念の内包描写状態：(事象表現：事然・終止形・不定詞形)に設定させたいはずです。

・[連結子音]＝[-/r], [-/s], [-/y], [-/k], の由来は、態接辞：-ar-, -as-, -ay-, -ak-, の子音借用（意味も借用）なのだろうと推測します。

(この由来推論は「新手法：[挿入音素]の導入」の副産物ですが、態接辞を正確に切り出したことによる効果です)

・態の接辞は、現代口語では、-ar-, -as-, -e-, を多用します。

　-e- 接辞の解釈には、-ar[-]e-, -as[-]e-, と二次派生した形式とみるか、または -are-, -ase-, の 已然形の独立型とみるか、どちらでも同じ形態、同じ意味です。（単純に下二段と思うより着実な見方です）

・国語辞典の付録にある動詞活用一覧表の最初項目に使役、受動の態接辞が配置されているのは、態の接辞が語幹に真っ先に直結すべき性質の接辞だからです。

まさに語幹に直結する[連結子音]が態に由来するなら好都合です。

・岩波古語辞典(参考図書③)には、古語活用一覧表のなかに使役項目に [-/s]as-, のほか、([-/s]a)s[i]m[-]u, ：尊敬の接辞が、また受動項目に [-/r]ar-, のほか 、[-/r]ay- ：自発・可能の接辞が載る。

（辞典の冒頭凡例・用語の解説には -ak-「ク語法の接辞」がある）

先史時代から使われてきた -ar-, -as-, -ay-, 接辞であり、

mi+ay[-]u→mi[-]y[-]e-→mie[r]u：見える、

kik[-]u+ay[-]u→kiköy[-]e-→kiköe[r]u：聞こえる、

などの自発動詞の造語派生に使われたもの。態の接辞や[挿入音素]に生きている。

・岩波古語辞典の凡例・用語の解説に「古語ク語法」がある。

　大野晋解説の -ak- 接辞は動詞概念化の形式名詞あつかいであり、残念ですが、それでも国語文法のなかでは群を抜いた名解説でもある。

例：願わくは：negaw[-]ak[-]u[+]は、とか奈良時代には、すること＝すらく：su[r]-ak-、見ること＝みらく：mi[r]-ak-、など大流行があった。

これを大野辞典：negawu+aku+はとして、動詞連体形＋aku 形式名詞の解釈にとどまった。

・-ak- ＝ところ、ことの形式名詞のあつかいを示しただけで、助動詞機能に触れていない。（でも、未然接続をやめたことだけでも大きな一歩ですが、、、）

　当述語文法の新手法で -ak- 接辞を分析すると、態接辞としての機能を発見します。（-ak-が動詞語幹に直結するので態接辞に違いない）

・動詞概念、特に態動詞が発揮する「主体/客体間の行為が互いを如何に規律するかの機能：述語律」を内包していると気付きました。

例：散らく：tir[-]ak[-]u, 「散る」概念を外延して「散敷かれた状況」を想起させる派生であり、散らかる：tir[-]ak[-]ar[-]u,　散らかす：tir[-]ak[-]as[-]u,→「部屋が散らかる」「部屋を散らかす」の使い方で定着したもの。

・おびやく：obiy[-]ak[-]u, 「おびゆ：怯える」自動詞・自発動詞概念を外延して「怯えること：事象の概念化」に固定する。意図的に脱動詞化したうえで、おびやかす：obiy[-]ak[-]as[-], 「脅かす」他動詞化して使うという気遣いが先史時代からあったのです。

・おびやす：obiy[-]as[-]u, という直接の強制態（主体の強制・律他動作）で表現すると、怯える程度が相手の自律動作任せになってしまう。

（相手の怯える反応程度が予測できない以上「おびやす」行動を押し付けないほうがよい、との感覚があったのです）

例：おびやかす：obiy[-]ak[-]as[-]u, そこで相手動作を-ak-で抽象化して、主体の-as-接辞の強制意図を弱めて、主体の自律制御の範囲で相手を「おびやかす」という、忖度配慮をこめた責任感のある単純他動詞化にする表現なのです。

あまやかす：amay[-]ak[-]as[-]uも同じ。

・-ak- 接辞を「動作律を無律化する」態接辞だと解釈するのが、先人の知恵を活かす道だと気がついたのです。これも動詞にとっては態接辞です。態接辞を先手で規制する態接辞です。

例：寝さす：ne[s]as[-]u,：主・律他動作、相手・自律動作、

　寝させる：ne[s]as[-]e[r]u,：主・律他互律・相手互律、

　寝せる：ne[s]e[r]u,：主客・互律、

　寝れる：ne[r]e[r]u,：主・条件互律、

　寝かす：ne[k]as[-]u,：主自律・相手無情物・無律(受律)

　（相手は受けるだけの受律。赤ちゃんを寝かすと言います）、

　寝かせる：ne[k]as[-]e[r]u,：主・(客)対象が相互に互律

　（相互条件に合わせて完遂させる：互律）

と言う発話文脈の情景を感じ取れる構造なのです。

例：笑わす：waraw[-]as[-]u,：主律他・客自律で笑う。

　笑かす：wara[k]as[-]u, ←笑わかす：waraw[-]ak[-]as[-]u：主自律他動詞で客の無意識の笑いを取るほど面白いことをする。主体の自律責任で客の笑いを取ること。

・-ak- 接辞を悪者にする気はまったくないのですが、面白半分に俗語扱いにしたり、方言扱いにする風潮が歴史的に繰り返す時期があるようで、困ります。
#だます、#dam[-]as[-]u、(・→)、#だまかす、#dam[-]ak[-]as[-]u、(→)、#だまくらかす、#dam[-]ak[-]u[r]ak[-]as[-]u、(？→)、とハッシュタグを付けておきましょう。

　#だます：強制動詞に見立てたようで、客体が自律で口車に乗るように思わせる動詞ですね。（だまる/だます：で、だむを語幹に見立てた？のか）

　#だまかす：客体の自律に任せず主体が執拗に口説いて騙すこと。客体は知らぬ間に誘導されてしまうこと。

40

#だまくらかす：主体が大芝居を仕組んで客体を？不思議？のうちに騙してしまうこと。 この-ak-、-ak[-]u[r]u-、の使い方は文法の規則に従った正しい使い方です。（動詞の意味実態には問題がありますが、おれおれ電話詐欺や還付金詐欺などの手口にはだまくらかされないように「ローマ字つづり」で覚えましょう）

例：#やる #やらかす、#ずる #ずらかる、#-ak[-]as[-]u、#-ak[-]ar[-]u、のように態接辞の前に-ak-を置いて動詞概念を内外へ伸縮して新しい動詞を作ります。

・世間では学校文法が浸透しているので、態接辞は未然につなぐという思い込みを続けていますから、学者でも未然形に態接辞を接続するという解釈上の間違いをおかします。

本来、態動詞の派生は、

・D語幹に[-/r]+能動系態接辞：-e-, -ar-, -ar[-]e-、を連結し、

・D語幹に[-/s]+強制系・使役系態接辞：-as-, -as[-]e-、を接続するのです。

早めに「態の基本に」頭を切り替えるのが良策です。

つまり、動詞語幹を何度か意識して声に出すと、

・子音末動詞の語幹は「動作事象を想起させる：終止形に近い」こと、

・母音末動詞の語幹は「動きの途上の表現を想起させる：終止形から遠い」こと、を知覚できます。

習った「かな」文法に誘導されないように、「ローマ字」を見据えて、

・子音末動詞の語幹は「終止形に近い」から[-]無音の挿入音素で良くて、

・母音末動詞の語幹にまず、[r], [s]の挿入音素を付加して「終止形に近づけて」動き途中の感覚を打ち消すこと、これも深慮した「伝統の膠着法」の存在であったのではなかろうか。

新手法が「接辞と述語律」を強調することで、自然生来の語幹に対する感覚を呼び戻してくれるとよいですね。

（「述語律」の説明は、1–9節に記述します）

1–6. 動詞派生と先史時代の八母音

　先史時代の日本語では、a, i, u, e, o, のほかに、ï, ë, ö, の3つを加えた八母音がきちんと区別して使われていたという。
奈良時代に残る「万葉かな漢字」の解読により八母音を使う法則性があったと判明している。動詞派生で見出される母音の複合音素は、ï=u+i, ë=a+i, (e=i+a), ö=u+a, の組み合わせであるという。

例：起く ok[-]u →ok[-]u[+]as-→okös- 起こす、ok[-]u[+]ar-→okör- 起こる、などの動詞造語、自他交替に態接辞が使われ、八母音のおかげで、たくさんの動詞が生まれた。先史時代では密結合と疎結合が混在していたのだろう。

例：来（く）k[-]u →k[-]u[r]u 来る(出発点から到達点へ向かう動作)、

　　k[-]u[a/-]na[k]0i→k[ö]na[k]0i 来ない、(到着してない)

　　k[-]u[i/-]te→k[ï]te 来て、(来る途上にある)

　　江戸期？には、ko[r]u 到達点に着く、を使い始め？、

　　ko[r]as-se こらっせ(到着歓迎、おこしやす)、

　　ki[r]u は、出発点からの途上を含めて来るとの想定で、

　　ki[r]as-se きらっせ(お出かけ歓迎、おいでやす)、などと意識的に表現したのだろうか。

・駅で列車の到着を待つとき、遠くに列車の姿を見たら、
「きた！ ki[-]ta !」と言い、到着したら「こた！ ko[-]ta !」と言ってもよいはずではあります。

・来るの態動詞は、話し手主体がいる到達点での相互関係を表現するので ko[r]u を元に態の派生がおこなわれる。

例：ko([r]e[r]u, [r]ar[-]e[r]u, [s]as[-]u, [s]as[-]e[r]u, [s]as[-]e[r]ar[-]e[r]u)、

　これる、こられる、こさす、こさせる、こさせられる、と発話するのが普通です。

・八母音体系は徐々に平準化して、すでに平安時代では、i=i, ï、e=e, ë、o=o, ö、と同音あつかいとなり、五母音体系になっていた。

1–7．[i] 音便の [ローマ字表記法]

　ローマ字表記を採用した新手法で [i] 音便のつづり方も正確に書き表せるようにしたい。

発話上の[i]音便のはじまりは古く平安期にあるようで、[i]te/de, [i]ta/da の i-t, i-d：連続音を正確に疑似発音するためには先行子音を省略/変音する必要があったのです。

[i] 音便とは、動詞活用の正然の [i/ -] 挿入音素が連結するときに、語幹子音末音素との間で音便現象が起きることをいう。

例：書きて kak[i/-]te →書いて kak[0i=I]te と表記して音便を表す、または kak[0i]te と短く表示してもよい。発話では ka[I]te=kaite である。

（国語学では結果の ka[I]te だけを示して途中経過を省いている）

（母音末語幹：見て、食べて (mi, tabe)[-]te、では音便なし）

・本章でもすでに打ち消し接辞として、ない na[k]0i を使用してきた。

　-i- 接辞のまえにゼロ：'0' を付加した構造ですが、このゼロが直前の子音を消音化する機能を示しています。ない na[k]0i=na[-]i を意味します。([k], [-/k], は形容詞語幹の活用につく[挿入音素]です。形容詞語幹はすべて母音末な

ので、[k]で一般化形式といえます。 [k]は無律機能なので形容詞の概念化に最適です）

述語の活用形を発話する場面においては、音素の並び方で唇や舌、口蓋の動かし方に負担がかかる場合に音便が働きます。簡略化された音便法則にまとめることができます。

例：すみません：sum[i/-]mas[-]en→すいません：sum[0i]mas[-]en と発音することが多い。「m[0i]」→mをゼロにして「suimasen」発音になると分析表記する方法です。 [0i=I]消音便です。

・なさりませ→nas[-]ar[0i/-]mas[-]e→なさいませ、も[i]音便です。

＜正然て形・た形の[i]音便の表記法＞

　特にひんぱんに使うことになる述語活用の

・正然・連用形の接辞[i/-]te：先行完了、

・事然・終止形の[i/-]ta：相対過去・完了、

での[i]音便表記方法を解説しておきます。

例：動詞語幹の子音末に[i]te、[i]ta、が連結するとき[i]音便になります。

　子音の種類により音便調音が違ってきます。

・[i]音便なし：語幹末 -s：sagas[i]te,watas[i]te,

（探して、渡して：-sでは音便なし）

（また、語幹末が母音なら音便なし：ne[-]te,oki[-]te,tabe[-]te,）

・[i]音消音便：-k,-g：kak[0i]te,aruk[0i]te, oyog[0i]de, matag[0i]de,

（書いてka[i]te、泳いでoyo[i]de、またいでmata[i]de：語幹末が有声子音-gでは te→de、ta→da,になります）

　例外：行く→行って ik[0i=Q]te 促音便、（＊行いて ik[0i]te:ダメ）

・[i]音撥音便：-b,n,m：asob[0i=N]de,sin[0i=N]de,yom[0i=N]de,

44

（遊んで、死んで、読んで：aso[N]de,yo[N]de,：Nに有声の1拍音素長を与えるので te→de, ta→da,になります）

・[i] 音促音便：-t,r,w：tat[0i=Q]te,ar[0i=Q]te,negaw[0i=Q]te,

（立って、あって、願って：ta[Q]te=tatte,a[Q]te=atte,nega[Q]te=neg-atte,：Qに無声の1拍音素長を与え、表記を 't' の連続にします）

　　以上、[i] 音便記号：[0i]＝[0i=I]、[0i=N]、[0i=Q]、の3種類の表記法になじんでください。

（発音に従って[I], [N], [Q],だけの表記に短縮すると、理屈が分からなくなってしまいます）

・[i]音便活用一般形式をまとめて表記するとき、[0i=INQ/-]の書き方で表現しようと思います。これも4項選択演算子のつもりで最適選択をしてください。

＜形容詞活用での音便形：-u-音便、-i-音便＞

　　形容詞の活用形には、(シ)ク活用とカリ活用の2つが併存している。

・(シ)ク活用：形容詞語幹：K、→K([k]u, -, [k]u, [s]i, [k]i, [k]ere, -,)

・カリ活用 　：→K[k]ar([a]zu, [-]ou, [-]i, -, [-]u, -, [-]e,)

文語と口語活用が混在しているが、音便が起きるのは、(シ)ク活用の正然・連用形 K[k]u と係然・連体形 K[k]i に多く、またカリ活用では、カリ活用形 K[k]ar- の-ar-接辞の二次派生で [i] 音便を起こします。

・正然・連用形 K[k]u →K[k]0u：oisi[k]0u「おいし(ゅ)うゴザイマス」

　　(haya[k]0u→haya[-]u→hayou 早よう、nozom-as-i-[k]0u 望ましゅう)

・係然・連体形 K[k]i →K[k]0i oisi[k]0i「おいしいオリョウリデシタ」

　　(haya[k]0i→haya-i 早い、nozom-as-i-[k]0i 望ましい)

・カリ活用形 K[k]ar-→K[k]ar[0i=Q]ta：おいしかった、早かった、望ましかった。

この ように、ゼロ記号を前置した -0u-, -0i-,接辞で消音音便を表記するという法則化が形容詞の場合に適用できるでしょう。

・形容詞型の助動詞：〜たい、〜らしい、〜ない、にも上記と同様の音便形：-u-音便、-i-音便、があります。

例：-u-音便：(ta-, rasi-, na-)[k]0u- →ta[-]u=tou, rasi[-]u, na[-]u=nou,

　（文語的表現。通常は ta[k]u-, rasi[k]u-, na[k]u-, と音便なし発話）

　-i-音便：(ta-, rasi-, na-)[k]0i- →ta[-]i, rasi[-]i, na[-]i,

　（-i-音便は日常的に発話に登場しています）

＜ちょっと脇道：-te-, -ta, 接辞の活用形＞

　古語時代には完了、過去の助動詞が多数あったが、現代では時制の表現が相対的になり、-te-/-de-、-ta-/-da- の２種類に単純化した。

・古語完了 つ活用：D[i/-](te, te, tu, tu[r]u, tu[r]ë, te[+]yo)、

・現代先行完了 て形活用：D[i/-](te, te, te[r]u, te[r]u, te[r]e, te[r]o)、

　[i] 音便消音：D(-k)[0i=I](te, te, te[r]u, te[r]u, te[r]e, te[r]o)、

　[i] 音便消音：D(-g)[0i=I](de, de, de[r]u, de[r]u, de[r]e, de[r]o)、

　[i] 音便撥音：D(-b,n,m)[0i=N](de, de, de[r]u, 同左, de[r]e, de[r]o)、

　[i] 音便促音：D(-t,r,w)[0i=Q](te, te, te[r]u, te[r]u, te[r]e, te[r]o)、

（現代口語の て形接辞も順当に下一段活用に収れんしたから、〜てる/〜でるは、正式な形態であり、(い)抜き言葉と忌避されるいわれはないでしょう）

・古語相対完了 タリ活用：D[i/-]t(e[×])ar[-]i による活用形である。

　　D[i/-]tar([a]z[-]u, [-]i, [-]i, [-]u, [-]e, [-]e)、

・現代相対完了 タル活用：D[i/-]t(e[×])ar[-]u による活用形である。

　　D[i/-]tar([a], [-]ou, [i], [-]u, [-]u, [-]e, [-]e)、のうち、完了時制でよく使うのが、D[i/-]t(e[×])a(r[-]u)→D[i/-]ta の「た形」です。

た形活用にも[i]音便が起きますので数例を示します。

例：書いた：kak[0i=I]ta、読んだ：yom[0i=N]da、見た：mi[-]ta、終わった：
owar[0i=Q]ta、面白かった：omosiro[k]ar[0i=Q]ta、

　なお、タリ活用、ナリ活用には名詞・名容詞述語で使う判定詞の形式もあり、
構造に違いがあります。ここでは構造だけを示します。
・名容詞単語＋：My[+]t(o[×])ar[-]u=My[+]tar[-]u、とある:がタル形になった。
（堂々たる、などの連体修飾用例がある）
・名詞・名容詞＋：(M,My)[+]n(i[×])a(r[-]u)→(M,My)[+]nar[-]u、にある:がナル
形になった。
　また、(M,My)[+]n(i[×])a(r[-]u)→(M,My)[+]na、な:がナ形になった。
　（遥か・なる、遥か・な、などの連体修飾用例）

　以上、新手法による述語膠着の「ローマ字つづり」表記法を解説しました。
この表記法により語幹・接辞の区切りが明確になり、学習、演習に役立つよう
になると思います。
表記法の一覧表は、最終章にまとめて掲載するつもりですので、必要の都度
に参照していただきたい。

　残りの2節では「ローマ字つづり」の出番が少ないですが、視点を換えて日
本語構文の考察に必要な基本的概念事項について記述します。
　　1.　動詞派生＝態相＋動作相＋切れ続き(構文相)
　　　・「態の三系四態」に可能態の貢献
　　2.　本旨構文＝修飾句なし(主部要素＋述部要素)の1行文から考える。
　　　　・「主部律」と「述語律」、「律記号」
この2つに丸め込んで概念化しておきましょう。

1-8.「態の三系四態」:可能態-e[r]u-の底力は？

＜動詞派生＝態相＋動作相＋切れ続き(構文相)＞

1. 動詞活用形の枠組みを「態相」と「〜然相」、「〜形相」の組み合わせ
   で表現します。
   このうち「態の派生：態の三系四態の選択」を最初に行います。

2. 「動作相と活用形＝切れ続き」を組み合わせた概念を合理的に階層
   化したい、という思い付きが項題設定の発端でした。
   つまり、助動詞の全部、全接辞を機能や派生順序を考慮して合理的
   に階層化して一覧表にしたいという夢の構想です。

3. 実際に第二章、第四章、五章、六章で「構文構成」を考察するなかで
   「活用立掛け一覧表」「体言・用言の活用形一覧表」などの部分的な
   試行を開示しました。
   （何度かの自己査読、書き直しで）
   ・日本語の基本文型：にたどり着き、どうやら夢の入り口に近づいた実
   感を感じています。
   「夢の入り口」は、「構文作成には「構成要素：体言・用言の3つの活用
   形：①連用形、②連体形、③終止形、だけでよい」＝「構文相活用形」
   という考え方です。

4. 「新手法」では「已然形」を連用形同様に大事な活用形として扱いたい
   のですが、「文節の切れ続き」の単純化で落選です。
   ・でも、已然・実現形は可能態の意味を内蔵しています。
   仮定形で残るくらいなら、態接辞で残るほうが遥かによいはず。

5. 已然・実現形-e- は動作相もりもりの現代日本語の活力源です。
   [-/r]e[+]ba＝仮定形（態誤用予防のため意識的に使用禁止）、

48

[-/r]e([r]u)-＝実現形（態を意識して使用。二重可能はダメ）。
（文法学力のある人は「態の説明のなかに動作相を持ち込むのはダ
メ」との反応を返すのがお決まりです。伝統の知識が邪魔しますが、
その伝統の知識を改善したいのです）
・！近世では、可能態が可能動詞として独立動詞になったので、可能
動詞の①連用形、②連体形、③終止形として、已然の概念が構文型
に使える状況です。すばらしいことです。

＜態の三系四態：可能態の底力！＞

1. 文語での「能動態D[-/r]u」と「受動態D[-/r]ar[-]u」が「態の対」構造で
   あったが変化して、現代口語では「能動態D[-/r]u―＞可能態
   D[-/r]e[r]u」と「結果態D[-/r]ar[-]u―＞受動態D[-/r]ar[-]e[r]u」
   の「態の双対」構造になった。

2. この変化に着目して、「対構造」は「能動態」―「結果態」の対と、「可能
   態」―「受動態」の対の双対であるとも言える。
   一時は「能動態」―「受動態」、「可能態」―「結果態」の双対
   との考え方で新手法を整理した。

3. ところが「三系四態」を聞いて反発する人はいても、賛同する人はいま
   せん。そこで思考実験して方便的な論理が見つかりました。 可能態
   の可能態(二重可能態)は実現努力し・完遂したそれは「実現結果が出
   現する」ことに相当します。
   ・「可能態＋可能態：D[-/r]e[r]u」＋e[r]u＝「D[-/r]e[r]e[r]u」となります
   が、これは、先史時代から：e[r]e[r]u＝ar[-]u で表現していたことで
   す。（先史時代は -e[r]- が使えず、-e-までなので、結果：-ar- が優先な
   のです）

先史時代から「瓢箪から駒の「結果」も「完遂努力の「結果」も-ar[-]u
接辞で表現しているのです。

つまり、実現想定して実現した状態はその「結果状態」が出現すること
なのです。

4. 態の四態は、可能の完遂尽力を続ける事象の姿を反映して、
「能動：D[-/r]u」で尽力すると「１次可能：D[-/r]e[r]u」に、それが実現す
ると「２次可能＝結果：D[-/r]e[r]e[r]u＝D[-/r]ar[-]u」、
結果が進み「３次可能＝受動：D[-/r]e[r]e[r]e[r]u＝D[-/r]ar[-]e[r]u」、
出現した結果に「登場人・物」が応態することを叙述する、という連続
体系になっているのだとようやく気づけました。

5. 態の三系四態は、能動系と同様に、強制系四態・使役系四態ともに
「可能の１次、２次、３次派生による体系」の側面を含んでいます。

6. 已然・実現形の-e-、可能接辞の-e[r]u の正確な意味を読み出して古
い感覚を捨てるなら新しい日本語の世界が開けます。

1-9.「述語律」が文章の基礎・土台をつくる

新述語文法の新手法の虎の巻に相当するのが「述語律」概念です。
日本語の構文は「主部要素＋述部要素」で構成されます。

1. 「主部律」とは構文主部：「主(焦)点「主体「客体「対象「時空情報「補
語」の各要素が「登場人・物」として叙述事象に果たす相互関係を明
示する概念であり、端的に言えば「(格)助詞が果たす文法的規律」を
いいます。

2. 「述語律」とは主部要素「登場人・物」が如何なる動作・形容・程度・措
定の叙述で関与するのかの規律を明示する概念です。

通常、述部要素は「一つの述語」で構文をまとめて叙述するので、単独の「述語律」で「主部律」と規制し合います。

3. 比喩なら「日本語構文の建物＝「主部律に従い「登場人・物の「柱」を立てる段取りは、間取りを決める「述語律の「基礎土台」に合わせていく」という概念なのです。

4. 新手法では「本旨構文」として、修飾語なしの「主部＋単一述語の1行文」を構文解析の例文にします。

＜文章の主部と述部の区切りを明示する＞

本旨構文の例で新手法による主部と述語の区切り方を明示します。

1. 本旨文例：「彼は「納豆が」↔食べれます。

・主部要素を「～「～「～」のように、「直列入れ子型かぎカッコ」で括ります。

・述語要素を「述語律記号：例：互律記号↔」を述語文節に前置します。

（述語律記号：態動詞・三系四態で3×4種類、形容詞3種類、名詞・名容詞3種類を定義した。第三章以降で順次解説する）

2. 修飾語がついた例文：

「彼女が→書いた「メモの「字は「:| きれい」＋です。

・主部要素に付属する修飾句(→書いた)を含めて「直列入れ子型」内に取り込みます。（修飾句の係り先がどこかの詮索なし）

・述部要素の「きれいです」は名容詞＋判定詞と解釈します。

「:| きれい」主部要素の補語でありかつ述語律を組み入れ、「＋です」を付属語記号付きで「形式的な述部」に仕立てます。

（名詞文は補語に述語律があり、判定詞には述語律なしです）

3. 主部の区切りは「直列入れ子型かぎカッコ」1種類です。
   「登場人・物」が括られているはずです。
4. 述部は「述語律」による「律記号」付きで示します。
   「述語律」が内蔵される部位は述語のうちのどの部分かを規定しておきましょう。

＜述語のどこに「述語律」があるのか＞

1. 動詞述語の場合：
   態動詞に対して「述語律「律記号」を定め、
   態動詞：（三系四態）3×4＝12種類の「述語律「律記号」、
   （自・他動詞で区別しない）を（第三章から）詳しく開示する。
   （能動系：自律・受律記号 →、互律↔、果律↑、果互律↕）
   （強制系：・→,・↔, ・↑,・↕)、使役系：；→, ；↔, ；↑, ；↕))
   ・動詞前に「律記号」を付加して態動詞の「述語律」を示す。
2. 形容詞述語の場合：
   形容詞語幹のなかに「述語律」を認定する（感得してほしい）。
   形容詞には「属性律と「感情律の「組み合わせで」3種類。
   （感情律：：<、属性律：：>、感情属性律：：<>)
   ・形容詞前に「律記号」を付加して「述語律」を示す。
3. 名詞・名容詞述語の場合：
   名詞・名容詞の補語体言のなかに「述語律」を認める。
   補語文には「指定律：=| 名付け／事由・措定律：：| 当てはめ／推量・伝聞律：；| で「3種類」の「述語律「律記号」を用意します。
   （補語の「述語律」は主部に対する「関係付け」を果たします）
4. 判定詞：+である/です/だ、は「肯定/否定」機能だけで「述語律なし」扱い。

構文解釈では「主部律」と「述語律」の双方が矛盾なく適合するかどうかの点検が必須です。

・態動詞は派生する接辞ごとに「述語律」が変わりますから、あらかじめ「三系四態」の構成を考慮した「述語律」を割り振りました。

例：二人は滝に打たれさせられた。:ut[-]ar[-]e[s]as[-]e[r]ar[-]e[-]ta.

・打つut[-]受動ar[-]e使役[s]as[-]e受動[r]ar[-]e[-]完了ta.という解釈付けをこなしながら、毎回しゃべっているわけです。

・「律記号」で明示すると、↕打たれ ;↕させられ→た、で記述できます。「述語律」「律記号」を使えばいくぶんか正確な学習に近づけると思うのですが。

＜複主体型構文を「述語律」で解く＞

　本旨構文で「～は～が」の主部構造を持つ文を「複主体型構文」と呼ぶことがあります。　日本語構文に多く使われます。

1. 本旨構文：既出「彼は「納豆が」↔食べれます。
   :互律↔食べれる：彼が食べれる(自律可能)、納豆が食べれる(受律可能)なので相互協力して食べることを表現できます。

2. 本旨構文：「源さんは「まんじゅうが」:<>こわい。
   :感情律＋属性律 :<>こわい：(源さんに怖い感情を誘発させる律)と(饅頭が発揮するこわい属性律)が同時に両者に生じていることを表現できます。

3. 本旨構文：「象は「鼻が」:>長い。これは？
   :文構造が「複主体型」ですが、少し様子が違います。
   述語 :>長いは鼻の「属性律」ですが、直接、象とは:<長い関係が成立しません。「鼻が:>長い「象は」なら係り結びが明確ですから、「象は」:>鼻が長い、と分析説明するのも一案で、
   これが分析的な「複主体型構文」の一種になったのでしょう。

53

・類例文:「彼は「脚が」:>速い、などのように、主部に対する分析的・寸評的な性能叙述に適した文型です。

「脚が:>速い「彼は」なら、(「脚が」:>速い、が限定修飾句だから)「彼は」:>脚が速い、へと転換しやすい。

・発話文脈により「象は/が」「鼻が/は」となる場合もあります。

これは主部要素間の「主部律:焦点の当て方」に関わるからで、述語の「述語律」に関わることではありません。

4. 本旨構文:「源さんは「頓智が」→利く(「:|人」+だ)。

:自律→利く:器官がうまく働くこと。その結果で頓智が出る。源さんの器官の働きに対する評価判断なのだろう。かろうじて「複主体型」と言えるだろう。

5. 本旨構文:「太郎は「明日「大阪に→行く「:|予定」+です。

:日本人学者がこの構文を「人魚構文」と名付けて世界の言語と比較調査のテーマにしたそうです。

・「動詞文+名詞文」構造を簡略化して「太郎は「予定」です、とし、「太郎は予定」半人半魚の人魚構文だとみなした。

日本語文法の解釈に立ち往生する学者もいる証拠です。

・「〜は/〜が」構文:「太郎は→行く「のが「予定」です、の構文相当であることを考慮しない、連体修飾を認めていない、のが人魚構文の学者解釈方法です。ここが立ち往生の原点です。

・「太郎は/が→行く「のが/は「:|予定」+です。の両用に戸惑い

・さらに、補語文:「:|予定」+です、を「太郎＝予定」と誤解釈するという、暗黙知の裏を表にさらけ出すように「人魚構文」を調査テーマにしたのかもしれない。

基本的な文法力の整備が公開知識という形でできていない。

「新文法の方針」に関わることなので、追記をしておきたい。
1. 簡略化した「太郎は「:|予定」+です、の構文は、日本語の基本構文の構造条件を満たすので、人魚構文と解釈する方法を否として改善を求める立場を明確にしておきたい。

＜構文の種別：物語り文／品定め文＞
2. 先行研究をみると、日本語構文を意味の上から2区分して、物語り文／品定め文という呼び分けが提起されてある。
・物語り文＝動詞文（／形容詞文：喜怒哀楽）、事象陳述文。
・品定め文＝名詞文（名詞文/名容詞文／形容詞文：毀誉褒貶）、状態説明文、と解釈すると判りやすいだろう。
・物語り文：「〜[が]...で始まり用言文で終わる構文」が多い。
・品定め文：「〜[は]...で始まり体言文で終わる構文」であることが多い。（〜[は]...：品定め文の定番標識に位置づけ可能かも）
3. また、「入れ子型構文」に対しても考察しておくべきでしょう。
・「品定め初め」＋「物語り文くずれ」＋「品定め終わり」：
＝「太郎[は]（→行く...「の[が]）「:|予定」+です。
・「物語り文くずれ」＋「品定め終わり」：
＝「太郎（[が]→行く...「の）[は]「:|予定」+です。
・「品定め初め」＋「物語り文」＋「品定め終わり」：
＝「太郎[は]→行く...「:|予定」+です。（これが人魚構文⁉⁉）
（[は]/[が]の入れ子型構文については、第四章4−4抽象構文で考察します）

＜体言・用言の構文三活用形＞
4. 構文の中の述語文として、どうやって活用形を生成するか？
・動詞/形容詞は、膠着[/]派生で①連用形、②連体形、③終止形を生成することができる。（語幹[/]接辞[/]接辞...の膠着）
・同様に名詞/名容詞は、助詞との膠着[+]複合で①連用形、②連体形、③終止形を生成することができる。
（単語[+]助詞（[×]接辞[/]接辞）...の膠着）

55

・構文解釈の要点：主部要素を構成できるのは名詞・名容詞：体言ですが、述部要素には動詞・形容詞：用言のほか、名詞・名容詞も補語体言の形態により構成できるのです。

・名詞・名容詞が①連用形、②連体形、③終止形の活用形を持つことにより日本語構文が円滑に生成できるのです。（膠着方法の違いで体言の構文活用の概念を曲げてしまってはいけません）

5. 特に名詞文③終止形の構造と意味概念には周到な学習が必要になります。「新手法」では、"である"部分を「判定詞」と名付け、名詞文の終止形と解釈します。判定詞の形態は変化形が多いです。

・判定詞＝[+]d(e[×])a(r[-]u) である/だ、（である＝にてある）

　　　＝[+]de([×]ar[i/-]ma)s[-]u であります/です、

　　　＝[+]de[×]gozar[0i=I,N](ma)s[-]u でございます/でござんす...

判定詞の難解救済の手がかりになったのは、助詞：で＝にて、が由来であると辞書がおしえてくれたからです。（詳細は...第五章で）

人魚構文については、第二章、第五章で継続して詳細に検証します。
・基本構文を探る1：第二章、（動詞文）...初出：基本構文型1
・基本構文を探る2：第四章、（形容詞文）...初出：抽象構文
・基本構文を探る3：第五章、（名詞文）...初出：基本構文型2
・基本構文を探る4：第六章、（総合、演習）と振り分けて、
「新手法」の考察を記述していく予定です。

第二章　新文法の動詞活用形

2-1. 動詞派生のしくみ（基礎1：自他交替/態派生）

　＜動詞の自他交替派生形式の一覧表＞

　＜先史時代の動詞派生＞

　＜態派生の選択分岐：態の三系四態＞

2-2. 動詞活用のしくみ（基礎2：規則/不規則動詞/活用形）

　＜規則動詞/不規則動詞の活用形1：動作相接辞一覧＞

　＜動作相と【構文相】：後続文節との関係＞

　＜動詞の活用形2：活用相接辞・文節＞

2-3. 接辞活用のしくみ（基礎3：動作相の立掛け一覧）

　＜述語動作相の立掛け一覧表＞

2-4. 動詞活用形の最新部分：新手法版

　＜動詞活用形の名称の考え方＞

　＜最新：活用形の名称整理＞

　＜新呼称の将然・促進形、已然・実現形の説明＞

2-5. 動詞活用形の意味：最新版の動作相・活用相

2-6. 動詞活用派生のしくみ（応用：多次派生）

　＜「多重派生」にはご用心＞

2-7. 連用形、連体形の修飾能力（応用：基本構文へ）

　1）連体形は構文の「主・述」順序を乱すもの

　2）「新手法」視点で日本語構文を一般形式化する

　＜日本語の基本構文を探る1：主部/述部要素の活用形スリム化＞。

―

「新手法」を使って動詞派生と活用形の生成構造を正確に表記するため膠着法則をローマ字つづりで可視化します。
「新文法の概念」をもとにした派生活用の一般形式は次の通りです。

1. 文節の一般形式＝自立語節n＋活用節n（＋活用節n…）、
  （国語文法の文節定義を下敷きに拡張して記述していきます）

2. 自立語節の四品詞の語彙選択：（n＝1～n：最適要素を選択する）
  ＝動詞語幹n/形容詞語幹n/名詞単語n・名容詞単語n/、
  （用言：動詞/形容詞は語幹で、体言：名詞/名容詞は単語で）

3. ＋活用節の一般形式：（膠着強度[#]形式に3種類がある）
  先行の自立語に対して[膠着強度種別[#]選択：[/]n/[×]/[＋]]
  のどれかを第一に選択する。（[/]nは6種類から選択）
  ・動詞文節＝動詞語幹[/]n態n接辞/[/]n然n接辞[/]n接辞n…、
  ・形容詞文節＝形容詞語幹[-/k]然n接辞[/]n接辞n…、
  ・名詞文節＝名詞単語[+]助詞n、/[+]助詞[×]判定詞n(です/だ/)…、
  ・名容詞文節＝名容詞単語[+]助詞n、/[+]助詞[×]判定詞n…、

4. 文節の活用節の一般概念は、選択肢が多いので最適な選択を
  実行するのには、文法的な知識や習得期間が必要になります。
  （国語文法では、膠着強度の吟味が不十分のまま、
  ・自立語節[#]活用節[#]活用節…の形式で「活用形一覧表」＝
  動詞/形容詞-形容動詞/の一覧表、助動詞一覧表、を掲載していま
  す。日本語学習者には選択肢が多すぎて手がかりが掴めません）

5. 「新手法」でも膠着記号[#]を用いて活用形を整理するつもり
  ですが、自己査読を繰り返してなお考察進度は小刻みです。

6. まず、現状の考察状況は、
  ・動詞【態相】活用：「三系四態」は（第三章で解説）重要であり、自他
  動詞の造語派生と同様に優先派生させる必要がある。
  ・動詞【然相】活用：は【動作相】活用に相当する。
  （未然/正然-連用/事然-終止/係然-連体/已然-実現の並び方を動作相
  の並びに見立てるのが「新手法」の立場ですが、別の視点も活かした
  い）
  ・然相の解釈は、自立語四品詞に共通する文節概念ですが、
  中でも「①連用形、②連体形、③終止形、の概念」は、
  構文生成に必須の活用であり【構文相】として扱うべき

重要なものです。

・この四品詞【構文相】活用を使って文章表現するなら、
日本語構文の基本構文型を一行で一般形式：記号化して
定義・提唱できる可能性があります。
（構文相については最終2-6節で説明します。基本構文型について
は各章の後段で随時に検証演習します）

・「態接辞以外の接辞/助動詞：【報告相】活用」と名付けて、
打消接辞/希望接辞/過去・完了/意志・推量/推定・伝聞/です・
ます/、などを【構文相三活】表枠形式で一覧表にしたら
どうだろう。
（【報告相】は整理未完成で第六章最後に考察します）

7. まず、本章では【動作相】然相の概念で解説を進めていきます。
（【構文相／報告相】の概念形成が細部では未完ですから、
手順は国語文法の【然相／動作相】に従い解説していきますが、
随所に「新手法」の説明も挿入します）
（構文相については最終2-6節で説明します）

これをもとに動詞文節の派生を詳細に解説します。

2-1. 動詞派生のしくみ（基礎1：自他交替/態派生）

動詞派生：動詞の自他生成や態動詞の生成。（語彙を作り出す）

1. 態動詞派生：原動詞に態の機能接辞を派生連結して自動詞/他動詞
の対を生み出したり、態動詞を生み出したりします。

2. 態動詞派生の全体像を一般形式で例示すると、
（動詞語幹：D、挿入音素：[/]記号、[0]前音消音記号、
動詞統語接辞：-u、態接辞：-ar-, -as-, -e-, の3種類の接辞）
：能動系：D[-/r](-[0]- / -e- / -ar- / -ar[-]e-)[-/r]u、
：強制系：D[-/s]as[-](-[0]- / -e- / -ar- / -ar[-]e-)[-/r]u、
：使役系：D[-/s]as[-]e[r](-[0]- / -e- / -ar- / -ar[-]e-)[-/r]u、
（例：食べる tabe-:tabe(--/[r]e-/[r]ar-/[r]ar[-]e-)[-/r]u と派生する）
例：各系のDに、書く:kak- /食べる:tabe- を代入すると態派生の全体
領域の演習ができます。
・能動系：kak[-/r][0][-/r]u=kak[-/r]u＝Kak[-]u=kaku：書く、

書かれる：kak[-/r]ar[-]e[-/r]u＝kak[-]ar[-]e[r]u=kakareru、
・使役系：tabe[-/s]as[-]e[r][0][-/r]u＝tabe[s]as[-]e[-/r]u=tabe-[s]as[-]e[r]u=tabesaseru：食べさせる、
食べさせられる：tabe[s]as[-]e[r]ar[-]e[-/r]u=tabesaserareru、

3. 動詞派生の段階では「終止形：動詞の統語接辞-u」で終結する形態で考えればよいですが、動詞語幹は[-/r]uを外した形態です。

例：D[-/r]ar[-]e：書かれ/食べられ、・D[-/s]as[-]e：書かせ/食べさせ、が活用後の新語幹になります。

4. 動詞派生の第一段階は、自動詞と他動詞の相互交替の造語のための派生や使役/受動の態派生を実現する法則の適用です。

・自他交替動詞はすでに「語彙の中」にあるのですが、派生の原理が現代にも生きていて、「態派生の法則」に通じています。

念のため、歴史を遡って先史時代の動詞造語のしくみを確認します。
下表は原動詞(中央軸)から自他交替派生する造語型式の実例を示します。

2-1a表＜動詞の自他交替派生形式の一覧表＿＿動詞語幹：D＿＿＞

-ar[-]e-	-ar-	-e-	自←-u-→他	-e-	-as-	-as[-]e-
①		D[-]ar-		つかむ:tukam[-]u			
②		D[-]ar-		決む:kim[-]u	D[-]e-		
③				立つ:tat[-]u	D[-]e-		
④			D[-]e-	割る:war[-]u			
⑤			D[-]e-	逃ぐ:nig[-]u		D[-]as-	
⑥			D[r]e-	流[r]u/流[s]u			
⑦				動く:ugok[-]u		D[-]as-	
⑧		伸び:Di-		伸ぶ:nob[-]u		D[-]as-	
⑨		落ち:Di-		落つ:ot[-]u		D[-]ös-	
⑩		回る:maw[-]ar-		舞う:mah[-]u		回す:maw[-]as-	
⑪				見[r]u/見[s]u	見[s]e-		
⑫			見え:mi[y]0e-	見[-]ay[-]u[r]u			
⑬	D[-]ar[-]e-	D[-]ar-	D[-]e-	休む:yasum[-]u	D[-]e-	D[-]as-	D[-]as[-]e-

注：表の中央軸に原動詞があり、左側へ派生動詞があれば自動詞化、右側にあれば他動詞化の交替があったことになります。

1. 一番多い交替型式は ②-ar-/-e[r]u の組み合わせです。
   例②自他交替：変わる/変える、終わる/終える、上がる/上げる。(-ar-：結果出し、積極達成、受け身、/ -e-：完遂尽力、可能)

2. ①、②、⑬のD[-]ar-(自)は受け身の受動-ar-ではなく、懸命に動作をして安定を得る結果を表明する動詞：D[-]e[r]e[-]ta (つかめれた、決めれた、休めれた)動作を成し遂げた結果状態：D[-/r]e[r]-e[r]uの意味だと現代人は感じる。(勇み足ですが)

3. しかし、先史時代からその事態：tukam[-]e[r]e[r]u は使わずに、tukam[-]ar[-]u で表現しました。
   人智を越えた自然の出来事の出現や人智による行動完遂の実現結果を意味する言葉に-ar-が使われた。先史人が現代人の勇み足の -e[r]e[r]- を聞いたら、びっくりして目を回すでしょうね。

4. この完遂実現の結果が -ar- であり(-e[r]e[r]-)も内包するが、-e[r]e[r]-と表現してはいけません。
   [-/r]e[r]-e[r]u -...「れれる表現」を許容しないためであり、夢と現実に迷う「ゆめうつつ」の動詞になるくらいなら、-ar-動詞で止めておくべきです。

5. -ar-動詞化してもなお自律動作や結果影響を表す意味を持つなら、-ar-動詞として活用させられるからです。
   ・書ける kak[-]e[r]u :OK、書けれる kak[-]e[r]e[r]u :ダメ、
   ＝書かるkak[-]-ar[-]u :OK、書かれる kak[-]-ar[-]-e[r]u :OK。
   ・食べれる tabe[r]-e[r]u :OK、食べれれる tabe[r]e[r]-e[r]u :ダメ、
   ＝食べらる tabe[r]-ar[-]u :OK、食べられる tabe[r]ar[-]-e[r]u :OK。

6. 2-1a表の③-u-/-e[r]u：立つ/立てる、④-e[r]u/-u-：割れる/割る、を見比べると、-e[r]u が自他交替・他自交替の両方二役するのかと疑念を感じるが、そうではない。
   ・-e-接辞は自動詞であれ他動詞であれ「動作をやり抜く・完遂する」という意味なのです。結果として態が変化して自他/他自交替を果たす接辞なのです。

・「動作をやり抜く・完遂する」という真芯の意味を近世、現代の国語学は見逃しています。幸いなことに一般日本人が感覚として-e[r]u-接辞に対して「完遂できる・可能」の意味を感じます。

7. 近世の日本語の進展は、
動詞二段活用が一段活用に収れんしたこと、
已然形 -e-接辞が -e[r]u のように 終止形を持って
独立可能となったこと、
動作完遂・実現形が簡単に表現できるようになったこと、
などが貴重な文法要素であり、その基本要因のなかでも
「已然形 -e-接辞が -e[r]u に変身し独立できたこと」が
重要な出来事なのです。

8. 表の⑧、⑨の他動詞 D[-]as-, D[-]ös-は同じ-as-接辞による派生で、
nob[-]as-, ot[-]u+as-→ot[-]ös- →otös[-]- なのだろう。

9. ②③、④⑤⑥、(⑧⑨)、⑪の左右の-e-軸は自他両側に機能を発揮しますが、完遂動作をすると対向側へ交替するという原理です。
これは母音末動詞を続出させる言語変化につながりました。

10. 表の⑬休む：自他の動詞を豊富に作り出せるおもしろい原動詞です。
「態の三系四態」の演習課題：強制、使役にも十分使えそうです。

＜先史時代の動詞派生＞

先史時代の日本語動詞は、語幹が子音で終わる構造がほとんどで、一つの原動詞が自動詞・他動詞に両用されることも多かったようです。また、先史・奈良時代には母音体系が八母音：a, i, u, e, o, ï, ë, ö, を区別し発話していた、という。

1. 日本語の膠着性から動詞派生の場合：u+a=ö, u+i=ï, a+i=ë, i+a=e, という母音合体によって母音連続を回避する調音発話の方法があったので、造語の幅が広がったでしょう。

2. 原動詞から自動詞、他動詞を造語派生させる(態)接辞には、
-ar-, -as-, -ay-, -ak-, がありました。

奈良時代には -ay-, -ak-, の流行が起きたようで古語辞典を見てると面白い。

　・これら接辞の子音要素が[挿入音素]の[-/r], [-/s], [-/y], [-/k] に兼用されていると「新文法」では推測します。

3. 現代人の視点で前2-1a表を見ると、態接辞：-ar-, -as-, -e-, が古く文語時代から自他交替接辞としても全面的に活躍しているのが分かります。ただ -e-接辞は態接辞よりも已然形の -e-接辞としての認識が強かったのでしょう。　近世の国語学者の視点では -e- / -e[r]u の態への変身に十分な気付きがなかったようで残念です。

「新手法」では -e- / -e[r]u を態接辞として扱うことを提起しました。

・「態の三系四態」：「能動系/強制系/使役系」にそれぞれ「原系態/可能態/結果態/受動態」の四態で構成する「態の構造」を想定します。

2-1b表＜態派生の選択分岐：態の三系四態＞

__動詞語幹（D：規則動詞 / 不規則動詞語幹：来る:ko、する:s、)__
ー→D┬ーーーーーーーーーーーーーーーーーーーー┬→活用形分岐→へ
__態…|＿(D)＿| └[-/s]-as─ … └[-/s]-as[-]e┤…(原系態)
__の…├ [-/r]e ─ … ├ [-]e ─ ……├ [r]e ─ …(可能態)
__選…├ [-/r]ar─ … ├ [-]ar─ ……├ [r]ar ─ …(結果態)
__択…└[-/r]ar[-]e┘ … └[-]ar[-]e┘ … └[r]ar[-]e ┘…(受動態)
__＜↑能動系四態選択 ↑強制系四態選択 ↑使役系四態選択＞____
この手順を通ると、態派生の接辞が付加されて態動詞語幹が生まれます。
・派生例：来るの態派生を演習。(派生した態動詞語幹の形態で示す)
　能動(ko:k[-]u[r]u)：ko[r]e：ko[r]ar：ko[r]ar[-]e,
　強制 ko[s]as：ko[s]as[-]e：ko[s]as[-]ar：ko[s]as[-]ar[-]e,
　使役 ko[s]as[-]e：ko[s]as[-]e[r]e：ko[s]as[-]e[r]ar：ko[s]as[-]e[r]ar[-]e,
(態派生の詳細は第三章に記述します)

2-2. 動詞活用のしくみ（基礎2：規則/不規則動詞/活用形）

「新手法」の「文節派生のしくみ」の考え方は、用言活用と体言活用では膠着強度が違うと定義します。

用言は[/]派生の密結合、体言は[+]複合の疎結合です。

（形容動詞は疎結合の体言に相当するので、名詞形容詞＝名容詞と命名）

・動詞文節＝動詞語幹n[/]n態n/[/]n然n接辞[/]n接辞n…、

・形容詞文節＝形容詞語幹n[-/k]然n接辞[/]n接辞n…、

・名詞/名容詞文節＝名詞/名容詞単語n[+]助詞n/[+]助詞[×]判定詞n…、

前節で・動詞文節＝動詞語幹n[/]n態n接辞まで、を述べました。

本節ではその後続要素：+[/]n然n接辞+[/]n接辞n…、のしくみを述べます。

1. 「然接辞」をどう解釈するか。

   動詞活用形の「未然/連用/終止/連体/已然/命令/…」を表現する接辞を「然接辞：[/]Fn」と見なし、それが「然の活用節」を作る要素と規定します。

2. 動詞文節の「自立語節＝(態)動詞語幹」に「然の活用節」を膠着させると動詞活用形が派生できるということです。

   ・これが国語文法でいう活用形に相当するので「新手法」の解説もそれに沿って進めますが、問題点を残しています。

3. 「問題点」とは、国語文法と「新手法」での用語統一ができていないことです。新規性をねらった「新手法」概念が未完成であることが原因ですが、活用形＝「然相活用＝動作相」とみなします。（動作相と重ねるのは少数派ですが、合理的です）

・動作相＝未然-将然-正然:連用-事然:終止-係然:連体-已然 の流れを
動作局面の「開始前-進行-事象-事態-完遂」に当てはめて解釈する立
場を「新手法」として定義します。

---

4. 本節では、まず「活用形＝然活用」の旧来形式で解説を進めます。
   2-2a表「然相:[/]Fnの立掛け一覧表」。
   ・2-2b表:時制相や推量相が不足する問題点の(未完)解決試行、
   （まだ明確な可視化の方針が見つかりません）
   ・2-3表:用言・体言の然相立掛け一覧表の試行、を書き出した
   思案途中の記述です。残念ながら未完の試行です。
   （第六章の最後尾に未完の検討方針を記述しました）
5. 最終2-7節では、「構文相＝①連用形、②連体形、③終止形」
   を応用して「基本構文」の考察に利用することにします。

2-2a表＜①規則動詞/②③不規則動詞の活用形1:動作相接辞一覧＞

①規則動詞:動作相		②不規則動詞:動作相		③不規則動詞:動作相	
kak,tabe,	[/]nFn	来る:k/ko/ki,	[/]nFn	する:s/si/se,	[/]nFn
事然:終止形	[-/r]u.	k	[-]u[r]u.	s	[-]u[r]u.
未然:否定形	([a/-]-)	ko=(k[-]u[a])	語幹吸収	si=s[i]-,se=s[e]-	語幹吸収
将然:促進形	[-/y]ou	ko=(k[-]u[a])	[y]ou	si=s[i]-,se=s[e]-	[y]ou
正然:連用形	([i/-]-)	ki=(k[-]u[i])	語幹吸収	si=s[i]-,se=s[e]-	語幹吸収
係然:連体形	[-/r]u-	k	[-]u[r]u-	s	[-]u[r]u-
已然:実現形	[-/r]e-	k	[-]u[r]e-	s	[-]u[r]e-
命然:命令形	[-/r]e/o	ko=(k[-]u[a])	[-]i	si=s[i]-,se=s[e]-	[r]o,[-]i

（注）動作相 [/]nFn:[挿入音素]接辞の組み合わせを示す。
①規則動詞語幹は子音末/母音末とも不変で、動作相も共通。
②来る不規則:語幹はk/ko/kiの3種に変化し、動作相に[-]u[r]uと

2段階終端のような形態が残っています。

「来る」が不規則になる理由を考察すると、
1. 未然＝K[-]u+[a]na[k]0i＝K[ö]na[k]0i→Kö[-]na[k]0i：Kö 新語幹化。
   新語幹化：kö[r]u→到着点に来ることの意味が隠れている。
2. 正然＝K[-]u+[i]ta＝K[ï]ta→kï[r]u：kï 新語幹化。
   新語幹化：kï[r]u→出発し到達点へ来る途上にあること。
3. 事然：K[-]u[r]u →移動して到着点に来る全体事象のこと。
   （已然＝K[-]u+e＝Ke,Kë が成立しないので、K[-]u[r]e となるように[r]u
   を補ったと推定する。-ur[-]u ではない）
   ・こらっせ kö[r]as-se (ökösi+yasu)、
   ・きらっせ kï[r]as-se (oide+yasu)など、
   地方の来客施設名の愛称として使われています。

③「する」不規則：語幹はs/si/seの3種に変化し、動作相に[-]u[r]uと
2段階終端のような形態が残っています。
「する」が不規則になる理由を考察すると、
1. 未然：S[a], S[-]u+[a]＝S[ö], どちらも聞き慣れない。
2. 正然：S[-]u+[i]＝S[ï] とS[a]+[i]＝S[ë] が併用され、未然にも適用。
   ・S[ï]→Sï：傍目から認知でき、進行中でも 動きが判る動作、
   ・S[ë]→Së：動きが完了してはじめて認知できる動作、
   の区別が潜在すると推察する。（どちらも未然を兼用できる）
3. 事然：S[-]u+[r]u＝S[-]u[r]u 。（二段活用の流用）
   （已然＝S[-]u+e＝Se,Së では動作描写が成立しないので、
   S[-]u[r]e となるように[r]u を補ったと推定する）
4. なお、信ずる、損ずる：は、～Zi([-]S1, [y]ou, [-]S2, [r]u, [r]e, [r]o,) の
   ように -Zi- が語幹化して、信じる、損じるの一段活用形に定着中でしょ
   う。

①規則動詞の命然：現代口語では、[-/r]eyoの共通形からの進展です。
1. 子音語幹：[-]e(yo)→書け kak[-]e、
2. 母音語幹：[r](ey)o→ 食べろtabe[r]o、となりました。
3. 先史、書けよ[-]e[+]yo、食べよ[-]ë[+]yo、で命令の-e-と正然・已然の
   -ë-とは異なっていた。しかし奈良古語時代には母音体系が五母音体

66

系になりe=ë=eとなって、tabe[r](e[+]y)o→tabe[r]oに変遷してきたのだろう。

＜動作相と【構文相】:後続文節との関係＞

　前2-2a表の動詞活用形1は、動作相:[/]nFnの「立掛け一覧表」とでも呼ぶ形式です。①規則動詞の動作相、②、③不規則動詞の動作相、を縦列に並べて第一段階の活用派生を示してあります。①〜③での構造差は大きくないので憶えやすいでしょう。

1. まず、この動詞活用形1の動作相:[/]nFn が
　・明確に示せない然相:未然([a/-]-)、正然([i/-]-)と、
　・明示できる事然、係然、已然の3つ:[-/r](-u, -u-, -e-)、[-/s]as[-](-u, -u-, -e-)の対比差について考察する。

2. 未然には[a/-]na[k]0i, [a/-]z[-]-u, [a/-]mai,…などの打ち消し接辞が、正然には[i/-]mas[-]-u, [0i=IQN/-]te/de,…などの動作の描写接辞がいくつか連結します。

3. それに対し事然,係然:[-/r]-u, [-/r]-u、已然:[-/r]-e-、は専用接辞で確定的に「事象・出来事」を示唆するような固定構成です。
　已然は「事象・出来事」の実現尽力を意味し、動作の描写でもあるので、正然と同様の構成力を発揮し D[-/r]e[-]mas[-]-u, D[-/r]e[-]te, と連結します。
　（先史時代の已然は正然と同様な使い方まではできていた）

4. 構文中の文節として未然、正然、已然は動作状態を描写する機能であり、後続文節へのつながりも「用言述語」が多い。
　これを①連用形という概念にまとめる。

5. つまり、文節内の活用節は定形的でない①連用形で始まることが多く、事象事態を示す②連体形、③終止形を使う段階では文の構成が完結に近づくという常識的な「構文解釈」に適っているのだろう。
　例:書かない:kak[a/-]na[k]0i, 文頭近くでの意思発話。未然。
　・書けない:kak[-]e[-]na[k]0i, 文末近くでの悔悟吐露。已然。

6. 構文中の活用節を①連用形、②連体形、③終止形の3つにしぼることを【構文相で識別する】と呼ぶと、
　・構文相を「用言にも「体言にも当てはめる」ことが重要です。

（体言の詳細は第五章に記述します）
7. 以上の考察から、活用形とは何か？と問われたなら、
　　①態の三系四態：【態相】、（主客の動作立場の説明に必須）
　　②本居然活：【動作相】（然相活用）、（動作局面の説明に必須）
　　③四詞三活：【構文相】（係承活用）、（構文生成の説明に必須）
　　④接辞全活：【報告相】（接辞一覧）、（時空因果の説明に必須）
　　の4つに区分するのがよいだろうと答える。禅問答の段階か。

＜動詞の活用形2：活用相接辞・文節＞

　2-2b表は、接辞全活につながる代表的な活用接辞を試行的に広げて
表の列枠に入れ込んだ一覧表です。【報告相】に相当。未完成状態。
（既存の一覧表から寄せ集めた状態です。本当は構文相に合わせた
構文相3枠形式に絞り込む方向が望ましいのですが、）
　2-2b表＜動詞の活用形2：活用相接辞・文節例＞

動詞活用	動作相	否定 [a/-] na[k]0i	完了 [i*/-] te /de	仮定 [+]nar[a] [i*/-]tar[a]	伝達 [i/-] mas[-]u	報告 [+] des[-]u
事然④	[-/r]u			[+]nar[a]		[+]you[+] des[-]u
未然①	[a/-]	na[k]0i				
将然②	[-/y]ou	↓[i*/-]=[0i=IQN/-]イ音便記号				
正然③	[i/-]		[i*/-]te /de	[i*/-]tar[a] /dar[a]	[i/-] mas[-]u	[+]sou[+] des[-]u
係然⑤	[-/r]u					[+]hazu[+] des[-]u
已然⑥	[-/r]e	[-] na[k]0i	[-]te	---- 仮定は 事然nar[a]	[-] mas[-]u	[+]sou[+] des[-]u
命然⑦	[-/r]e/o					

—

（注）動詞文節の活用形を示しています。動詞例：食べる、書く。
1. 事然④：tabe[r]u[+]nar[a] 食べるなら、
   tabe[r]u[+]you[+]des[-]u 食べるようです、
2. 正然③：tabe[-]te 食べて、tabe[-]te[-]na[k]0i[+]des[-]u 食べて
   ないです、tabe[-]sou[+]des[-]u 食べそうです、
3. 正然③：kak[0i=I]te 書いて、kak[0i=I]tar[a] 書いたら、
   kak[i]mas[-]u 書きます、kak[i]sou[+]des[-]u 書きそうです、
4. 已然⑥：kak[-]e[-]na[k]0i 書けない、kak[-]e[-]te 書けて、
   kak[-]e[+]sou[+]des[-]u 書けそうです、・・・

2-3．接辞活用のしくみ（基礎3：動作相の立掛け一覧）

2-3表＜述語動作相の立掛け一覧表＞　動作相の演習

動詞型 [/]nFn	形容詞型 [k]Fn/[k]r	名詞/名容詞 型 Mn [+]Zr	報告/判定型 [+]Zr	伝達型 ③⑥[i/-]F	完了:過去型 ③⑥[i*/-]F
事然④ [-/r]u	[k]0i [k]a(r[-]u)	[+]da [+]de[×]ar[-]u [+]des[-]u	[+]des[-]u [+]de([×]ar -[i]ma)s[-]u	[i/-]mas[-]u	[i*/-]te[r]u /de[r]u [i*/-]ta/da
未然① [a/-]	否定[k]u [-]na[k]0i	[+]de[×]wa [+]na[k]0i	否定[+]dya [+]na[k]0i	否定 [i/-]mas [-]e[-]n	[i*/-]te/de [-]na[k]0i
将然② [-/y]ou	[k]ar[-]ou	[+]dar[-]ou	[+]des[y]ou	[i/-]mas[y]ou	[i*/-]tar[-]ou /dar[-]ou
正然③ [i/-]	[k]u	[+]ha,ga,wo, [+]ni,de,to,	[+]des[i]te,	[i/-]mas[i]te,	[i*/-]te/de
係然⑤ [-/r]u	[k]0i	[+]no/na [+]nano	[+]de[×]ar [-]u	[i/-]mas[-]u [+]M	[i*/-]ta/da
已然⑥ [-/r]e	[k]er[-]e 仮定:④ [+]nar[a]	----- 仮定:④へ [+]nar[a]	----- 仮定:④へ [+]nar[a]	[i/-]mas[-]e	仮定:③へ [i*/-]tar[a] /dar[a]
命然⑦ [-/r]e/o	[k]ar[-]e	[+]de[×]ar[-]e	-----	-----	[i*/-]ter[-]o /der[-]o

—

注：表の左3列：動詞活用軸、形容詞活用軸、名詞活用軸の3軸が立掛けて あります。

・4列目以降に日常よく使う「機能接辞の活用軸」を同じく立掛け並びで配置し ました。（もっと多くの接辞を並べたいが）＿

・判定詞です型、伝達ます型、て形・た形型までで列枠が足りないので、否定： na[k]0i、仮定：nar[a]の接辞は表中に入れ込みました。

・ます型、完了・過去型は、動詞型接辞であり、連結する動詞側の活用相が ③正然と⑥已然に対して可能だと明示しています。

（仮定形：[i*/-]tar[a]/dar[a] は⑥已然につなぐと、二重可能になりやすいの で、③正然につなぐだけがよい）

1. 2-3表は試行錯誤の「動作相/活用相」構成です。
   日常的な発話の場での述語文節の「動作型と動作相/活用相の接続」 を明示する方法を試行したものです。
   （2-2a表, 2-2b表, 2-3表の試行概念化がまだ未整理状態であり、新手 法として書き残すべきでないかもしれません）
   明示の方法にもう少し工夫が必要です。

2. 演習例：話す、遊ぶ、嬉しい、早い、公園、犬、を使います。
   例：話した：hanas[i]ta、遊んだ：asob[0i=N]da、
   遊びました：asob[i]mas[i]ta、遊んだら：asob[0i=N]dar[a]、
   話しましょう：hanas[i]mas[y]ou、
   遊ぶなら：asob[-]u[+]nar[a]、うれしいです：uresi[k]0i[+]des[-]u、
   早く話そう：haya[k]u+hanas[-]ou、話さないなら嬉しくない
   ：hanas[a]na[k]0i[+]nar[a] uresi[k]u[-]na[k]0i、
   話せなかったです：hanas[-]e[-]na[k]ar[0i=Q]ta [+]des[-]u、
   公園で遊び方を話し合ってる
   ：kouen[+]de asob[i]kata[+]o hanas[i]aw[0i=Q]te[r]u、
   犬の公園です：inu[+]no kouen [+]des[-]u、

3. もう少し機能接辞を増やした2-3表を作っておくと、実際に演習に使っ て接辞選択の学習に効果を上げられるでしょう。

試行錯誤の難解一覧表の見本になりました。

（本来はきちんと階層分けをした形式で、然相・動作相、構文相、報告相の一覧表を作成できたらよいなと思っている。2-3表はそれらへの思いがないまぜになっている）

　実質本位の難解な割に可視化の利点が少ない一覧表ですが...
日常の発話を円滑にするための「助詞/助動詞の使い方一覧表」を一足飛びに見つけようとしても難しいことが判りました。
まずは文章の書き言葉での述語構造を見つけ出すことが必要です。

2-4. 動詞活用形の最新部分：新手法版

　ここで心休めのために、然相に対する概念的な整理をしておきたい。

＜動詞活用形の名称の考え方＞

　新文法では動詞活用形分岐を「未然・将然・正然・事然・係然・已然・命然」のように「～然」に統一しました。動詞は動作：時間的空間的な動きを叙述するので、「大局的な動作相：アスペクト」を表現しなければなりません。
「～然」は「～動」と読み替えて解釈してもよいでしょう。

＜最新：活用形の名称整理＞

・動作相と活用相を並置し「～然・～形」と呼称することとします。
・「活用形」は構文との関わり方や、形容詞、名詞判定詞の活用形との共通性を考慮した名前にする。そのまま学校文法での名を使うものもあります。
・未然①否定形←そのまま。（未然・否定形）
　将然②促進形←新名称を推奨。（将然・促進形）
　正然③連用形←そのまま。（正然・連用形）
　事然④終止形←そのまま。（事然・終止形）
　係然⑤連体形←そのまま。（係然・連体形）

已然⑥実現形←新名称を推奨。(已然・実現形)

命然⑦命令形←そのまま。(命然・命令形)

のような組み合わせ名称で憶え込むとよいでしょう。

・形容詞、名詞・名容詞の述語には動き相は省略し、後続接辞の機能により「活用相：〜形」で表現することになります。

・新手法では、仮定形を已然・実現形から切り離し別接辞に割り当てることを推奨したい。前節に表中で示したが、[+]nar[a]、[i*/-]tar[a]、[i*/-]dar[a]、を提唱したい。これで前提条件を正然・事然の状態で明示する構成を作れるから、態変化を懸念しなくてよいのです。

已然・実現形を主機能と提起する意義を次節に説明する。

(さらに詳細は第三章に解説する)

＜新呼称の将然・促進形、已然・実現形の説明＞

・新登場の将然②促進形、已然⑥実現形について簡単に説明する。

　歴代の日本語の流れのなかで、将然②促進形、已然⑥実現形、は大きく変化した用言用法であることを反映する名称にしました。

・将然：動作を進める意向、勧奨、推量などの意味ですが、

　　　　・進もう：D[-/y]ou,

　　　　・早かろう：K[k]ar[-]ou,

　　　　・〜であろう：〜[+]de[×]ar[-]ou, を代表する機能名称に

　　　　「促進形」を当てる。

古語：D[a/-]m[-]u：進まむ、早からむ、あらむ、で同様の意味を表したが、古語時代のうちに心裏的表現なのを避けるために変化が起こり、

　　　　・D[-/y]ah[-]uとなり→近代にD[-/y]ouとなった。

　　　　(ah:合う、合わせる、つまり思いと動作、他者と自分の思いを合わせ合うことの意味) 積極性のある「促進形」がふさわしい。

単独意向の表明だけでなく、周囲条件・他者との「条件すり合わせ」などをしていく「互律」的な機能を表現するようになった。

已然：動作を完遂する、動作に介添えして完遂するの意味があり、

　　　・書け、読め、見れ、食べれ：D[-/r]e,

　　　・望ましけれ、たのしけれ：K[k]ere,

　　　・～であれ：de[×]ar[-]e,

　　　・動詞已然には[i/-]te を付加して、書けて、読めて、見れて、食べれて、など連用機能を使うと活き活きした完了描写になる。

1.　文語時代の已然：D[-/r]eは、見せ、乗せ、着せ、心かはせ、などにも使われたが、[r]uを付けるのが一般化せずに下二段活用に留まっていた。（文面に書くには候文でつなぐことが多かった）

2.　一段活用化へ変化がおこり、D[-/r]e[r]u：見せる、乗せる、着せる、が使えるようになった。
　　動作主体と客体が近くにいて相互に協力しあって
　　見せる、乗せる、着せるという動作がぴたりと表現できようになった。
　　同様に、書ける、読めるや、見れる、食べれるが同等に使えるようになり、江戸期以降には「可能動詞」と呼ばれている。
　　・已然が独立して終止形：-e[r]uを明示できるようになった。

3.　つまり「已然・実現形」が独立して、D[-/r]e-[r]uが連結すると、完遂・現実になるとの感覚を抱くから「可能動詞」なのです。
　　・可能動詞を構文相：①連用形、②連体形、③終止形、で完全に使えるようになった利点は大きいのです。
　　これで実質上、構文相に「④実現/完了形」を加えたような日本語構文を生成できる条件が揃いました。

4. 已然が「動作完遂の現実化」の行動を描写する可能動詞につながりを持つように発展した現代口語では、もはや已然を「仮定形」と見立てるのは、間違いのもとになります。

5. 已然の:-e-接辞は態接辞ですから「仮定形流用」には要注意です。

6. 「仮定形」には、実現指向性の動きを含まない「現状を前提条件とする」別接辞（～なら:[+]n(i[×])ar[a]）を当てるのがよいでしょう。

7. 現代人が「已然・実現形」に魅力を感じてむやみに使いすぎると、已然の多重連結「れ足す言葉」などで混乱する実害も出て久しいわけで、これを解決するためにも「已然・実現形」を仮定形に流用しないことを決断すべきでしょう。（第3章3-4節参照）

（可能態を堪能するためにも、仮定形とは棲み分けるべきです）

いずれにしろ、将然・促進形と已然・実現形の2つが近代日本語の述語体系を躍進させた原動力だったのです。

2-5. 動詞活用形の意味:最新版の動作相・活用相

前章1-4.[挿入音素] の意味 の説明内容と重なる部分がありますが、動詞活用形の動作相:アスペクトに注目して詳細に説明します。

1. 先史、動詞子音末語幹に対して、活用形の構成を
   ・未然-正然-終止-連体-已然,の活用音素を : -[a],-[i],-u,-u,-e,、
   とする優先規則が存在したのであろう。四段活用形です。

2. ・動作の瞬間を描写するのは、正然:-[i], 已然:-e, の音素だけなので、未然-正然 :-[i],-[i], か、-[e],-[e], かのどちらかでしか活用形を作れない動詞が最初から存在したのです。（上二段、下二段）
   ・つまり、二段の未然-正然-終止-連体-已然,の活用要素音素は、
   ・上二段 : [i]-[i]-u-u[r]u-u[r]e、下二段 : [e]-[e]-u-u[r]u-u[r]e です。

3. 江戸期前後には、D[i]=D, D[e]=D,と母音末を語幹に組み入れて

74

・活用音素をすっきりさせて一段活用化させた母音末動詞は

・未然-正然-終止-連体-已然,∶[-]-[-]-[r]u-[r]u-[r]e、となったので、

4. 四段活用/一段活用を一行で明示できるようになりました。

・未然-正然-終止-連体-已然∶D([a/-]-[i/-]-[-/r]u-[-/r]u-[-/r]e)！

＜活用形の意味＞
　まず、活用形を動作相∶アスペクト∶動作の進展状況を描写する一覧表
並びであるとみて解説していきます。

然相の意味　（記号∶[/]nJn＝接辞のどれか）
①動詞活用の未然
∶未だ然らず（否定形∶D[a/-]na]k]0i, …）
動詞語幹に[a]音を介在させる (D[a]Jn) のが基本の四段活用だが、
[a]音が不適当な動詞では、(例∶落つot[a], 受くuk[a],…)
(D[-]u+[a]Jn=D[ö]Jn) の連結で未然を生成するか、
正然形態 (D[-]u+[i]Jn=D[ï]Jn、D[a]+[i]Jn=D[ë]Jn) の動き表現を
未然と正然にそのまま使うか、の選択をして二段活用を生成した。
未然は現在では打消し・否定接辞と連結するだけだが、古語時代では
将然∶D[a/-]m[-]u も[a/-]の形態で存在したので、未然の意味幅が今より広
かった。
・「新文法」が注意喚起したいのは、先史の昔から使役や受動の態接辞は未
然に接続したのではなく、動詞語幹に D[-/s]as-, D[-/r]ar-, D[-/r]e, の構造でつ
なげていたことです。（国語文法では「未然に接続と解釈した」のが、迷子道の
はじまりです。今もさまよい歩いています）

②動詞活用の将然
∶これから然る（促進形）
古語、文語では、D[a/-]m[-]u∶書かむ、見む、という心理的発意の
表現であったが、
D[-/y]af[-]u∶書かふ、見やふ→D[-/y]ou∶書こう、見よう、という行動的な意向
表現に変化してきた。
af[-]u は合うの意味で古くは「継続・繰り返し」の造語接辞に使われ、

75

たたく＋あう＝闘う、語る＋あう＝語らう、などがある。

また、敢えて：af[-]ë[-]teのaf は、①対象の条件とすり合わせて未動から正動へ至る動作に尽力するを第一義とし、②敢行する意を二義とするもの。（条件を甘くするのでなく、せめぎあふことを前提に敢行する）

積極的な意向・勧奨・誘導の表現に変わった。

これを「促進形」と呼称したい。

③動詞活用の正然

：まさに然る（連用形）

[i] 音を連結するのが四段活用だが、それに該当できない動詞には、

[i]←u+[i] 音（D[-]u+[i]=D[i]）の連結か、

[ë]←[a]+[i] 音を連結か、を選択して二段活用などを生成した。

正然の動作相は [i],[ï],[ë] 音でなければ表現できない。

（二段動詞では「未然・正然」ともに同音を適用する）

・[i]音：動きを傍目から視認できる動作、

正に動きを感じる動作を描写する、（上二段/上一段の動詞）

・[e]音：動き完了しないと認知できない動作、

既に完遂しつつある動作を描写する、（下二段/下一段の動詞）

という[i]/[e]の感覚差異に対応していると感じる。

（[e]音に対して「已然の動作相」を感じるという意味です）

・江戸前期にはD[i], D[e]が語幹に吸収された母音末動詞として扱われ、二段活用が一段活用形へ収れんした。

④動詞活用の事然

：事象の然（終止形）

四段／一段活用では、-u 接辞を連結して D[-/r]u の形態とする。

動作事象、出来事として叙述する。

現在動作だけでなくまもなくやる動作の意思表現にも使う。

　終止形を中心にした前後の活用形の並びで動作局面の動きをみると、

・四段は「正然[i]、事然[-]u、已然[-]e 」＝事象然を中心にして

正然・已然が左右に並ぶ構成（アスペクトの並び）が成立する。

　このアスペクト並びが不成立（意味の不整合）の場合は

・二段活用:「正然[i]/[e]、事然[-]u[r]u、已然[-]u[r]e 」となったが、
江戸期前後で、正然[i]/[e]の母音末を語幹に吸収して、一段活用になり
・「正然[i/-]、事然[-/r]u、已然[-/r]e 」が成立して四段／一段が
共通一般形式で表記できるようになった。

⑤動詞活用の係然
:関係の然(連体形)
古代、四段アスペクト並びが合わない動詞は「正然[ï]／正然[ë]、事然[-]u、係
然[-]u[r]u、已然[-]u[r]e 」の二段活用として使われた。
(-ur- 接辞ではなく応急措置の [r]u 付加:D[-]u+[r]u と推測する)
・係然は四段、二段、一段で連体修飾の機能に重用される。
(形容詞文、名詞文でも連体形は体言を限定修飾する機能を発揮する)
(述)連体形＋体言(主)という逆順関係で修飾する用法なので注意が必要。
・係然は、終止形と連体形(体言を修飾する機能)の両方の意味を含みます。
(現代口語では連体修飾の機能を優先し、係り結び・倒置構文などには配
慮しないでよい)

⑥動詞活用の 已然
:既に然る、完遂の然(実現形)
ë音は、ë←a+i(未然[a]＋正然[i])の合体音であるという。
(そこで新文法の着想のはじまりである)
ë音は「未然から正然に至り成就して已然になる」ことを表す。
つまり、ダイナミックな動作相の動きを描写する活用形であり、
最終的に動作を完遂・成就するという描写なのです。
　さらに、已然 D[-/r]e は [r]u を付加して独立すると、
　D[-/r]e[r]u の可能態動詞になる。
(書ける、読める、見れる、来れる、食べれる、などの可能動詞に
派生できて、独立した動詞として①連用形、②連体形、③終止形の
活用ができます。構文相に已然を組み込むことができるようになった！)

　已然は態(ヴォイス)変化の概念も持っている。

已然が動作完遂すると自動詞は他動詞に、他動詞は自動詞(自発)に相当する状態になると感得してほしいのです。

例：立つ→立てる(自他交替/自可能)、割る→割れる(他自交替/自発態)、この-e[r]u は自他交替専用接辞ではなく、動作完遂を意味する接辞なのです。

動作完遂すると、結果的に自他交替や態の交替(両交替か片方交替か)が生じます。　必然的変化ですし、完遂尽力することが本意の接辞です。

立てる、割れる、も主体者と対象物が相互に規律しあい物理条件に則り動作完遂できれば成り立つ動詞なのです。

だから「述語律」は「互律」と見立てる。

主体も「自律、互律」、対象も「受律、互律」です。

自動詞でも「自律」と「物理法則との互律」です。

動作完遂は周囲条件との折り合いが十分成り立ってはじめて可能になるという意味です。(「述語律」は第三章で解説します)

⑦動詞活用の命然：命ずる然(命令形)

e音は、e←i+a(正然[i]+未然[a])の合体音であり、正然へ向け動き出せと命ずることを表す。

(文語命然：子音末語幹：Ds[-]e、母音末語幹：Db[+]yo)

現代では、e音、ë音が同一化した結果か、動作完遂成就することを命ずる形態：D[-]e(yo)／D[r](ey)o に変わった？、この点にも留意したい。

2-6. 動詞活用派生のしくみ(応用：多次派生)

　動詞活用形を使って接辞を1回連結して派生することを、一次派生と呼ぶとすると、さらに別の機能接辞を2回目に連結することで二次派生となります。原理的には必要に応じてn次派生させて意味を詳細にすることができます。

　動詞派生/活用の構造を整理すると、各節に例示の作表のとおり、

・2-1a表：動詞自他選択、2-1b表：態動詞選択、

・2-2a表：(語幹)動作相選択、2-2b表：(接辞)活用相選択、

・2-3表：(文節)接辞活用の動作相立掛け一覧選択、

の選択を繰り返しながら「多次派生」をすることになります。

　2-3表の演習例では、少ない接辞表からでも意外に「多次派生」させることができるのだと見ていただけたのではないでしょうか。

<「多重派生」にはご用心＞

　多次派生は意味の違う接辞を連結して描写を詳細にしていく手段になります。

一方、「多重派生」は同じ接辞、または同種類の接辞を重ねて連結する

派生方法のことをいいます。　述語活用の場合には「多重派生」では不都合な

結果を招くことが多いです。

もちろん、多次/多重の派生結果がすべて悪くなるとは限りません。

1. 多次派生になりやすい接辞：

　・態接辞：-e-, -as-, (-ar-)、

　・正然や已然につく連用形接辞：[i*/-]te, [i*/-]ta, [-/r]e,

　の多次派生に誤用扱いになる例が発生しやすい。

2. 已然の-e-は、態接辞としても要注意であり、重ねると二重可能の意味になってしまう。しかし、これは先史以来 :-ar- 結果・受動の接辞で表現していたので、

　・行ける・×行けれる＝行かる：二重可能の「行けれる」を避け、

　 : *ik[-]e[r]e[r]u を避けて＝ik[-]ar[-]u :「行かる」と原点回帰するのがよいのです。近代では行かれる：ik[-]ar[-]e[r]uで表します。

3. ・行ける＝可能(言立て)動詞、行かれる＝可能(実績)動詞、は意味範囲が異なり併存する動詞です。見れる/見られる、食べれる/食べられる、来れる/来られる、も併存し、使い分ける動詞です。

　（精確に -[-/r]e[r]u／-[-/r]ar[-]e[r]u の区別を感じてください）

4. ・行け-ば ik[-]e-ba＝行き着け-ば、：OK表現。

   ・行けれ-ば ik[-]e[r]e-ba＝行きつけれ-ば、：両方OK/NG半々の
   表現。意味が「行きついて安堵できれ-ば＝行けれ-る」という余分な状
   況を表現・推測させることになるからです。

   ・行けれ-る：は先史以来「行かる ik[-]ar[-]u」で表現しているのです。
   （行かれる、行けれる、の「か/け違い」であり、「行けれる＝口先ばか
   りの二重言立て可能」が蔓延するのは好ましくありません。「行けれ
   る」の代わりに「行ける」で済むことが多いはずです。「行かれる」は
   「行く可能の実績＝戻って来るまで」の
   ことを見据えた可能動詞です）

5. そこで、仮定形の接辞を変えて、終止形に連結するように、
   ：(行く/行ける/行った)なら：[+]nar[a]、の接辞を推奨します。
   （詳細は第三章で態動詞の説明で記述します）

つぎに、正然のて形/た形の連続多元派生にふれます。不都合はありませ
んが、表記法の整理をかねて記述しましょう。

1. て形の接辞は、動作完了後の状態であることを表現します。
   ・古語：つ：t[-]u が、現代：てる：te[r]u/de[r]u、一段活用動詞へ、
   ・[i*/-]te/de([-], [y]ou, [-], [r]u, [r]u, [r]e, [r]o)と変わった。

2. た形の接辞、完了、過去の状態を表現するが、少し変則的で
   ・ta/da=t(e[×])a(r[-]u) / d(e[×])a(r[-]u) の縮約生成を核として、
   ・[i*/-]ta(r)/da(r)([a], [i], [-]i, [-]u, [-]e, [-]e)：完了・過去接辞、
   ・[+]t(o[×])ar([a], [i], [-]i, [-]u, [-]e, [-]e)：判定詞、
   の2形式があった。
   現代では、た形・終止形を縮約省略(r)([-]u),することで「た/だ」のみの
   縮約た/だ形で使うことが多い。

（判定詞：たるは名詞・名容詞文節で文語的な表現で使う）

・動詞連用形につける挿入音素[#]＝[i*/-]＝[0i=IQN/-] は

イ音便を表す：([0i=I/-], [0i=Q/-])te, [0i=N/-]de/te, の一括記号

です。

3. 多次派生の例：誤用例ではなく、発話でうまく使いこなしている例です。

・「書いて！」っていったでしょ。："Kaite !" tte itta desyo.

："Kak[0i=I]te !" t(o[×])[0i=Q/-])te iw[0i=Q/-]ta [+]des[y]o.

・書いてた時に何を考えていたんだ?：kak[0i=I]te+(i[-])ta+時に

何を kangae[-]te+i[-]ta+n(o[×])da ?

4. ・読んだら選んでください。：yom[0i=N]dar[a] erab[0i=N]de

kudas[-]ar[0i=I](mas[-]e).

　このような多次派生を学ぶには2-3表の拡大版を作成して演習することができれば、学習効果が上がるのではなかろうか。

また、膠着記号の使い方にも馴染めるし、教え方に明示的な説明が可能になります。

思案例：先行語幹に膠着([#]=[/],[+],[×],)を選択して接辞連結する。
（態の三系四態：態接辞に対しての四態/構文相：活用表）
・能動四態：[-/r](-[0]- /-e- /-ar- /-ar[-]e-)[-/r]u,
・強制四態：[-/s]as[-](-[0]- /-e- /-ar- /-ar[-]e-)[-/r]u,
・使役四態：[-/s]as[-]e[r](-[0]- /-e- /-ar- /-ar[-]e-)[-/r]u,

（四詞三活：活用接辞/構文相：活用表）
・促進・勧奨：[-/y]ou,
・希求・願望：[i/-]ta[k]0i, [i/-]tag(e[×])ar[-]u,
・過去・完了：[0i=IQ/-]t(e[×])a(r[-]u), [0i=N]d(e[×])a(r[-]u),
・完了連用形：[0i=IQ/-]te/de, [0i=N/-]de/te,
・否定・打ち消し：[a/-](na[k]0i / z[-]u) / [+]na[k]0i,
・打消し意思推量：[a/-]mai / [+]mai,…
・仮定条件：[+]n(i[×])ar[a]=なら、
・事由・報告・推量：はず/よう/そう/らしい/べき/ます/です…など…

2-7. 連用形、連体形の修飾能力（応用：基本構文へ）

　述語文節の活用形のなかでも、(正然)連用形と(已然)実現形は後続句とつながりが多くなり、どちらも述部修飾へ続く性質なので全体構文の「主部＋述部」の流れを変えません。

一方、(係然)連体形は後続の体言を修飾して主部要素を作り出すので「述語連体形＋主部」の部分的逆順構造を生み出します。

それが構文解釈に影響することがありえます。

・連用形、連体形ともに後続の文節に連携する意味の関連性を持つ。

- (正然)連用形：用言に先行して用言の詳細を修飾・限定する、
- (係然)連体形：体言に先行して体言の詳細を修飾・限定する、
- （　）付きで正然、係然としたのは、動詞述語のほかに形容詞や名詞の述語での連用形、連体形にも適用できることだからです。

  （正逆順の影響力は動詞連体形が重いですが）

1）連体形は構文の「主・述」順序を乱すもの

　連体形には、限定用法として体言を修飾する主要機能があり、「述語・連体形＋体言・主部」の逆順構造の修飾句を生み出すことになります。

- 限定用法（係然）・連体形：

 「昨日→降った「+大雨は「各地に、」...

 （hur[-]u[+], hur[0i=Q]ta[+], 連体形）

一方、終止形は主述正順で事象・出来事を陳述できる。

- 叙述用法（事然）・終止形：

 「昨日、「大雨が「各地に、」→降った。

 （hur[-]u. hur[0i=Q]ta. 終止形）

- 現代では終止形と連体形が同形であり区別できませんが、

 構文の「主部・述部の並び方」には大きな違いが発生します。

 構文の複数の登場人・物を「一条の流れ：連続系の場」で語るときに、局所的に主述逆順の修飾があるなら、意味の解釈に大きく影響します。

1. 叙述用法（事然）・終止形：（↕受動果互律、→能動自律）

 ・「Aは「Bに」↕なぐられた。～ついに→復讐した。

 （本来、なぐられたコト、復讐したコトの2事象の叙述文）

2. 限定用法（係然）・連体形：（係然にして「Bに」を修飾）

 ・「Aは、→なぐった「Bに」→復讐した。

 ：「限定用法では逆順修飾になるので、「Aは、」で読点を打って→なぐったの修飾相手が「Bに」であることを明示するとよい。

 ・「A」をなぐった叙述文中にあった「B」を終止形(連体形)の外に出し、被修飾語(連体修飾形の底受け)としてつなぎとめるのが、係然の機能です。一般的に叙述文から抜き出した主部要素を「連体底」におくことを「内の関係の修飾法」と呼びます。（態動詞が「なぐった」に替わります）

 ・「Bに↕なぐられた「Aは」も連体底が「内の関係」であり、かつ主体なので、文章の開始格と見なされるから、

聞き取りやすい構造といえます。

3. しかしながら、有情の意思を持つ登場人物「A」「B」の間に限定修飾述語をはさみこむのは一般的に意味が安定しません。

・日常会話の場では、「Aは「Bに」↕なぐられ・て/(た「+ので」)→復讐した。と、述語・連用形または連体形+ので、で事象叙述してから後続することが多いでしょう。

・登場人・物のどの要素にも用言/体言の限定修飾句を付加しうるので、簡潔を目指すなら可能な限り控えめな使い方、省略が良いでしょう。

2)「新手法」視点で日本語構文を一般形式化する

　本章で動詞活用形を解説する段階で「国語文法」と「新手法」の差がどれほどあるのか、明確には整理しきれていなかった。

・つまり、「新手法」でも動詞活用形を「国語辞典の後部付録につく助動詞活用形一覧表」に準じた解析手法で若干の手直しを加えて解説してきました。

(その一覧表に「動作相の並び」を感じ、「立掛け一覧表」と呼んだりします。しかし「活用形の並び」とは「構文相:構文生成に特化した活用形の並び」にしたほうがよいと考えるようになりましたが、

まだ試行錯誤の段階でこれを書いています)

・「膠着強度の識別法」や「助動詞接辞の切り出し法」の違いが、

「新手法」の差の根源ですが、それを起点に「已然・可能態の発展」や「多重派生の問題点」を指摘しました。

・また、日本語構文を理解するには、文末述語の「述語律」を理解することが重要であると考えて、「登場人・物」の「主部律」と文末述語の「述語律」の規律関係を合致させた構文生成・解釈を勧めたいという視点で準備してきました。

次章以降に態活用、形容詞活用、名詞・名容詞活用の解説を用意して、具体的に「述語律」を解説しますが、ここでは構文解釈の概念的一般化を示しておきます。

　「構文相：文節＋文節＋文節＋文節＋文節…で構文が生成されますが、文節間の相互関係を規制する活用形は、①連用形、②連体形、③終止形の3つである」という概念：「四詞三活」が構文を支えているとの解釈にたどり着きました。

（既出の人魚構文：「太郎は「大阪に→行く「:|予定」＋です、をたたき台にして、文法的な一般原則を立てておきましょう）

＜日本語の基本構文を探る1：主部/述部要素の活用形スリム化＞

1. 日本語の基本文型＝動詞文、形容詞文、形容動詞文、名詞文、だという定説があります。
   これだけでは正確に解釈できる構文規則と言えません。
2. 日本語文法は文節単位までの要素を識別できますが、その内部の活用節段階の生成手順を明確に指導していません。
   ・文節と文節と文節の連続で文章が出来上がる。
   ・活用節の段階を如何に連結して文章化するかを明示したい。
   正しく日本語構文が出来上がる方法を確実に明示する必要があります。（構文生成に役立つのが「構文相」の考え方です）

3. 「新手法」が提起する方法は「活用節＝構文相」により構文解析することです。用言も体言も同じ「構文相概念」で識別します。
4. ・構文の主部要素が体言：Tであるので、
   ＝体言T①連用形：体言[+](格)助詞：体言[+]は/が/を/に/で...
   ＝体言T②連体形：体言(実体/状態)[+]助詞：体言[+]の/なの/な、
   ＝体言T③終止形：体言[+]判定詞：体言[+]です/だ/である...、
   ・T①、T②、T③、の記号化で分析構文を示します。
   また、構文の補語要素は同じ体言ですが、補語識別として、

＝補語S①連用形：体言[+](格)助詞：体言(/の)[+]は/が/を/に/で...
＝補語S②連体形：体言(実体/状態)[+]助詞：体言[+]の/なの/な、
＝補語S③終止形：体言[+]判定詞：体言(/の)[+]です/だ/である、
・S①、S②、S③、の記号化で分析構文を示します。

5. ・同様に構文の述部要素が用言である場合、
    ＝用言Y①連用形、用言Y②連体形、用言Y③終止形、
    ・Y①、Y②、Y③、の記号化で分析構文を示します。

6. この構文相を元に応答文の構文分析を演習してみましょう。
    ・即答文：「太郎はT①...「:|予定S③」+です。＝T①...-S③。
    ・即答文：「太郎がT①...「:|予定S③」+です。＝T①...-S③。
    ・回答文：「太郎はT①「大阪にT①→行くY②...「:|予定S③」+です。＝
    T①T①-Y②...-S③。
    ・回答文：「太郎がT①「大阪にT①→行くY②...「のはS①「:|予定S③」+
    です。＝T①T①-Y②...S①-S③。
    ・叙述文：「太郎はT①「予定にT①よりY①...「大阪にS①」→行きます
    Y③。＝T①T①-Y①...S①-Y③。
    ・叙述文：「太郎はT①「大阪にT①→行くY②...「予定でS①」
    :>いそがしいY③。＝T①T①-Y②...S①-Y③。

7. 演習で記号化した分析文について、記号化の要領を説明しておきま
    す。(主部要素はT①T①、T②T①のように複数配置もある)
    ・即答文：主部＋補語文の構造で、＝T①...-S③.
    先行文：主部要素T[+]助詞n＝T①、
    先行文区切り：...記号、
    後続文：主部要素S：補語[+]判定詞。で記号化表現します。
    述語指標記号：- 記号：-S③、-Y②、-Y③.
    ・回答文：(主部＋叙述修飾...補語文)の記号化。
    先行文：主部要素T①-Y②...、(叙述修飾-Y②がつながる)
    後続文：補語要素S：-S③./ S①-S③.(/ 記号：択一選択記号)
    ・叙述文：(主部＋叙述修飾...補語＋用言述語文)の記号化。
    先行文：主部要素T①-Y①/-Y②...、(/ 記号：択一選択記号)
    後続文：補語要素S+Y：S①-Y③.

8. 主部要素は「直列入れ子型カギカッコに」括りますが、
　　・「象はT①「鼻がT①」... :>長いY③。と分析するか、
　　・「象はT①...「鼻がS①」:>長いY③。と分析するか、
　　・「象のT②特徴はT①...「鼻がS①:>長いY②「:|にとS③」+だ。
　　と変化する場合もある。

9. ・「同僚とT①...「酒をS①」→飲んだY③。とできると、
　　・...「ビールとS①「酒をS①」→飲んだY③。と区別するの
　　が簡単になります。

10. また分析分解度は細かくし、「予定にT①よりY①...や、長いY②「こと
　　S③」のように体言/用言の区切りは明示するほうがよい。

11. ひとまず分析記号文を簡単に整理してみよう。
　　・先行文：T①...、T①-Y①/Y②...、T②T①-Y①/Y②...、3種類の構造
　　がある。 ただし、主部要素に限定修飾のT②/Y②が恣意的に付加さ
　　れる場合もあるから、(T②/Y②)T①-Y①/Y②...の形式で3種類を代表
　　させるとよいか？ あるいはT①は複数個必要だから、
　　・T①(T②/Y②)T①-Y①/Y②...が代表であるほうがよいか？

12. ・後続文：-S③/-Y③。S①[-S③/-Y③]。S①(S②/Y②)[-S③/S①-Y③]
　　の3種類の形式があり、最後の冗長性のある構造文を選び、
　　・S①(S②/Y②)[-S③/S①-Y③]。で代表させるよりも、
　　・S①(S②/Y②)[S①-S③/S①-Y③]。で代表させるとよいか。

13.【日本語の基本構文型1】はこの代表分析文を並べて完成です。
　　【T①(T②/Y②)T①-Y①/Y②...S①(S②/Y②)[S①-S③/S①-Y③]。】
　　（記号注：( )要否選択、/ 択一選択、[ ]範囲指定、に従い選択演算し
　　ていくなら、日本語文章の作文・指導がしやすくなる）
　　・奇しくも、先行文と後続文の記号文形式がほとんど同じになったのも
　　納得できるでしょう。

14. 演習：「基本構文型」を見ながら要素を取捨選択して作文する。

・太郎[は/が/の]T①/T②…予定S③です/予定をS①変えたY③。
・「象のT②「特徴はT①「鼻がT①「腕のT②「ようにT①→使えるY②…
「+くらいにS①:>長いY②「:|ことS③」+です。
T②T①,T①(T②/Y②)T①-Y①/Y②…S①(S②/Y②)[S①-S③/S①Y③]

15. 分析文で注意して識別すべきところは、
　　・T②/Y②連体形を承ける体言T/Sを明示することが大事です。
　　例：腕のT②ようにT①、＝腕のT②ようにS①、でもOK、
　　使えるY②…くらいにS①、長いY②ことS③、太郎のT②…予定S③/予
　　定をS①、など②連体形修飾と「被修飾体言：連体底」の
　　関係を明確に意識することが大切なことです。

16. 連体底の名詞の種類は種々雑多です。すべて連体底になります。
　　固有名詞、実質名詞、普通名詞、措定語、抽象名詞、形式名詞、各種
　　副助詞：はず、つもり、ばかり、よう、などが使われます。
　　構文構造の分析としては、（名詞的なものは）すべて体言(補語)
　　扱いする選択のほうが利点が多いはずです。

　さて、第二章はここで終わります。
この節で日本語構文について「新手法」の考察幅を目一杯に広げて活用概念
の開示を試みました。
・「述語律」の詳細は第三章から始めます。
・「構文の文型」の考察は第四章、第五章、第六章で例文演習により
掘り下げていきます。

第三章　新文法の態動詞活用形

3-1. 態動詞派生のしくみ

　＜ 態動詞派生のしくみ：「態の三系四態」全体一覧表＞

3-2.「態の三系四態」のしくみ

　＜「態の三系四態」派生の構造：音素つづりを確認しやすく＞

　＜「態の四態」は -e[r]-, -e[r]e[r]-, -e[r]e[r]e[r]- 可能派生の繰り返し！＞

3-3. 態動詞の「述語律」と「律記号」

　＜「態の三系四態」と「述語律」「律記号」「主部に規律」一覧表＞

　＜共通の「四態」の述語律と律記号＞

　1）能動系四態：四態記号→「✚」

　2）態三系の「述語律」：三系四態→「✚」/「・✚」/「;✚」

3-4. 態の多重派生を正否判定する

　1）態の多重派生を如何に正否判定するのか

　2）「ら抜き、れ足す」は已然/可能接辞 -e- の多重化の恩恵

　＜「ら抜き言葉」は論理的に問題ないのです＞

　3）仮定形接辞：～なら：n(i[×])ar[a] を推奨したい
　＜仮定形接辞の比較：～ば、～たら、～なら、(動作相の違い)＞
　4）「さ入れ言葉」は、強制接辞 -as- の多重化の弊害
　＜膠着語の先行研究：「連結音素」に関して＞
　＜上代ク語法を謎のままにするのですか＞

3-5. 態動詞のはたらき：「述語律」
　＜態文法を「述語律を律記号で」読み解く＞
　1）基本四態の述語律：✚能動系四態を基本四態と想定
　2）強制系、使役系の四態の述語律
　＜態の「主部律」「述語律」をRPNスタック記法で表現する＞
【要点整理】。

3-1. 態動詞派生のしくみ

本章では動詞の態派生の全体像や活用形、「述語律」を解説します。

すでに一章、二章で概略が述べられていますが、態動詞派生のしくみを全体俯瞰的に整理しておきましょう。

1. 動詞派生の基本に従い、動詞語幹[/]態接辞語幹[/]接辞語幹、の膠着方法によって、
   ・態接辞：-ar-, -as-, -e-, を密結合して派生させます。
2. 態接辞の由来は、[挿入音素]の[-/ɾ], [-/s], [-/y], [-/k],の連結子音が、その根源を示唆しているのではと独自に推測します。
   ・-ar-：動作結果(完遂現実化)のでる状態を意味する。
   ・-as-：指示意図を持って対象に動作をやらす、または動作を加えるコト。(強制動作や使役動作のもとになる接辞です)
   ・-e-：已然・実現形。完遂尽力するコト。
   (-e- はその由来が動詞活用形の一つであり、学者でも態接辞と認識しない傾向があり残念な状態です)
3. 古代-ay-：自発可能の「見える、聞こえる、おびえる、…」などに使われた接辞で、いわゆる iw[-]ay[-]u[r]u、あらゆる ar[-]ay[-]u[r]u の単語に残ってある。(原意：言いうる、あり得る)
   古代-ak-：動詞概念の外延化・「いわく iw[-]ak[-]u、恐らく osor-[-]ak[-]u」のほか、上代以降では「おびやかす obiy[-]ak[-]as[-]u、散らかす tir[-]ak[-]as[-]u / tir[-]ak[-]ar[-]u 散らかる、…」態接辞の前に置いて無律化するための態接辞に使う。(詳細後述)
4. 態の構成は、「能動系・強制系・使役系の三系」があります。
   ・能動系＝「能動態・可能態・結果態・受動態」の四態、
   ・強制系＝「強制態・可能態・結果態・受動態」の四態、
   ・使役系＝「使役態・可能態・結果態・受動態」の四態、
   (能動態/強制態/使役態が各系の開始態です。仮に開始態でくくり出したら、開始態は「抜け殻:-[0]-」態とみなし、
   ・能動系＝能動態(抜け殻[0]-・可能態・結果態・受動態)、
   ・強制系＝強制態(抜け殻[0]-・可能態・結果態・受動態)、
   ・使役系＝使役態(抜け殻[0]-・可能態・結果態・受動態)、
   のように、一般表記で「態の(三系)四態」を表わせます。

＜3-1表 態動詞派生のしくみ：「態の三系四態」全体一覧表＞

・動詞語幹：D、挿入音素：[-/r], [-/s], 態接辞：-ar-, -as-, -e- 。 （注：不規則動詞の語幹の扱い：来る:ko,する:sを語幹とみなす）	
【①能動系】	D[-/r]（[0]-, e-, ar-, ar[-]e- ）[-/r]u：四態項をカッコで括る
共通四態！	カッコ内が共通の四態形式：([0]-, e-, ar-, ar[-]e-)[-/r] u
例：kak[-]/tabe[r]（[0]-, e-, ar-, ar[-]e-)[-/r]u： ：書く,書ける,書かる,書かれる, /：食べる,食べれる,食べらる,食べられる, 例：ko[r]/s[-]（**, e-, ar-, ar[-]e-)[-/r]u： ：k[-]u[r]u,来れる,来らる,来られる, /：s[-]u[r]u,せる,さる,される,	
【②強制系】	D[-/s]as[-]u：これが強制系の原動詞になる
原動詞に四態＋：D[-/s]as[-]（[0]-, e-, ar-, ar[-]e-)[-/r]u：一般強制四態	
例：書かす ／さす	(kak/s)[-]as[-]（[0]-, e-, ar-, ar[-]e-)[-/r]u：書かす,書かせる,書かさ る,書かされる, /：さす,させる,ささる,さされる,
例：食べさす ／来さす	(tabe/ko)[s]as[-]（[0]-, e-, ar-, ar[-]e-)[-/r]u： ：食さす,食べさせる,食べささる,食べさされる, /：来さす,来させる,来ささる,来さされる,
【③使役系】	D[-/s]as[-]e[r]u：これが使役系の原動詞になる
使役原動詞に四態＋：D[-/s]as[-]e[r]（[0]-, e-, ar-, ar[-]e-)[-/r] u：と表記	
例： 書かせる ／させる	(kak/s)[-]as[-]e[r]（[0]-, e-, ar-, ar[-]e-)[-/r]u： ：書かせる,書かせれる,書かせらる,書かせられる, /：させる,させれる,させらる,させられる,
例： 食べさせる ／来させる	(tabe/ko)[s]as[-]e[r]（[0]-, e-, ar-, ar[-]e-)[-/r]u： ：食べさせる,食べさせれる,食べさせらる,食べさせられる, /：来させる,来させれる,来させらる,来させられる,

注:態の三系四態:「態の四態」を基本にして、表の縦方向に「態の三系」を並べて一覧表にしました。例題の動詞は子音末語幹と母音末語幹を選んで態派生させてあります。態の全体像を鳥瞰することができます。

3-2.「態の三系四態」のしくみ

　3-1表の構造を少し変えて、態派生の音素つづりを確認しやすい新手法の「態の三系四態」を3-2表に示します。

＜3-2表「態の三系四態」派生の構造:音素つづりを確認しやすく＞

【規則動詞】の「態の三系四態」(子音末/母音末)語幹:D_____
____態名称 __ 能動系_____強制系_____使役系____
__①原系態:D-、_____⑤D[-/s]as-、____⑨D[-/s]as[-]e-、
__②可能態:├[-/r]e-、_____⑥├[-]e-、_____⑩├[r]e-、
__③結果態:├[-/r]ar-、____⑦├[-]ar-、_____⑪├[r]ar-、
__④受動態:└[-/r]ar[-]e-、__⑧└[-]ar[-]e-、___⑫└[r]ar[-]e-、

【不規則動詞:来る】の「態の三系四態」音素つづり_____
__来る:到達点でのko[r]u表現から語幹に「ko」を適用____
____態名称__能動系_____強制系_____使役系_____
__①原系態:k(u-[r]u)、__⑤ko[s]as-、____⑨ko[s]as[-]e-、
__②可能態:ko[r]e-、_____⑥├[-]e-、_____⑩├[r]e-、
__③結果態:├[r]ar-、_____⑦├[-]ar-、_____⑪├[r]ar-、
__④受動態:└[r]ar[-]e-、__⑧└[-]ar[-]e-、__⑫└[r]ar[-]e-、

【不規則動詞:する】の「態の三系四態」音素つづり_____
__する:語幹に「s」を適用_____
____態名称__能動系_____強制系_____使役系_____
__①原系態:s(u-[r]u)、__⑤s[-]as-、____⑨s[-]as[-]e-、
__②可能態:s[-]e-、_____⑥├[-]e-、_____⑩├[r]e-、
__③結果態:├[-]ar-、____⑦├[-]ar-、_____⑪├[r]ar-、
__④受動態:└[-]ar[-]e-、__⑧└[-]ar[-]e-、__⑫└[r]ar[-]e-、

3-2表では、「四態の接辞語幹」に焦点を当てるため(終止形にせず)に示しました。(各系の原動詞を①原系態と便宜的に命名しました)
・本節では「四態の接辞語幹」の並び方の一般表記を
:(-, -e-, -ar-, -ar[-]e-)の形式で提示したいと考えます。
「四態の概念化」を簡潔に憶えていただくためです。

（ただし、一般形式表記＝動詞語幹[/]態接辞語幹[/]終止形接辞ですから、態接辞語幹の四態部分をカッコ括りで並べる「四態」形式を正確に表現するには、(四態の接辞語幹:(カッコ括り)部分)、すなわち、
＝動詞語幹 [/]([0], -e-, -ar-, -ar[-]e-)[-/r]u、の([0], -e-, -ar-, -ar[-]e-)
とする工夫が必要です。
・態動詞の一般表記＝D[-/r]([0], -e-, -ar-, -ar[-]e-)[-/r]u：のように、
原系態は0次派生なので、終止段階でD[-/r]uとなるように
最初の[挿入音素]には消音の[-/0]、[0]記号が必要です。
・能動系：D[-/r]([0], -e-, -ar-, -ar[-]e-)[-/r]u＿原動詞は態接辞なし
で挿入音素は不要で[-/0]消去記号。これが能動系の四態です。
・強制系：D[-/s]as[-]([0], -e-, -ar-, -ar[-]e-)[-/r]u＿原動詞の[-]記号
を[0]消去。これが強制系の四態です。
・使役系：D[-/s]as[-]e[r]([0], -e-, -ar-, -ar[-]e-)[-/r]u＿原動詞の[r]記号
を[0]消去。これが使役系の四態です。

　先史・古語時代には已然-e*-に[r]uを直接連結できずに
「候文や「奉り文」をつないで文章を作っていました。
・四段活用できる動詞はD[-](-u, -e*, -ar[-]u, -ar[-]e*)の形式で使い慣れていたはずです。-e*の語尾は終止形になれなかったし、使役系の形態は、
・強制系：D[-/s]as[-](-u, -e*, -ar[-]u, -ar[-]e*)を流用していたわけです。
・四段活用できない動詞はD[-]u[r](-u, -e*, -ar[-]u, -ar[-]e*)の二段活用の形態をとることが多かった。（四段/二段の時代が何世紀も続いたのだから、四態合致の原則が保持できて一応の合理性を感じていたのだろう）

　逆に已然・実現形に慣れた現代人は、-e[r]uを便利に使いこなします。
・「現代の四態接辞並び」＝([0]-, -e-, -ar-, -ar[-]e-)[-/r]u：3-1表による。
現代ではすべての態が終止形を持てる素晴らしい時代になったのです。
その便利さが分かるように現代四態の表では、後続に[-/r]u-を付加すれば終止形になる形式で掲載してあります。（四段/一段の時代です）

　著者も現代人の一人なので次の想像に行き着きました。

1. 現代でも国語文法は「態の四態：原系態-可能態-結果態-受動態」という「態の統合概念」を開示していません。日本語を「かな文字で解析する」ことの弊害から自ら脱却できないでいます。

2. 弊害とは、態の接辞は動詞未然形につなぐのだと間違えたこと、態接辞を「る/らる、す/さす」の異形態と見なしたこと。

3. また、立つ/立てる、割る/割れる、と活用する -e[r]u 接辞の本質的な機能を解明できなかったこと。今も続いています。

    ・立つ/立てる：では自他交替、

    ・割る/割れる：では他自交替の機能（自発動詞）との

    解釈するに留まるので、意味機能が自他/他自両用になり、

    この接辞の解明に「古い文法は未だに正解を得ていません」

4. 「新手法のローマ字解析」によって、語幹[膠着：挿入音素]語幹の活用派生の構造表記形式が上記の弊害問題を解決します。

    ・態動詞の一般表記は、態の接辞： -ar- 、-as- を使い、

    動詞語幹：Dに[挿入音素：[-/r]、[-/s]]を選択式にして、

    D[-/r]ar[-]u：書かる/食べらる、

    D[-/s]as[-]u：書かす/食べさす、のように膠着派生しますから、

    接辞が異形態にならないのです。（未然形に接続ではない）

5. ・態の接辞：-e-、(-e[r]u-) 、には慎重な考察が必要です。

    已然形接辞 -e* は、D[-/r]e*-：すでに動作している/した状態を意味します。

    ・動作を完遂させる状態を表現するので、その完遂結果が他動詞に感じたり、自動詞/自発動詞に感じたり、両用のように感じたりですが、【本意は動作完遂に尽力する】ことを表すのです。

・【動作を完遂する】という事態が「自他交替/他自交替」を起こし、「態の進行」を起こすのです。【-e[r]u の意味の真ん中】。

6. ・さらに、D[-/r]e[r]u：書ける/食べれる、のように-e[r]u：終止形が使えると、動作尽力の開始から完遂に向けた一連の動作相を表現できる感覚になります。（動作進行相、完遂相が感じられる）

   例：窓ガラスが割れる/漢字が書ける/納豆が食べれる、のように-e[r]uがつくと「態相」にも変化が現れるのが分かるはずです。

   （窓ガラスを割る/漢字を書く/納豆を食べる、と比べると、態が変化した結果になっているのが分かります）

   窓ガラス/漢字/納豆が(客格から)主格の態をはれる構文にできるのですから、「態の進行」に気づけるはずです。

7. 学者に聞くと「態の考察に「動作相：アスペクト」の変化を持ち込むべからず」と答えるでしょう。

   「新手法」では-e* や -e[r]uに動作完遂の動作相・完遂状態相を感じるし、同時に「態の進行」も十分に感じます。-e- 接辞は原意が已然形ですから完遂する動作相を内包しているのです。だから可能態を感じます。（態変化を生成する重要な接辞です）

8. -ar-, -as-, -e- 態接辞のうち、-e- だけが活用形：已然の接辞で、-ar[-]e-, -as[-]e- のように態に連結して動作相を進めるのです。

「態の四態まとまり」という概念をどう解説するとよいのか、
思考実験するうちにたどり着いた「現代人の視点からの方便」を述べます。
（方便から真実を見出してほしいとの思いです）

＜「態の四態」は -e[r]-, -e[r]e[r]-, -e[r]e[r]e[r]- 可能派生の繰り返し！！＞
・四態接辞の並びを深層に向かって眺めていると、-e-接辞の威力を感じます。

「-e[r]-で実現が進むと必然的に態も進む」のだと実感できます。
1. 「態の四態」は-e[r]-の実現多重派生による態の進展概念に適う。
2. 1次派生：動作完遂をめざし尽力し現実化する：可能態。
   主体と対象の合理的協調条件を探りながら実現する動作。
   「述語律」＝「互律」-e[r]- 。（先史では -e* 已然形しか使えず）
3. 2次派生：実現化した結果状態を享受する境地にあること。
   ：結果態に相当する。
   先史以来、その状態を「-ar- 接辞」で表現している。
   「述語律」＝「果律」-e[r]e[r]-＝-ar- 。（完遂し実現状態を得る）
4. 3次派生：実現した新現実の事態に対応する：受動態。
   「述語律」＝「果互律」-e[r]e[r]e[r]-＝-ar[-]e[r]- 。（現実化反応）
   実現結果の事態が関与者に影響する状況を描写する。
   （先史、受動態は已然形で -ar[-]e* までが使えた）

　このように「態の三系四態：四態の変化様相」は已然・実現形：-e[r]u-の1次
派生＝可能態、2次派生＝結果態、3次派生＝受動態、の自然な動作相・活
用相の流れに支えられた合理的であり、かつ連続的な文法則であると思うに
至りました。（第一章1–8節にも既述しました。本書で -e-, -e[r]- の機能を広く
解説します）

・自動詞でも可能態、受動態を派生して絶妙な表現ができるのも、自動詞/他
動詞の区別なく連続的で合理的な文法則があるからです。

　江戸期から明治期にかけた日本語大変革の一つが、

「已然の独立」＝「-e[r]u の誕生」＝已然①連用②連体③終止が使える！な
のです。

自他交替/他自交替・両用に関わる「変テコ」な接辞：-e[r]u が なぜ「可能態」
を意味しうるのか。（動作をやり遂げる：e[r]u の真芯の意味）

現代の学者でも「変テコ」の解決を得ていないで、已然を仮定形にしたままで
す。

一般の現代人はこの「変テコ」問題に対して表面的には十分使いこなせています。ただし「三系四態」に即座に共感していただけるのは、まだ先の夢でしょうか。

　気を取り直して考察を進めます。
「態の三系四態」概念を正しいと判断する文法的証拠はなにか。
次節から順に解説しますが、簡単に考え方を整理しておきましょう。
上記の「態の四態：可能態の多重派生」の方便的解釈は、現代日本語文法が
「山積する未解決の問題」をなおざりにし続けているのに対抗する
ため、「新手法：音素解析での証拠立て」でしか示せないのです。
著者の力不足が残念です。

1. 「態の三系四態」理解で「態の活用」を正しく実行できるように、このあと3-3節、3-4節に解説します。
2. 3-3節で：動詞の「述語律」は「態動詞の三系四態」に対して定義します。「述語律」の種類は3×4-1+1＝12通りです。
3. 日本語の(態)動詞の「述語律」が独特なのは、主体との関係性が最優先されるわけでなく、客体や対象物との関係性が同等に優先されます。（すべての動詞に適用できる重要な文法則です）
例：国境の長いトンネルを抜けると、雪国であった。
：「抜ける」の対象物・トンネルが書かれてあるから、主体が潜在し書かれてなくても誰も不審に思わない。性急に主体を追求しないから文章として、事象としてなりたつのです。
4. 3-4節で：「態の派生」を上手に使いこなすための「多次派生/多重派生の正否判断」を解説します。特に仮定法に已然形を用いる弊害について改善を提案します。　～たら/～ればを止めて、終止形につく「～なら」を使いましょう。

3-3．態動詞の「述語律」と「律記号」：「態の三系四態」

「動詞が持つ「述語律」はすべて態動詞に対して定義します。

・「動詞の「述語律」とは、動詞述語文節が「構文主部：主体/客体/対象/補語」に対していかなる態規律で関与するかを表現します。

・自動詞/他動詞/意思動詞/無意思動詞/瞬間動詞/継続動詞などの区別にも関係なく、「動詞の態」の働き方で定義します。

・「三系四態」で3×4＝12通りの「態の述語律」があります。

（正確には後述するように、3×4＋1−1＝12です）

「四態」は三系に共通する述語律ですから、3＋4＝7通りの述語律を憶えたら、すべての動作動詞の態規律を正しく解釈できます。

そのためにも「四態の述語律」を納得いくまで考え抜いてください。

・動詞の「述語律」を態動詞の規律と連携して定義するのは、

「態の概念」が「登場人・物」との間での相互規律の意味を強調するからです。（動詞の自/他に付随する「主/客/対象」に対する述語律には変更を加えません。それはそれで「脳内の暗算」でやり取りします）

・「態の述語律」をしっかり心に想定すると「主部要素」にいくつかの潜在・省略があっても、事象の情景はそれなりに想起できます。

・形容詞、名詞の「述語律」には「態の要素」がありませんから、主部と述語との相互規律をいかなる要素に求めるのか。（第四、五章に）

　では、「態の三系四態」の「述語律「律記号「主部に規律」を一覧表で示します。（主部に規律＝登場人・物のすべてに規律する意味です）

＜3-3表「態の三系四態」と「述語律「律記号「主部に規律」一覧表＞
（動詞語幹：D、来る:ko、する:s、[挿入音素]、態接辞語幹:ar, as, e, ）
①能動原態：D[-/r]-＿＿＿「述語律」＿＿＿「律記号」＿＿「主部に規律」＿
＿＿能動態：├u＿＿＿＿＿自律/受律＿＿＿＿→ / ←＿＿＿＿＿（主→、客←）＿
＿＿可能態：├e[r]u＿＿＿＿互律＿＿＿＿＿＿↔＿＿＿＿＿＿（主↔客）＿＿＿＿
＿＿結果態：├ar[-]u＿＿＿＿果律＿＿＿＿＿↑＿＿＿＿＿＿（結果事象↑）＿
＿＿受動態：└ar[-]e[r]u＿＿果互律＿＿＿＿＿↕＿＿＿＿＿＿（結果事態↕）＿

②強制原態：D[-/s]as[-]-＿「述語律」＿「律記号」＿「主部に規律」＿
＿＿強制態：├-u＿＿＿＿＿＿律他＿＿＿＿＿・→＿＿＿＿＿(主・客→)＿＿
＿＿可能態：├e[r]u＿＿＿＿律他互律＿＿＿・↔＿＿＿＿(主・↔客→)＿
＿＿結果態：├ar[-]u＿＿＿律他果律＿＿＿_・↑＿＿＿(主・結果↑)＿
＿＿受動態：└ar[-]e[r]u＿律他果互律＿＿＿・↕＿＿＿(主・結果↕)＿

③使役原態：D[-/s]as[-]e[r]-＿「述語律」＿「律記号」「主部に規律」
＿＿使役態：├-u＿＿＿＿使役律(律他互律)＿_ ;→＿＿＿(主;客→)＿
＿＿可能態：├e[r]u＿＿＿＿使役互律＿＿＿＿ ;↔＿＿＿(主;客↔)＿
＿＿結果態：├ar[-]u＿＿＿＿使役果律＿＿＿＿ ;↑＿＿＿(主;結果↑)＿
＿＿受動態：└ar[-]e[r]u＿使役果互律＿＿＿＿ ;↕＿＿＿(主;結果↕)＿
(注：不規則動詞：来る、するの能動態はk[-]u[r]u, s[-]u[r]u,
それ以外では、Dに ko-, s-, を代入して規則動詞同様にあつかえます。
自動詞、他動詞の区別なしで同一「述語律」を付けます)

　上表を一覧して12通りの「三系四態」の「述語律「律記号」は意外と簡単明
快だと感じませんか。
・動詞動作の「主/客/結果:事象の相互規律関係」を規則的に整理した
だけですから…
仮に設定した能動原態、強制原態、使役原態を使うなら、各系の「四態」は同
一形態になります。3×4ではなく、3+4＝7通りの「述語律要素」で12通りの
「述語律」を使い分けられます。
　各系の原態動詞①、②、③の必須条件は「自律動作」の意義を内包する動
詞であること。　つまり、①「自律→」、②「律他・→」、③「律他互律 ;→」の「律
記号」で示すように、'→'記号を持つ動詞であること。
(例：→立てる(他動詞)は自律動作ですから原態OK、↔立てる(自・可能)は可
能態であり、述語律が ↔互律ですから原態あつかいはNGです)

＜共通の「四態」の述語律と律記号＞

1)能動系四態：四態記号→「♣」

①能動態：「自律／受律」：→／←：(主→客←)

自他動詞ともに「自律／受律」動作を主部に対して規律（表現）する。

例：「父は「ソファーに→座って「朝刊を」→読んでる。

：父の「自律」動作：座って・読んでる、：ソファー、朝刊にとっては：「受律」動作。（座るソファー、読む朝刊：連体形なら「受律」が判りやすい）

例：「この問題(を)は→解く「のが「:|簡単」+だ。

：無情物が主語的に動作を受けるだけの状態を「受律」という。

（→解く「のが「:|簡単」：解く＝不定詞！の働きぶりと解釈できる）

例：「昨日→買った「本は」一気に→読んだよ。

：本の「受律」。（主体の省略だと考えないで「本の「受律」であると定義することが、日本語文法を世界規範に引き上げることになる）

例：自販機が→置いてある、イチゴが→売っている、黒板に漢字が→書いてある：「受律：無情の対象物が動作を受ける規律」。

（「受律」の部分を「受動態」に置き直したり、または、動作主をいつも入れ込んだりしたら煩わしい文章になり、正しい文とは言えないでしょう）

②可能態：「互律」：↔：(主↔客)

動作実現、完遂に向けた尽力をすることと、

相手の条件、物理条件なども相互条件に織り込みながら実現すること、

の2つを包含する動作を主部に対して規律(表現)する。

（自律と受律の合体協調動作ともいえる）

例：「彼は「ピアノが」↔弾ける：彼もピアノも音楽法則に則った動作がそれなりにできるという意味なのです。

「弾ける」が両者を規律するから複主体構文が成立します。

（弾けるかどうかの判定は聞いた各人がします）

例:「何を」→信じて↔来れたかな〜:来れた「互律」は如何に周囲条件と折り合いをつけて到達できた行動だったか、の回想にぴったり。
・特に可能態は動詞活用形の已然・実現形の動作相概念を強く抱えて-e-[r]u-の形態を成している。先史時代からどんな動詞でも已然叙述ができたであろうから、その已然が独立して-e[r]u-可能表現に使えるようになったことは、日本語の大きな(数世紀分の)前進であったわけです。
(-e[r]u-, -ar[-]e[r]u, -as[-]e[r]u- にも使えるようになった)

③結果態:「果律」:↑:(主部↑結果)
主部に対し動作完遂の結「果が律」することを表現。
(自律結果が実績、尊敬の「果律」、受律結果が受け身、自発の「果律」表現になる)
例:「参加↑なさる「理由は」?:自律判断結果への丁寧質問。
例:「仏像が」↑盗まる:受律結果の受け身表現。「果律」。

④ 受動態:「果互律」:↕:(主部↕実績)
動作結「果(が主部相)互に律し合う」ことを表現。
自律/受律の結果発生による実績/受身の出来事を述べると同時に、その事態に対応する表現につなげることが多い。
・自他の区別なく動作動詞の動作結果はすべて受動表現にできる。
例:それでも↕行かれたのですか:自律動作結果への丁寧質問。
例:僕は納豆が↕食べられますよ:習慣的、実績として食べてることを表現。
例:前に↕立たれたら、↔観れないな:受律受け身になり条件が悪くなってしまい観れない状態になった!

この「四態の概念」を考察し始めた頃には

「態の双対環」と仮称していたので、環状の記号に惹かれます。
・新手法での「四態」記号を「✛」に決めます。
能動態と受動態、可能態と結果態の「態の2つの対」が
直交する姿を✛の記号に当てはめたのです。
✛の上下が「自律／果互律」、✛の右左が「互律／果律」であるという「態双
対の直交」を想像できます。
（動作相の流れは、✛記号の上・自律、右・互律、左・果律、下・果互律、の逆
S字の並びになります）
　3-2節で「態の四態のしくみ」を述べるなかで、
「態の動作相の流れ」を方便で「可能態の多次派生」で説明しました。
つまり、動詞原態:→/-e[r]u:可能態:↔/-e[r]e[r]u:↔↔↔＝↑:結果態:-ar[-]u/
-e[r]e[r]e[r]u:↔↔↔↔＝↕:受動態:-ar[-]e[r]u、という態の流れに気づいた
からです。
・（予定を/が）決め?れる==（予定が）決まる、（頭を/が）休め?れる==（気持ちが）
休まる、（手すりを/が）つかめ?れる==（手すりに）つかまる、のように
二重可能態は、?れる:他動詞/客体受律動詞であり、古代では使われない用
法です。現代でも推奨しない用法であり、決まる/休まる/つかまる、の結果態
のほうを使って二重/三重/四重可能態を回避しています。
・さらに「四態・述語律」概念の意味するところは、
「自律/互律/果律/果互律」がすべて「登場人物:主/客/対象」に対して「規律
する」実行力を果たすのだということです。
どれが主役でも、潜在・欠落しても構わない、最低一つ主部要素があるな
ら！！... 発話の場では構文要素を省略することが多いですから。
これが日本語述語の底力であることを記述していきたい。

2）態三系の「述語律」:三系四態→「✛」/「・✛」/「;✛」

①能動系:「自律／互律／果律／果互律」

:四態全体を一つの記号で表すと、

　:（→／↔／↑／↕）＝「✛」:（主/客✛）

②強制系:「律他（・記号）（自律／互律／果律／果互律）」

：「・✚」：(主・客✚)

③使役系：「律他互律＝使役(；記号)(自律／互律／果律／果互律)」

：「；✚」：(主；客✚)

- 能動系：「✚」、強制系：「・✚」、使役系：「；✚」、のように「三系四態」を記号化しておきましょう。

- 強制系の先行記号「・」は、主体の「律他」動作を象徴する記号です。「律他」は主体の意図を相手に命令(指示、要請、許可)して相手に「服従的自律動作✚」をなさすコトを規律(表現)します。

  これが主体の動作律です。

  相手に60~70%の「自律的」動作をやらすコトです。

  その自律動作が✚に相当し、主体にも影響します。

  なお、客体が無情物で「受律的動作」をなす場合

  (例：動かす：ugok[-]as[-]u)は、強制動作・→よりも、

  単純な他動詞→と解釈することが可能です。

- 使役系の先行記号「；」は、主体の「律他互律」動作を象徴する記号です。「律他互律」は「・」と「↔」を合体させた動作で、強制の「律他の已然形・可能態」に相当する「述語律」です。

  つまり、主体の意図を相手に命令(指示、要請、許可)して相手に「服従的自律動作✚」をさせるコトに加えて、相手の「自律的動作が完遂」できるように「手助け、助言、見届け」をするコトを規律(表現)します。

  主客が近くにいて、指示して客体の「自律的」動作✚に手を貸すような場面を想定するとよいでしょう。

態の「述語律」の種類を整理すると、3×4+1−1＝12です。

・+1：自律／受律：→／←で1つで2律です。

・−1：強制可能態・律他互律／使役態・律他互律：・↔＝；→で、

2つですが、同義であり1律です。

この12の「述語律」を理解すると、すべての態動詞は主部要素：登場人・物の誰とでも「主・述の規律関係」を結ぶことができるのです。

つまり、動詞は主体とだけ「主語・述語」関係をつくるのではなく、客体や対象、補語との間で「主部・述語」関係について規律表現するのです。

　-e[r]u 互律の用例の一つ、強制と使役の違いを考えてみましょう。

例文により強制系「律他・」と使役系「律他互律；」の違いを説明します。

- 強制系は「口先だけの命令・指示＝律他」であり、
  使役系は「口先の命令・指示＝律他と相手に対する完遂助力の
  動作部分＝互律」を合わせて「；」で記号化したものです。

- ・古語時代から「互律」の使い方には思い入れが働いて、
  例：見す、着す、乗す、など主体と客体の近距離動作では「自律 →」類
  （強制的）を避ける傾向があった。
  近くの相手の動作に手を貸して協働する規律を好んできたのでしょう。

- つまり、見せる、着せる、乗せる、など「互律 ↔」類の規律を活かして、
  主・客（相手・対象物）の協働：「互律」表現を選んできたのです。

- 例：任す、立たす、遊ばす、など「・→」類よりも、
  任せる、立たせる、遊ばせる、など「；→」類の対他助力を含む「律他互律」表現を好んできたのです。

- 例：遊ばす「・→」、遊ばせ「・↔」より、遊ばせ「；→」を
  ：現代なら律他「・→」より律他互律(使役態)「；→」を
  忖度して使う。
  先史時代でも忖度が働いていたから、
  古語ク語法 -ak- 接辞を使って、述語律を忖度・制御していた。
  ・遊ばす：「律他：命令的意味合い」を打ち消す手段として、
  ・まず、遊ぶの概念化：asob[-]ak- を一次派生した上で、
  ・遊ばかす：asob[-]ak[-]as[-]u：強制無律化した他動詞を造語派生する事例が奈良時代に多かった。
  （参考「若君を遊ばかし奉りつるほどに〜」岩波古語辞典、上から目線の「遊ばす」を避けたい気持ちが判ります）

- 例：「任せて、任さず」松下電器創業者・松下幸之助の経営語録？に遺る言葉であるらしい。ネット情報の拾い読み状態だが、態記号で判

断すると、「;→」任せて：mak[-]as[-]e[-]te 、「・→」任さず：
mak[-]as[a]z[-]u、の意味の違いを際立たせての経営語録だろう。

- 「企画を部下に任せなさい、が任し放しはいけません、任せても後の
  進捗を確認しなさい、手柄も任せなさい」という姿勢の有り様を説いて
  いるのであろう。任せるの已然の持ち味：完遂のため尽力するの意味
  と、完遂の周囲条件に適合するように主体・客体が相互助勢する意味
  の両方を正確にとらえて語録にしているのですね。
- ・蛇足ながら、任し放しは、「・→」の命令し放し状態で
  「客体→自律」だけを期待することだが、さらに「任せ放し」では「任せ
  る」ことまで任してしまうことを意味する。
- 任せ放し mak[-]as[-]e[+]panas[i]-＝「;→」任せ「→」放す＝客体「↔」
  だけで完遂・尽力しろという意味になる。
  ちょうど、客体にmak[-]as[-]e[+]panas[i]- にする、100%任せたままに
  することになる。客体は「任させられた」と早合点して、別人に
  mak[-]as[-]as[-]e[r]u (「・;→」強制・使役の意味合い)かもしれない。別
  人の立場になると孫請仕事になります。
  相互に無意識にこんなやり取りをしないように注意が肝心です。

3-4. 態の多重派生の正否を判定する

　日常的に頻繁に使い分ける態動詞の選択のしかたは、語彙のなかから態
動詞を選択するほか、思い浮かんだ原動詞から態接辞を派生させて使うと
か、いろいろな方法で構文を作り出すのでしょう。

　その際、前節3-3の「態：述語律：律記号」の意味の組み合わせを
思い出して的確な派生ができるとよいですね。

1）態の多重派生を如何に正否判定するのか

・現状の国語問題：「ら抜き」言葉や「さ入れ」「れ足す」言葉、などが、長い間
にわたりくすぶり続けています。

解決のための方法論も明示されていません。

この問題は態接辞を(多重)派生させて誕生する態動詞が順当か/不適当かの正否判定が的確にできるか/できないかの判断問題です。

・実態をみると国語文法の「かな文字」解釈では正確に判断できません。しかし、現代文法で「ローマ字解析」する機会が増えている現状でも一向に解決しないのはなぜだろう。

その理由は動詞派生の基本法則：語幹[挿入音素]接辞語幹[挿入音素]接辞語幹‥を忠実に信じて文法則を発展させていないからです。

(無意識の「かな文字」習慣から逃れられないでいます)

・「新手法」では、動詞活用形、自他交替派生、態派生など動詞派生の形態を基本法則一本で生成も解釈もできると述べてきました。

その検証を含めて「新手法」で正否判定を試してみましょう。

2)「ら抜き、れ足す」は已然/可能接辞 -e- の多重化の恩恵

「態の基本四態」は、已然接辞 -e- の多重化による構造であろう、と

3-2節後段で述べてあります。 動作が順次実現していく様子を描写すると必然的に動詞の態が已然・実現形の多次派生の形態になります。

1. 態の四態：「✚」＝→、↔、↑、↕、の原理が納得できる現代人なら、可能接辞 -e[r]u-の使い方を応用した「仮想四態✚：全部が可能多重」＝→、↔、↔↔、↔↔↔、という仮想概念を受け入れることができるのではないだろうか。

   (もちろん方便であり、表立って使う必要はないが)

2. 現代人なら「四態✚」＝「仮想方便✚」＝→、↔(可能)、↔↔(二重可能)＝↑(結果)、↔↔↔(三重可能)＝↑↔(結果可能)＝↕(受動)、であると換算できるはずだろうと推測してのことです。

3. その反面、仮想の罠に嵌まらない智慧が必要です。

・D[-/r]e[r]u 可能動詞が独立して已然形活用すると、D[-/r]e[r]e-になり、さらに独立して已然形活用すると、D[-/r]e[r]e[r]e-になり、さらに独立して已然形活用すると、D[-/r]e[r]e[r]e[r]e-になる!!!

4. 国語学者は未だに「基本✚」に気づいていませんから、「仮想✚」にも思いが向きません。-e[r]u- の根源的な意味、由来の説明、公開もない？状態です。（可能接辞の功罪は「絶対「功が」大きい）

<「ら抜き言葉」は論理的に問題ないのです>

5. 「基本四態✚」＝→、↔、↑、↕、の律記号でも判るように、
可能態：↔、受動態：↕＝↑↔、両者に可能接辞が連結していますが、可能態：↔は尽力中の已然実現形であり、受動態は既に結果が出た事態：↔↔↔＝↕に対応する実績形なのです。
すべての動詞に可能も受動も必要な態表現です。
（「ら抜き」でなく「↑-ar-抜き」ではあるが、結果前の↔尽力可能か／結果後の↕実績可能かの違いを厳密に表現できる文法体系になったのです）

「れ足す言葉」の実例に、仮想四態✚：→、↔、↔↔、↔↔↔、を調べましょう。

1. 結果態：↔↔＝↑、を「↔↔：[-]e[r]e[r] えれる」のまま発話すると、現代版「れ足す言葉」になり、二重可能態の形態です。
（つまり、已然-e-だぶり「↔↔：[-]e[r]e[r] えれる」は使役可能のほかはダメ造語です。ダメ：行けれる、読めれる、見れれる…）

2. 現代人が認識する二重可能の意味は「実現想定する事態がさらに実現したコト」の表出であり、日常茶飯事の表現ですが、先史人なら一発で「行かれ「書かれ「読まれ「見られ「食べられ「来られ」だと修正するはずです。

（先史人は三重可能：↔↔↔を、D[-/r]ar[-]e「行かれ、見られ、来られ」の結果已然：↑↔形式で表現したはずです）

3. もっとも、現代人でも「行けれれ」、「見れれれ」、「食べれれれ」、「来れれれ、」などと聞いたら、びっくりするでしょう。

4. さらに、受動態＋仮定用法となると、四重可能：↔↔↔↔ で「↕↔：[-]ar[-]e[r]e[r]u=↑↑：[-]ar[-]ar[-]u」となり、＊行かれれる＝＊行からる、＊見られれる＝＊見ららる、＊食べられれる＝＊食べららる、＊来られれる＝＊来ららる、どちらも怪しげな言い方になります。（先史人も現代人も目を回すでしょう）

   ・四重可能は結果態の二重派生：「↑↑」でもあり、（通常は）意味不明の事態ですが、D[-]ar 語幹が→自律の動詞なら、D[-]ar[-]ar[-]e[r]u 派生は成立します。（tukam[-]ar[-]ar[-]e[r]u など）

5. 受動態↕=↑↔の最後に付ける↔：-e[r]u-は「結果」が登場人物それぞれに結果の影響を浸透させる事態を表現するものです。

3）仮定形接辞：〜なら：n(i[×])ar[a] を推奨したい

「已然形＋ば」を仮定表現に使うのは不適切であると気づきました。
前節で述べたように、已然・実現形と仮定形の連結派生で
「れ足す」言葉が必然的に起こりがちになります。
　まずは仮定接辞：3種類の意味と使い方を想像してみましょう。
・〜[-/r]e+ば、〜[0i=INQ/-]たら、〜なら、の3つを比較する。
「〜れば、〜たら、」を厳密に解釈すると、動作相が完了相に動いていくことを意味していますから、仮定する条件状態が安定していません。
「〜なら」なら終止形に付加するので、仮定の条件状態が固定します。
・無意識の内に事象条件が進行したり、完了移行したりする設定に対して仮定法を貼り付けるという問題を起こしていないか、

・実現想定の已然形＋仮定形(已然)を作り出していないか、

・夢が現実になる仮定をする段階まではOKですが、その実現の仮定が現実化する状態を予想・空想させる態動詞には、うんざりします。

・「考えれれば判れれる、」などには賛成したくありません。

　考える：kangae[r]u、考えれる：kangae[r]-e[r]u、はOKですが、

　考えれれば：kangae[r]-e[r]e[+]ba、NGではないが空想域になり、

　？考えれれる/？判れれる：kangae[r]-e[r]-e[r]u / wak[-]ar[-]-e[r]-e[r]u、
（これはもう、空想域に入り込んだ夢うつつの表現になります）

　！考えらる/！判らる：kangae[r]-ar[-]u / wak[-]ar[-]-ar[-]u、にすべきなのです。（-e[r]-e[r]u＝-ar[-]u で表現するのが先史時代からの規則）

さて、正否判定を誘導できるのかを検証します。

<3-4表__仮定形接辞の比較：〜ば、〜たら、〜なら、(動作相の違い)>

__❖行く↓――――ば↓―――たら↓―――――なら↓―(表枠)―

①→行く－D[-/r]u―――――(行ったら)―――(行くなら)――

__↓已然相――――行けば――行けたら↓＝OK(一回已然)

②↔行ける－D[-/r]e[r]u ―――(行けたら)―――(行けるなら)――

__↓已然相――――行ければ――*行けれたら↓NG(＊二重已然に接近)__

③↑行かる－D[-/r]ar[-]u―――――(行かったら)―――(行かるなら)――

__↓已然相――――行かれば?―――行かれたら↓＝OK(一回已然)__

④↕行かれる－D[-/r]ar[-]e[r]u――(行かれたら)―――(行かれるなら)―

__↓已然相――――行かれれば?―――行かれれたら↓＝NG(＊二重已然)

⑤↕↔行かれれるD[-/r]ar[-]e[r]e[r]u＝NG＿＿＿＿＿＿＿(表終わり)＿＿＿

注：〜ばの仮定は、♣四態各動詞の已然相(中間相)に進んだ動作相状況にあり、已然の動き佳境の感じがはっきり判りますから、魅力的な描写になります。ところが、終止でない不安定な条件提示になります。

しかし、公平な判断条件を提示する「仮定接辞」を見つけましょう。

1. ・〜ば：仮定形に[+]ba連結を無意識に使っている場合、
   通常、已然・実現形を仮定形に見立てる方法を使いますが、
   想定場面の動作相は進み、態の四態の次の態に近づいてしまう。
   ・已然仮定を二重、三重に繰り返すと
   「実現化の「現実化の「実現」欲目の事態説明をするかのような
   感じになり、気づかないうちに「れ足す」言葉の領域に入り込んでしまいます。

2. ・〜たら：[0i=INQ/-]t/d-ar[a], イ音便の「た形」活用の仮定接辞で、連用形に連結なら態の変化はないので問題なく使用可です。しかし、(可能態に準じる)已然形に連結すると動作相が進むから、(態の四態の)次の態に近づき過ぎるので要注意です。
   また「〜たら」は動詞文の仮定法に使えるが、形容詞文、名詞文には使えないので、推奨できません。

3. 現代口語での「〜たら」接辞は「〜た/だ(完了接辞)活用」の仮定形の位置づけになっていて演習が不足している。
   ・「〜(-e-)たら」仮定は使用OKでも、「〜(-e[r]e-)たら」二重已然仮定はNGに接近します。　気づかずに態表現が進んでいます。
   ・行けれたら、書けれたら、読めれたら、見れれたら、食べれたら：
   二重已然仮定で空想状態に近いです。気づきにくいです。
   ・行かれたら、書かれたら、見られたら、食べられたら、
   ：受動仮定は一重已然の仮定なのでOK。たらはOK/NG半々。
   行かれたら=ik[-]ar[-]e[-]t(e[×])ar[a] よりも、
   =行かれた・なら=ik[-]ar[-]e[-]t(e[×])a(r[-]u) [+]n(i[×])ar[a],とするほうが完璧な安定感の条件提示になり、OKです。
   (このOK/NGの判定基準を率先したいし、汎用的には、つぎの「〜なら」を推奨したい)

4. ・〜なら：[+]n(i[×])ar[a], で、終止形・体言につながる仮定法接辞です。(なら：〜(の状態にある)なら、と安定状態を仮定します)

想定場面の動作相を変えないので態の変化を持ち込みません。 汎用的で一番安定な仮定形接辞と認められます。
（例：行くなら、若いなら、本なら、元気なら、のように動詞/形容詞の終止形、名詞/名容詞の単語に連結可能です。なら接辞だけに絞り込んでも問題ないでしょう）

　仮定法接辞の選択権を左右することになる文法説明です。

「新手法」では「～なら」を仮定形接辞として固定的に使います。

3-4表は簡単ながら判りやすい正否判定法を示したつもりです。

・「～ば」「～たら」どちらの接辞も已然形と連結するので問題が起こります。

既に仮定法については、[挿入音素]の未然[a/-]の解説の一部、

第一章1-5節で未然＋仮定法（住まば都）と已然＋仮定法（住めば都）の比較に触れています。（～+ば＝NGで、なら+ば付加ではダメです。

なれ+ばを使いたくなってしまいますから）

・已然形の大活躍のはじまりの頃に問題の芽が出始めているのです。

　已然は動詞活用形の已然接辞-e- として馴染み深いことばです。

・他自交替・自他交替の接辞や可能態接辞にも関与していますが、

近代の国語文法では、已然形の-e-、-e[r]u、の働きに対して、

①「動作完遂を叙述する主要の意義」を見落としています。

多重派生で自然に態が進んでいくことも見落としています。

②已然形の呼び名を仮定形に換えてしまったことも

主要意義からの逸脱を大きくさせています。

文法的に十分な吟味のないままで已然形を仮定法にして残したのです。

③-e[r]u の多重派生が「？れれれ問題」を引き起こさないように、可能動詞の使用制限の対策をしたが、的外れであった。

「ら抜き」言葉などという濡れ衣問題を起こしてしまったのです。

現代人なら真剣に考え直してみましょう。

・「新手法」では、本章に「態の三系四態」概念基盤を示したとおり、已然接辞の多重派生が態を進めて、「四態まとまりを生み出す」という方便の空想が生まれるほどの完遂力を既述しました。

結論として已然仮定法を避けて、本書のなかでは、～なら：助詞・仮定判定詞を使い通すつもりです。已然実現形のほうを大事にしたいからです。

---

4)「さ入れ言葉」は、強制接辞 -as- の多重化の弊害

- 例：「読ま(さ)せていただきます」、「歌わ(さ)せてください」の(さ)は、不要な言い回しです。
- この場合の(さ)は、単純な(さ)ではなく、強制態の多重派生になるからです。つまり、二段階の強制態になり、元請けからの下請け：孫請けのような動作になってしまいます。
- ・読まさせて：D[-/s]as[-]as[-]e[-]te：「・→；→＝・；→」：-as-, -as[-]e-の重なり、強制-as-・使役-as[-]e の多重表現であります。
  もし、母音末動詞なら「食べささせて」、「見ささせて」となる
  派生方法です。
- 子音末、母音末動詞ともに二段階強制態の不自然な派生です。(本当に二段階強制のときに使用する態表現です)
- 本来はD[-/s]as[-]e[-]te：「；→」：読ませて、歌わせて、食べさせて、見させて、と言うのが通例で、自然な派生です。
  使役系の「律他互律＝；→」など「互律」含みの動詞は複主体構文を作る下地があります。
  「私が→読むのを「皆様に」；許可して→いただきます、と相互協働を申請しているのです。
  「私に・→読ますのを「皆様が」；許可して→いただきます、と皆様を命令者に仕立てあげる必要はないでしょうに。
- もちろん、孫受け作業を描写するなら二段階強制や使役が有効な叙述法ですが、そうでないなら二重強制は使用すべきでない。

- 問題はこの二重強制表現を高名な文法家や教育者が「好ましい表現」だと評価する内容の対談口述本が散見されることです。
  ・読ま(さ)せて、歌わ(さ)せて＝食べさせて、見させて、
  と釣り合うから統一がとれる、とまで言うのだから驚きです。
- 「かな解析」文法家は強制接辞が -as- だとはまったく頭にない。「よま-させ-て」と考えているだけです。
  yom[a][+]s[-]as[-]e[-]te：と未然形を単独で作り、
  補助動詞として使役の「させて」を結合する用法だ
  と思い込んでいるようです。
  （二重強制に気づかずに、母音末動詞の活用も視野にいれず、
  膠着法則を無視して未然活用を最優先にした結果です）

現在の国語文法の不具合は動詞派生のしくみ全般にわたっており、
可能態を五段動詞だけに限定したり、
二重強制を見過ごして五段に「さ入れ」を進めたり
と時代錯誤を続けています。
態派生のしくみ、多重派生の正否判定を吟味したうえで
「本居手法」から早く脱却してほしいです。
（当時の本居宣長が「態の多次派生」の可否を誤判定したのかは不明です
が、現代の学者には「多次派生や多重派生」自体が難問なのでしょう）

＜膠着語の先行研究：「連結音素」に関して＞

　少し横道に入り、膠着語の先行研究と比べてみましょう。
活用派生の正否判定の根源に関わることですから。

1. 先行研究に、参考図書：①②(清瀬義三郎則府)の「連結母音」「連結子音」を用いた精密な新文法の提唱があります。
   まず「国語かな時代」を打ち破る先駆文法です。
   残念ながら「連結母音「連結子音」を[挿入音素の選択演算子]：[連結母音/無音]、[無音/連結子音]の一般形式化に発展させるに至りませんでした。
   一般化形式なら、子音末/母音末のどちらの動詞語幹に対しても
   同一接辞を使えると一行で明示できるのに、と残念に思います。

が、当時から一人、母音末語幹の可能態派生を避ける風潮を良しとはしていなかった。見れる、来れる、食べれるの流行を冷静に公平な判断で見ることができる学者であります。
2. 清瀬本②の後半に付録的な論文なのか、上代ク語法の解釈・歴史に対する研究・調査の章節がある。
　接辞 -ak- の意味・用法の解釈に関心を寄せていますが、明確な核心を捉えられずにいる印象で、大野晋のク語法解釈にも触れている。

＜上代ク語法を謎のままにするのですか＞
3. 大野晋（参考図書：③）は、
連体形+aku- を提唱し、未然形連結を打破できたのだが、
逆に-aku- を概念名詞に限定する失敗？をした。
確かに奈良時代には、見らく、すらく、散らく、などの動名詞を作り出す単純な使い方が多く見られたようです。
4. しかし、その後は、用例に進化が起こり、
・散る：tir[-]u→散らかる/散らかす：tir-ak-ar-, tir-ak-as-、
・あまえる/あまやかす：ama-[y]e[r]-, ama[y]-ak-as-、
・ずらかる/はぐらかす：zur-ak-ar-, hagur-ak-as-、
・だまかす/だまくらかす：dam-ak-as-, dam-ak-u[r]-ak-as-、
ク語法使用の醍醐味が大きく発揮されて、
[-]ak[-]ar-, [-]ak[-]as-、のように後続に態接辞と連結して
抽象化・無律化する用法が始まった。
つまり、態接辞に先行する無律化態接辞になったのです。
（第一章 1–5＜[無音/連結子音]：…[-/k],の意味＞に詳細解説あり）
5. 「新手法」では 古語ク語法の接辞を、[-/r]-ak-、[-/k]、-k-、の
3種類の形態で現在でも使われていると解釈します。
・[-/r]-ak-：曰く：iw[-/r]-ak-u、老いらく：oyu[r]-ak-u、
・[-/k]：楽しかった：tanosi[-/k]ar[0i=Q]ta、
・-k-：寝かす：ne-k-as[-]u ← ne([r]a)k[-]as[-]u：物を横にしておく、赤子を寝かす。（寝らす：・→/寝さす：・→ではなく、
意志のない者を横に寝かしておく：律記号 →受律で使用）

6. 「新手法」では[連結母音/無音]、[無音/連結子音]の選択演算子により動詞語幹の子音末/母音末に接辞を連結表記できることにより、派生の一般形式表現を可能にしたこと、
また、「動詞の「述語律」を明確にするため、動作意志の発揮方向性を主部要素に関係づける記号明示法を案出し提起します。

7. 話しが横道に入り込んだついでに、「述語律」概念に対し先行研究がどれほどあったのか、についても触れておきましょう。
・専門書ではなく、市販流通本の通読による知識です。
参考図書①〜⑥⑦⑧が研究範囲に合うが、明確に「述語律」を提案する図書は見かけない。

8. 参考図書⑧(金谷武洋)では日本語の文型を「盆栽型」に見立てて、
「主部要素(主・客・対象)＝植木の幹と枝」として、
「述部＝盆栽鉢」に植えられた姿を文章の形に
なぞらえて説明する。
・特に「〜は」で表す主題構造を「盆栽と並立する「日の丸旗」に見立てて、主語ではないと提起する。
(三上章『象は鼻が長い』提起に続く主張であり、)
この盆栽人気は高いのだが、説明力や発展性が乏しい。
・また、動詞述語の性質：述語律が一直線に並ぶという想定で、
人為が及ばない：←受動態–自動詞–0–他動詞–使役態→：人為が強い、の形式図を提示する。 ↖-e[r]u-↗：自動詞/他動詞に-e[r]u-
が連結すると他動詞/自動詞に自他交替の変化が起きると考察してあるが、人為意志の有/無で測るとするだけでは説得力が弱い。
(「新手法」が考える「-e[r]u-の意味の真芯」は「動作をやり遂げると得られる事象状況」だと解釈します)
・「盆栽型」、「動詞述語律一直線」を駆使しても
「態の構成」を的確に明示する図解には不向きだと思う。

9. 参考図書⑥⑦(今泉喜一)では「規範的な構文モデル」として
「主体を縦円柱で中心軸に立てて、その「属性(動作・性状表現)＝「態活用/活用形の述語成分＝事象舞台(横円板)に」突き通す構造図を採用し、「客体の円柱などを横円板周縁部の格助詞ごとの定位置に立ち並ばせて相互関係を示す」ことで構文全景を表現・解釈する手法を掲げている。

・態接辞ごとに横円板で階層分けできるので、構文の意味構造を
精密に図解できます。
・また、先行文をひとまとめにして大きな縦円筒で表し後続文に引き継
ぎ、その要素円柱に使う表現もできます。
その反面、動詞の態派生と然活用派生の違いを図解するのは難し
い。縦円柱(主・客・対象)と横円板(述部要素)との配置関係により「述
語律」を描写したり想像したりで理解できるのかどうか。
・発話の中でその図解構造を聞き手との間でやり取りして、
脳内で絵解きして理解し合うのが難しい。
ただ、学習の場で構文の解析説明するときには、正確に表示できるだ
ろう。先行研究が文法図解を取り入れることはすばらしい。
・参考図書⑦では、動詞/形容詞/断定基=判定詞の活用形一覧を開
示して、「構文=連用形/連体形/終止形、「否定形/態三系」の識別区
分けの考察を図表にしてある。今になって【構文相】を考えるように
なって、この入門書からも力を得たと実感する。
(本書では、名詞の構文相:連用形/連体形/終止形を含めた)

10. 「新手法」では「述語律」を図解するのではなく、
「律記号化」の方法で「文法を可視化」することを提案する。
それには、
・主部要素(「主「客「対象」)+(律記号)述語要素、と想定し、
=主部要素(「主「客「対象」)+(♣/・♣/;♣)述語要素、
で「動詞述語律」を表現します。
=♣:→/↔/↑/↕、能動系四態の律記号、
=・♣・:→/・↔/・↑/・↕、強制系四態の律記号、
=;♣・;→/;↔/;↑/;↕、使役系四態の律記号を択一選択して使う。

11. 形容詞文、名詞文の「述語・述語律/律記号」は、それぞれ3種類の記
号があります。(4章、5章で解説します)
・「新手法」の述語律記号は「盆栽鉢、「横円板」の役割を果たすと同
時に「述語の規律記号」を掲げていますから、主部・述語の規律関係
を判りやすく明示できるのです。
・どうやら横道を進んできて「述語律」正面に到達しました。

3-5. 態動詞のはたらき：「述語律」と「態接辞」

　動詞述語がどのようにはたらき、はたらけるのか、「述語律」の概念を「律記号」と「態接辞」に対応させて一覧整理しておきましょう。

- 能動系四態：「述語律記号」と「態接辞」の対応
  ①(→)＝[-/r]u、　②(↔)＝-e[r]u、
  ③(↑)＝-ar[-]u、　④(↕)＝-ar[-]e[r]u、
- 強制系四態：「述語律記号」と「態接辞」の対応
  ⑤(・→)＝[-/s]as[-]u、　⑥(・↔)＝[-/s]as[-]e[r]u、
  ⑦(・↑)＝[-/s]as[-]ar[-]u、　⑧(・↕)＝[-/s]as[-]ar[-]e[r]u、
- 使役系四態：「述語律記号」と「態接辞」の対応
  ⑨(;→)＝[-/s]as[-]e[r]u、　⑩(;↔)＝[-/s]as[-]e[r]e[r]u、
  ⑪(;↑)＝[-/s]as[-]e[r]ar[-]u、　⑫(;↕)＝[-/s]as[-]e[r]ar[-]e[r]u、

これが「述語律」を基にして
「記号化」と「接辞」を対応させた新手法です。

- 注：「ローマ字」解析も文法解析の道具ですが、
  べたにローマ字化しても意味がなく、語幹の境目に[挿入音素]の「記号」を挿入することで判別しやすくなります。
  その文法解析で納得したあとは「述語律記号」により述語のはたらきを思い描いたほうが判りやすい。
- 注：強制可能態：⑥(・↔)と使役態：⑨(;→)は見掛けが異なるが、接辞内容は同一、同義です。
  (記号⑨(;→)の意味は主体が互律を先導し、客体が自律をすると解釈できるので、記号⑨(;→)が一段と似合うと感じる)
- また、使役可能態：⑩(;↔)＝[-/s]as[-]e[r]e[r]u、は二重可能の形態ですが、食べれる：tabe[r]e[r]uと同様に1次-e-派生なのです。
  　江戸・明治期の人が、当初は当惑しただろうが、
  使役可能態：⑩(;↔)＝[-/s]as[-]e[r]e[r]u：主体側の立場で、
  強制結果態：⑦(・↑)＝[-/s]as[-]ar[-]u：客体側の立場で、解釈したのだろうか？「れ足す言葉」あつかいしたのだろうか？
  ((;↔ / ・↑)記号を比べてどんな印象でしょうか)

＜態文法を「述語律と「律記号で」読み解く＞

　日本語の構文は「主部＋述部」の構成で、主部が先にあり、
述部が後続して意味を完成させる語順です。
・述部は「主体の動作」に限定して規律するのではなく、
「主部の「登場人・物」それぞれ全体に規律関係をはたします。
・動詞の規律機能は、個々の動詞が持つ意味で決まるほかに、
同類の動詞が共通に持つ「主部を規律するはたらき＝態の規律」が
重要なのです。
それを「述語律」と呼び、態動詞ごとに「述語律」を分類しました。
・形容詞、名詞には、明示的な「態の規律」がないので、
個々の語幹・単語がはたす「主部要素との規律関係性」を類別して
「述語律」と定めて明示的な定義・記憶に落とし込んでおくとよい。

1）基本四態の述語律：✚能動系四態を基本四態と想定します。

- ①能動態：(→)＝主体の「自律」動作、または客体の「受律」動作と
  みなします。（主が潜在の場合。自動詞、他動詞で区別なし）
  例：「毎日、「公園を」←散歩します。：散歩「受律」します。
- ②可能態：(↔)＝主客の「互律」動作、周囲条件と折り合いをつけ、主
  客が互律して「動作完遂」する表現の述語律です。
  （主体の勝手な自律動作で完遂できるのではなく、客/対象/物理条件
  /周囲条件に相互適合させる努力がはたらいています）
  互律記号：↔ 両矢印が相互規律を示唆しています。
- ③結果態：(↑)＝「互律」動作完遂した結果事象の「(結)果律」表現で、
  結果が現れた感覚を記号に採用しました。

- ④受動態：(↕)＝結果事象の「果互律」表現で実績、受身の状態を表します。

  主客どちらが主語になっても「関与、影響」の「事態」を表現できる。結果実績が関与者全体に影響規律する記号です。

- この基本四態の「述語律の規律力」が意味することは、

  ・日本語の動詞は「受律」を加え、①～④の四態全部の態において「登場人物の「主「客「対象の「誰」が主語に立っても適応できるような「柔軟な述語律」なのだということで

「述語律」は「直接の動作主」を必須条件に求めるわけでなく、
「客/対象/結果の受律/互律動作」の規律関係が成立するならOKです。
例：
　自律/受律：本を/は→座って→①読む。
　黒板に文字が/を→①書いてある。
　互律：この本が/を/は ↔② 読める。答えが/を ↔② 書ける。
　果律：自由が/を ↑③奪わる。首相が↑③辞任さる。
　果互律：足が/を ↕④踏まれた 。どう ↕④思われるか。

日本語が人称立て（動作主立て）でなく
「述語立て」して文章が作れるのは、例文のように
「柔軟な述語律」があるからです。
実際に「語幹[/]接辞の連結による動詞派生の法則」により、
いわゆる不定詞も動名詞も動詞分詞も
すべてを活用派生、造語生産します。
つまり、人称立てとは無関係に動詞派生するのが当たり前なのです。

（西欧語は「主語」を先頭に優先条件で置くのが「建前」であり、
「主語律・第一主義」の事態に入ってあります。
もちろんそれが言語の必須条件ではありません）
・日本語構文は柔軟な文法則による「体言の(格構成)活用「主部律」や
「用言活用派生と「述語律」との組み合わせで出来上がります。

2）強制系、使役系の四態の述語律

強制系四態＝主体(・)＋客体(「基本四態」＝(✚))を組合わせて記号化する。

：主体の命令指示を(・)で、客体の服従的自律動作を(✚)で表現します。

⑤強制態：(・→)＝「律他」動作、

⑥強制可能態：(・↔)＝「律他互律＝使役律・別記号」、

⑦強制結果態：(・↑)＝「律他果律」、

⑧強制受動態：(・↕)＝「律他果互律」。

使役系四態＝主体(;)＋客体(「基本四態」＝(✚))を組合わせて記号化する。

：主体の指示誘導を(;)で、客体の服従的自律動作を(✚)で表現します。

⑨使役態：(;→)＝「使役律＝律他互律・別記号」、

⑩使役可能態：(;↔)＝「使役互律」、

⑪使役結果態：(;↑)＝「使役果律」、

⑫使役受動態：(;↕)＝「使役果互律」。

- 強制系の(・) は主体の「指示、命令、許可」の
  述語律＝「律他」を示します。
  それを受ける客体の動作は
  「服従・要請を込めた「基本四態(✚)」で表現します。
- 使役系の(;)は主体の「指示、命令、許可」の
  述語律「律他」のほか、相手に「助力する：互律」ことも
  含みます。（客体は「服従・要請を込めた「基本四態」の動作）
- 例：
  ⑤問題を・→ 理解す。⑨問題を;→ 理解させる。
  ⑥問題を・↔理解させる。⑩問題を;↔理解させれる。
  ⑦問題を・↑理解ささる。⑪問題を;↑理解させらる。
  ⑧問題を・↕ 理解さされる。⑫問題を ;↕ 理解させられる。
  ・強制律他(・)は口先だけで相手に「やらす」。
  （⑥強制可能(律他互律)(・↔)：相手に必死で「やらす」）

・⑨使役(律他互律)(;→)は口先で指示し、相手が完遂するように状態を見て助力して「やらせる」。
・理解させる：客体と主体が近距離にいて口も手も出して補助して完遂させる様子が想像できます。
（古代では⑥、⑨ともに存在せず、⑤理解させ：rikai[+]s[-]as[-]e
：⑤の已然形にとどまっていました。現代では⑨使役態で使うことが普通でしょう。時々、強制系四態も練習しておきましょう）

＜態の「主部律「述語律」をRPNスタック記法で表現する＞
　態の「述語律」と主部との関係性を明示するのに、RPNスタック記法を利用できると考えています。（RPN記法：逆ポーランド記法）
　　1.　・主部要素を主部スタックに積み降ろし、
　　　　・述部要素を述部スタックに積み出しすることで
　　　　主部要素と述部要素との積み下ろし(演算)を通して
　　　　意味を伝えます。
　　2.　表記には、積み降ろし、積み出しの方向に工夫が必要です。
　　3.　発話者と聞き手の間で「スタック演算」を脳内で繰り返します。
　　4.　演習例文をRPNスタック記法で書き出します。

例1：⑤⑨祖父が父に弟を大学に·; → 行かさせた：ik[-]as[-]as[-]e[-]ta.
：主部スタックと述部スタックの出入り表現で書き表すと、
[主部スタック]＿＿[述部スタック]
祖父[が]↓………[-]as[-]e[-]ta.　（矢印方向に文を読む）
＿父[に]↓………[-]as-↗　（スタック間の点線…は潜在的関係線）
＿弟[を]↓………ik-↗　（自律動作は弟がおこなう）
大学[に]＿＿＿＿＿↗　（スタック間の実線＿は顕在関係線）

注：この例文は主部に修飾がなく、ただ一つの述語：態動詞なので、
主部スタックと述部スタックの積み段が逆方向で揃いますから、
「主部律」と「述語律」のつり合いがとれていることが判ります。
（この例1のような修飾句のない主述構文を基本的な「本旨構文」と呼ぶことにします。構文生成の演習台にするのに最適です）

例2：⑤⑫弟は父と祖父から大学に･;↕ 行かさせられた：ik[-]as[-]as[-]e-[r]ar[-]e[-]ta.　:強制使役の述語連結は固定ですから工夫します。
：主部スタックと述部スタックの出入り表現もうまく書き表すと、

[主部スタック]＿[述部スタック]＿｜[主部スタック]＿[述部スタック]
弟[は]↓（または修飾なしなら→）｜弟[は]↓＿＿＿＿＿[r]ar[-]e[-]ta.
祖父[と]↓　（修飾なしなら→）｜祖父[と]↓＿＿＿[-]as[-]e-↗
父[から]↓　（修飾なしなら→）｜父[から]↓＿＿＿[-]as-↗
大学[に]（弟[が]）＿＿ik-↓　　｜大学[に]（弟は）＿ik-↗
（父[と]↑）............[-]as-↓　（述語の接辞派生の順序は固定ですから、
（祖父[から]↑）......[-]as[-]e-↓（登場人物を仮想的に主部スタック内で
（弟[は]↑）............[r]ar[-]e[-]ta.（移動させる頭脳操作をお願いします）

　この例文も本旨構文であり、主部に修飾がなく、ただ一つの述語：受動態に入れ替わった態動詞なので、主部スタックと述部スタックの積み段が逆方向で揃いますから、「主部律」と「述語律」のつり合いがとれていることが判ります。

発話では仮想的な頭脳操作で[スタック積み・降ろし]をするのですから、[主部要素をスタック積み：主部律を整える]と
[述語派生のスタック降ろし：述語律・主部要素と規律を整合する]を
同時にやり終えるように、聞き手は先行推測しながら聞いているのです。
- しかし、態の二重派生は注意しないと、簡単な一段使役の発話になってしまいます。
　⑨祖父が父に弟を大学に ;→ 行かせた、になるか？
　⑧弟は父と祖父から大学に ･↕ 行かされた、になるか？
　⑫弟は父と祖父から大学に ;↕ 行かせられた、になるかも？
- （学校文法では -as- 接辞を教えたり習ったりしないので、戸惑うかもしれない。しかし、日常の語彙のなかに動詞造語派生で使い込まれているから、憶えておくべき接辞です）

　以上、本章で動詞述語の「述語律「律記号」を態動詞に対応して定義しました。「態の三系四態」の組み合わせでほとんどの表現に対応できると思います

122

が、さらに態の多重派生などでは新しい組み合わせができるかもしれません。 そんな場合でも個々の「律記号」を組み合わせてじっくり解釈や考察をおこなえるでしょう。

　また「新手法」として、確実に「主部要素と「態接辞の対応」を明示するため「RPNスタック表記法」の応用を提起しました。

この「RPNスタック表記法」は基本構文の「構文相の活用記号化」とも相性がよくて、日本語構文の作文生成の指導用型枠に推奨できるのではないだろうか。（スタック表記法は紙面行数をたくさん使うのが難点です）

　基本構文については各章の最終段で解説を深めて、

「日本語の「基本構文型」の一般形式表記法を探り出していきます。

【要点整理】
日本語の「態の構造は「三系四態」なのだという概念を述べてきました。世の中に通用している「能動系・受動態/使役系・受動態」という「態の「二系二態」の狭い概念から早く目覚めてほしい。

さらに、可能態:-e[r]u-と結果態:-ar[-]u-(=-e[r]e[r]u-)を加えることで、「四態」になる「必然の言葉の進歩」を感得してほしい。

・自動詞:立つ―立てる:自・可能／他動詞交替、-e[r]u-接辞の付加。

・他動詞:割る―割れる:他・可能／自動詞交替・自発、同じ-e[r]u-接辞の付加で動詞の態相と自他交替相に違いが生じます。しかし、

・-e[r]u-の意味は、動作「立つ/割る」を完遂すること、なのです。やり切った状態を表現しています。自然に「態」も変化しているのです。

第四章　新文法の形容詞活用形

4-1. 形容詞派生のしくみ：用言なのか

　＜形容詞の活用派生は密結合形式＞

4-2. 形容詞述語派生のしくみ（基礎）

4-3. 形容詞の種類と(応)用法

　＜活用方法：単語一つを例に復習してみよう＞

　＜さまよう形容詞活用＞

4-4. 形容詞述語のはたらき：「述語律」

　＜形容詞述語の「述語律」と「律記号」＞

　＜日本語の基本構文を探る2：抽象：[は]/[が]+[である]/[する]＞

　復習：「構文相」活用形について

　【要点整理】。

　—

4-1. 形容詞派生のしくみ：用言なのか

　形容詞は物事の性質、性能、属性を描写する機能を持ち、時相を含めた活用派生があり、用言に区分されています。

活用派生の構造には二種類の形式が併存してあり、一般化表記すると、

（形容詞語幹：K、[挿入音素]：[-/ k], [k]、[/]、接辞語幹：J1~Jn、）

①(シ)ク活用：K[k]J1[/]J2[/]Jn・・・：直接的に機能接辞を後続する、

②カリ活用：K[k]ar[/]J2[/]J3[/]Jn・・・：-ar-(補助動詞)を立ててから

機能接辞を後続する、の二形式があり、形式相互で部分的に補間しながら併存しています。

　国語文法ではいわゆる「形容動詞」も活用する用言あつかいに区分するが、対抗説が各種あります。

「新手法」でも形容動詞を膠着強度が弱い疎結合の品詞とみなします。

品詞名も「名容詞：名(詞形)容詞」と定義し名詞と同等にあつかいます。

　そこで、最初に「形容詞」を用言としてあつかうか/否かの判断結果を記述します。形容詞としての用法を復習しながら形容詞の全体像を整理しつつ、最終節4-4で「新手法の「述語律」を提起します。

＜形容詞の活用派生は密結合形式＞

　形容詞を動詞と同様に用言として扱う条件を示します。

・語幹と接辞語幹の密結合で派生が起こり、[挿入音素]が必要となるかどうかを条件にして調べてみました。

1. 活用のある用言＝語幹[挿入音素]接辞語幹[挿入音素]接辞語幹・・・の密結合の膠着構造で活用形を構成するという特徴があります。動詞活用の膠着形式に適用した条件設定です。

2. 形容詞語幹：K …はすべて母音末語幹です。

3. ［挿入音素］：[-/k] であり、常に母音末語幹に後続するから[k] に固定して使用できる。

    [k]に後続する接辞：Jnは、語幹どうしの[/]密結合で後続連結しますから、これで形容詞は用言の判定条件に適合します。

    用言です。（自立語語幹[/]接辞語幹...の膠着法で活用節を生成）

4. 一方、「形容動詞」はこの判定条件に不適格です。

    膠着は疎結合であり、語幹結合でなく「単語：名(詞形)容詞」の形態で「[+]です/[+]だ/[+]であります」に連結します。

    名容詞は名詞と同等なあつかいで解釈できます。

    ・名詞は体言として主部要素：実体のある「登場人・物」を表現します。

    ・名容詞は「実体の形容属性の程度」を表現する名詞形態であり、実体に準ずるものという活用形を使います。

    （体言の活用節＝自立語単語[+]助詞、または[+]助詞[×]接辞語幹[/]接辞語幹...の膠着生成法による。同様に助詞の疎結合で活用節を作ることで連体詞や副詞、接続助詞なども構文活用に参加できる）

古語、文語時代の形容詞は、終止形：K[s]i、連体形：K[k]i、の形態でしたが、現代では終止・連体形ともに K[k]0i の構造になりました。

5. ［挿入音素］の[k] は-ak-接辞(古代ク語法)に由来すると推測します。

    ・-ak-接辞は、無律化・概念化という機能なので動作とは切り離しての属性表現用に当てたのでしょう。

    これで現実の形容詞活用を用言として解釈していけます。

6. (シ)ク活用：K[k]J1[/]J2[/]Jn...の終止・連体形：K[k]0i、

    ・K[k]'0'iの'0'は前音消音の零記号で、K[k-消音]iの発話を示唆する表記法です。

    （i音やu音の前で音便化が生じるのを表記できます）

例：古語：うれしき＝uresi[k]i、口語：うれしい＝uresi[k]0i。

・おはよう＝ohayou←ohayau←ohaya[k]0u+goz[-]ar[0i]mas[-]u.

7. カリ活用：K[k]ar[/]J2[/]Jn...第一接辞：J1を-ar-(補助動詞)にすることで動作相を表現しやすくした活用形です。

例：うれしかった＝uresi[k]atta←uresi[k]ar[0i=Q/-]ta、

・こわかろう＝kowa[k]ar[-]ou＝kowa[k]ar[-/y]ou,

・重たかろう＝omota[k]ar[-]ou, ...。

次に形容詞の「活用形「述語律」の詳細を解説します。

4-2. 形容詞述語派生のしくみ（基礎）

・(シ)ク活用と・カリ活用を並べて表示します。

```
__形容詞述語構文式：形容詞語幹＝K、[挿入音素]＝[k]____
__(現代口語____(シ)ク活用分岐_____ カリ活用分岐 )__
__┌[k]u__ 否定：[-]na[k]0i, _____┌[k]ar[a]zu,
__├_____促進：([+sa])sou, [+gar[-]u ____├[k]ar[-]ou,
__├[k]u__ 連用：[-]te, [+]nar-/sur-_____├[k]ar[0i=Q]te,
K→[k]0i,([s]i)終止：__注1 _____K→[k]a(r[-]u)____注2
__├[k]0i__連体：* rasi[k]0i,名詞,des[-]u,__├[k]a(r[-]u)：* 同左
__├[k]ere 実現：[+]ba, 注3_____├[k]ar[-]e[+]ba, 注3
__└─__命令：─, _____└[k]ar[-]e_____
__<↑(シ)ク活用分岐 ↑後続接辞の候補 ↑カリ活用分岐＞
```

例：白い、赤い、青い：siro[k]0i, aka[k]0i, ao[k]0i,
早い、遅い、遠い、近い：haya[k]0i, oso[k]0i, too[k]0i, tika[k]0i,
面白い、楽しい、辛い：omosiro[k]0i,tanosi[k]0i, tura[k]0i,
暑い、寒い、痛い、痒い：atu[k]0i, samu[k]0i, ita[k]0i, kayu[k]0i,
望ましい、古めかしい：nozom[-]as[i][k]0i, hurumek[-]as[i][k]0i,
懐かしい、うっとおしい：natuk[-]as[i][k]0i, uttoosi[k]0i,

ない、らしい、〜たい：na[k]0i, rasi[k]0i,〜D[i/-]ta[k]0i, ：＊
〜やすい、〜にくい：〜D[i/-]yasu[k]0i,〜D[i/-]niku[k]0i, ：＊
＊形容詞型活用法の接辞：助動詞を含む。
＊ない は形容詞、(助動詞)接辞の両用あり。

1. 注1：[k]0i は '0'i前音消音記号で、発音は[k]←'0'にして i 音のみとなる：イ音便の1種。

2. 動詞由来が分かる 望ます、古めかす、なつかす、などには-as- 接辞を当てて形容詞化してみた。
その動詞性を無律化するためにも[k] が有効なのだろう。
（nozom[-]as[i][k]0i 、huru+mek[-]as[i][k]0i など）

3. (シ)ク活用では「否定形、連用形」が K[k]u：副詞的な形態用法なので用言らしさに欠けるところがあります。

4. また「促進形/推量形」は 良さそう：yo([+]sa])sou、早そう：haya[+]sou、懐かしがる：natuk[-]as[i][+]g(e[×])ar[-]u のように
形容詞語幹が直接疎結合の膠着をする傾向もあります。

5. 注2：カリ活用は [k]ar-：性状形容が-ar-：存在すると表現して存在文構成で活用させる。 終止/連体では 痛か！：ita[k]a(r)-！、懐かしか故郷！：natuk[-]as[i][k]a(r)-[+]故郷！など地方言葉で通用する。

6. 注3：(シ)ク活用、カリ活用の実現形は仮定形用途に流用が多い。
ただし、仮定形には、終止/連体に「〜なら：[+]n(i[×])ar[a] 」を連結する用法を推奨する。 早いなら、痛いなら、懐かしいなら、早かったなら、の使用を勧めたい。
・連用形：早かったら、実現形：早ければ、による仮定形は
（動詞活用形との連動推理で言うと）形容詞においても
動作相が進行中であり明確な終止状態にあることを仮定できていないからです。
・仮定接辞：〜なら、は現代口語の名容詞(形容動詞)活用形の中で使われるが、〜[+]ni[×]ar-：にあるという静止状態の仮定に適する性質であり名詞/動詞/形容詞の活用形にも対応できる。
・〜なら接辞を仮定形に意識して使いましょう。
本書の中では「〜なら」で頑張ります。
・第3章3−4節4)項に「仮定形：なら を推奨」しています。

4-3. 形容詞の種類と(応)用法

　形容詞は、物事の性質や状態を感じ取って表現する単語であり、大別すると対象の実体や事象に対する形容として、

1) 発話者が内面的に感じ取る「知覚・感情」の描写単語か、

2) 対象の外面的な「見かけ・属性発現、状況評価」の描写単語か、

の意味を持つ。

　少し復習的に形容詞の単語を思い出してみよう。

①知覚・感情の形容詞：(感情面と属性面の性状)

　痛い、冷たい、こわい、ほしい、

　嬉しい、楽しい、苦しい、うまい、おもしろい、

②属性の形容詞：(属性面と感情面、状況評価も少々)

　暑い、寒い、危ない、

　新しい、美しい、重い、うまい、おもしろい、

　激しい、望ましい、

③複合形容詞(構造区別)

　名詞＋形容詞：力強い、息苦しい、

　動詞＋形容詞：使いやすい、見苦しい、

　形容語幹＋形容詞：細長い、重苦しい、

＜活用形：単語一つを例に復習してみよう＞

例：こわい：kowa[k]u[+]na[k]0i, kowa[+]sou, kowa[k]u[+]nar[-]u,

　kowa[k]0i[+]hanasi, kowa[k]ere[+]ba, kowa[k]a(r[-]u)[+]hanasi,

・促進(推量)形：こわ-そう kowa[+]sou、(な-さ-そう、よ-さ-そう)、

こわかろう kowa[k]ar[-]ou、

・外見で推量するね：こわ-がる kowa[+]g(e[×])ar[-]u 、(痛がる、苦しがる、危ながる)

：kowa[+]g(e[×])ar[-]u：K＋げ・ある→Kがる：形式名詞 ge に-ar- 接辞が縮約付属した特別な接辞です。(外見に現れないことを「～したがる」と、あざとく推量を押しつける表現は禁物でしょう)

・連用形：こわくkowa[k]u、は連用修飾(用言修飾)の機能を果たし、副詞的に働く。こわく＋なる、＋する、の連結で形容詞の自動詞化、他動詞化ができます。

・終止形：こわい kowa[k]0i。危ない abuna[k]0i。形容詞述語文です。

・連体形：こわい- kowa[k]0i-、は体言に先行してその「性状・属性」を形容する限定用法。形容詞の主たる修飾機能といえるが、「属性律」を発現する実体と組み合わせて修飾する必要があります。

・ :> こわい「源さん」と、「饅頭が :<> こわい「源さん」では
源さんの評価基準の意味が違います。

・実現(想定)形：こわけれ(て)：kowa[k]er[-]e([i/-]te) などが異様に感じる活用形なので、要注意です。

：こわかれ(て)：kowa[k]ar[-]e([i/-]te) も異様な感じですから、要注意。

(形容詞自身が動作相を保持・継続しないので、終止形で間に合わせているのだろう)

・仮定形：こわけれ(ば) kowa[k]ere([+]ba)、
　：現実だったらと想定しての形容。現代口語では推奨しない。
　(こわけれ(る)：kowa[k]er[-]e([r]u) の流行を事前回避したい)
　推奨したいのは現実仮定：こわいなら：kowa[k]0i[+]nar[a]、OKです。

・こわかったら kowa[k]ar[0i=Q]tar[a]、：現実として実感したならの
　形容法ですが、これを推奨しないことにします。

推奨は現実仮定：こわかったなら：kowa[k]ar[0i=Q]ta[+]nar[a]、を

採用します。また、時制表現や命令などにもカリ活用を使う。

（kowa[k]u+ar[-]i →kowa[k]ar[-]i に変化したのかもしれない。

派生の[挿入音素]規則に吸収収れんしてきたのでしょう）

・終止・連体形：こわかった kowa[k]ar[0i=Q]ta、

・命令(限定的)形：遅かれ早かれ：oso[k]ar[-]e, haya[k]ar[-]e, 良かれ悪かれ：

yo[k]ar[-]e, asi[k]ar[-]e, などの対句で利用することが多い。

＜さまよう形容詞活用＞

　現代日本語の動詞や形容詞のなかで比較的不安定な変化をする

単語には、語尾が -au- である場合が多い。

例：違う：tigaw[-]'0'u、買う：kaw[-]0u、償う：tugunaw[-]0u、

嫌う：kiraw[-]'0'u、などのように、語尾が -au-, -awu- の単語が多い。

1. ・古来、あふ(会う)：-afu, -ahu, であった発音が変化してきて、-aw- 語
幹に変わってから、
：-aw[a/-]-, -aw[0i]-, -aw[-]0u, -aw[-]0e-, aw[-]0o, のように、
発音では「-aw[a]-, -あわ-」にしか -w- が現れなくなった。

2. 違わない、違えない：
：tigaw[a]na[k]0i, tigaw[-]0e[-]na[k]0i, tigaw[-]0u,
嫌わない、嫌えない：
：kiraw[a]na[k]0i, kiraw[-]0e[-]na[k]0i, kiraw[-]0u,

3. ・違い：tigaw[0i]、嫌い：kiraw[0i]や、好きsuk[i]などは
正然・連用形の中止形態で動名詞に相当するので
名詞・名容詞相当の扱いができます。

4. ・だが、現代の若者言葉では、
形容詞としてのあつかいを好むようで、
例：違い：tiga[k]0i、違かった：tiga[k]ar[0i=Q]ta、
違くて：tiga[k]u-[-]te とか、
嫌い：kira[k]0i、嫌かった：kira[k]ar[0i=Q]ta などの

言い方を通用させているようです。

5. これだと「ちが-」「きら-」が形容詞語幹なのだ
と誤認したうえで活用させてるのか尋ねてみたくなります。
（tigaw[0i] と 虚tiga[k]0i の違い、kiraw[0i] と 虚kira[k]0i の違い
を学ぶには -aw- 語尾動詞の語幹形態や活用形を意識的に繰り返し
練習するしかないか）

6. 例：きれい：kirei＝綺麗という名容詞を形容詞に見立ててしまう場合も
ありそうです。
その場合、
・きれいかった：kirei[k]ar[0i=Q]ta,
・きれかった：kire[k]ar[0i=Q]ta, の
どちらを選ぶのでしょう。
発話の際に「言い間違えた」という感覚を抱くのだろうか？

7. きれい：名容詞の認識と派生形式の認識が一致せずに
混同する例も多いようです。
・形容詞には語幹末が-e-でおわる単語は皆無だから、
「きれ[k]0i」は勘違いなのでしょう。
形容詞の語幹に「さ」をつけると、形容名詞になるので、
それを判定法にして形容詞を見つけ出せる。

8. 「きれ+さ」は成立しないので、「きれい」が名詞であり、
性状程度を描写する名容詞だと判るでしょう。

4-4. 形容詞述語のはたらき：「述語律」

　形容詞述語が構文に対して発揮する「規律＝活用律」を識別して、動詞の
「述語律」と同様に形容詞の「述語律」を提起します。

＜形容詞述語の「述語律」と「律記号」＞

　動詞活用の動作律に倣って、形容詞の活用律を登場人物との関わりで区別
するなら、少なくとも、知覚・感情に関わる「感情律」と、対象の属性表現に関

わる「属性律」の2つが必須区分だろう。両律併せ持つ形容詞もあるから3つ
になる。

1. ①「感情律」、「感情律記号」＝（ :< ）：主体客体に情動的な
喜怒哀楽の感情を誘発する形容詞述語の規律に命名する。
誘発するモノ／されるモノの両者がある。

2. ②「属性律」、「属性律記号」＝（ :> ）：実体にそなわる性質・属性を外
面的に描写する際の形容詞述語がはたす規律に命名する。

3. ③「感情属性律」、「感属律記号」＝（ :<> ）：区分①、②の両方の規律
を併せ持つ形容詞述語の規律に対して命名する。

4. 属性を持つ実体や部位を
「頭が」:> 痛いと、〜が格で表し、
感じ取る主体を「太郎は「頭が」:<> 痛いと、
「〜は」で表します。複主体構文です。
・「太郎は「頭を」:< 痛いと言った」と聞くと
仮病の言立てに聞こえます。

（動詞は態接辞により「述語律の識別」が可能ですが、）
形容詞は個々の単語が「述語律」を示す識別接辞を持ちません。
・実体の「属性：性質、性能、状態、印象、…」を表現する品詞であり、主部要
素に対して「属性の影響力：快適／不快性、歓迎／回避性、…」の
ある／なしで「述語律」を区分・識別することになります。

　では形容詞の「述語律「述語律記号」を使いながら解説します。
必ずしも形容詞述語文に限らないのですが、複主体構文「〜は〜が＋述語
文」が似合う例文が多いです。
最初に各種の述語文を並べてみましょう。

- 形容詞文：源さんは饅頭が :<>こわい。

：源さんが「こわい」と感情を高ぶらせ、饅頭が「こわい」属性を発揮しており、③「こわい」が両方に係ります。

- 形容詞文：「象は「鼻が」:>長い。
  ：鼻が②長いことが象の②属性律（感情律でなく）でもある。
- 動詞文：「彼女は「ピアノが」↔弾ける。
  ：互律。弾ける＝「彼女・自律「ピアノ・受律」相互完遂動作。
- 存在文：「太郎は「予定が」→ある。
  ：「予定・存在受律「太郎・自律で対応」、存在＝相互の状況。
- 名詞文：「問題は「何が」:|最適か」+ だ。
  ：「何＝最適:措定律(:|)、「問題＝それ:措定律」。

などの述語には「先行する構文全体＝主部」を規律する「述語律」が存在する。（名詞文だけは述語補語＋(+です/+だ:判定詞)で、
判定詞には「述語律」がない。「:|最適か」が「述語律」を果たす）

上の例文は日本語が得意とする論理的な文型であり、
「〜は〜が」形式なので複主体構文、双主構文とも呼ばれます。
もっとも、単主体構文でも同様に、
・動詞文：「彼女は「ピアノを」→弾きます。
：彼女＝自律、ピアノ＝受律、のように、
述語「弾く」が「自律と受律」の「両面述語律:2項要求述語律」を持つから、構文の主部全体を規律できると想定してもよいでしょう。

- ：<(饅頭が :>こわい)源さんが今度は :<(お茶が :>こわい)。
  ：特に区別して感情律記号、属性律記号で示しましたが、
  どちらの「こわい」にも③感属律 :<> を 付加して表すのが
  確実かもしれない。
  「饅頭が:<> こわい「源さんが」今度は「お茶が」:<> こわい。
- 「象は :>長い「鼻を「腕のように」↔動かせる。
  ：形容詞の限定用法（直接修飾）の文型。
  限定用法で属性源を欠落して、「:>こわい「源さん」「:>長い「象」と発話
  されると、意味が変わってしまいます。
- 属性律の根源にあたる実体が先行するように、
  「饅頭が :<>こわい「源さん」、「鼻が :>長い「象」という
  形式が常に求められる。

「属性律」には属性源の正順構造をくずさないことが文法則だと覚えておきたい。

- 「→こわがる源さんが「今度は「お茶が」:<>こわい、
  これなら誤解はない。
  もちろん通常は感情動詞「こわがる」を表立って発話せずに、「源さんは「饅頭が」:<>こわい。で、
  源さんのこわい感情律が伝わるし、饅頭がこわい属性を誘発すると言いたいことも表現できる。
- 「象は」>長い、では象の属性が長い胴体だと勘違いされそうだが、「象は「鼻が」>長い、で鼻部分の属性がはっきりし、象はその属性事象の体現者、すなわち鼻の所有者であると表現できるのだ。

このように、形容詞に対しても構文に登場する人物・自然法則などとの間の「述語律」：誰の「感情律」で何物の「属性律」かを明確に意識することで、構文全体の解釈・理解が正確になる。

・「源さんは「饅頭が:<> こわいと→感じる「=|人なの」+です。とか、

・「象は「鼻が :>長い「=|動物なの」+です。とか、（指定律 =|）

・「象の「特徴は「鼻が :>長い「:|こと」+です。とか（措定律 :|）

の説明調の解説を付け足す状態から早く抜け出して、形容詞自体が発揮する「述語律」の有効力に任せてほしい。

・また、「こわい/楽しい/寒い」などが持つ「述語律」は体感的な「感情律」と対象物の「属性律」が同時作用する形容詞であり、その作用効果は活用形や時制で変わることはないはずです。

例：「こわい/こわかった」「楽しい/楽しかった」「寒い/寒かった」の現在形/完了形での「感情属性律」の原理的差異はないので、どちらも体感としての「感情律」を十分に表現・描写できているはずです。

<日本語の基本構文を探る2：抽象[は]/[が]+[である]/[する]>

　形容詞述語の「述語律」を解説しましたが、追加的に
・「主語律」との関わりを述べます。
（複主体構文を引き合いに出したので、その理由を追記します）
・抽象的な構文：思考実験から始めます。

1. 「～[は]＋[ある：→にてある/～である]
   ：述語は動作(済状態)文、名詞文、形容詞文、説明回答文、
   などに適用できる構文です。（品定め文）
   「～[が]＋[いる：→する/→ている/→したい]
   ：述語は動作(中)文、形容詞文、疑問詞文、
   などに適用できる構文です。（物語り文）

2. 複文化を想定して、選択演算形式にすると、抽象構文は
   「～[は]/[が]＋[する]/[である]…～[が]/[は]＋[である]/[する]。」
   の構造になるだろう。

3. 例：「源さん[は]「饅頭[が]」：<>こわい。：と言うのがよくて、
   ：饅頭[を]こわい、こわがると言うほどでないことを表現する。

4. その理由は直近の前節に一応の説明を述べました。
   （～[は]～[が]+述語文節＝「は/が」構文と略称する）
   ・[が]の用法については、（参考図書ページ⑤項）
   参考図書⑤(山口明穂)『日本語の論理　言葉に現れる思想』
   に詳しく考察が述べられてある。それに共感して説明する。

5. 山口本の先行研究によれば、例文などの～[が]用法は、
   ：饅頭[が]根源にあって「こわい」属性を誘発させる、
   別例：「頭が」：>痛い、は「頭が」：<痛い、の感覚表現で
   ：頭[が]根源の部位として：<>「痛い」属性感覚をもたらす、
   との意味に解釈するのに好都合の格助詞だ。

6. だが性急に、[が]が主格や主語を表す格助詞だと
   決めてはいけない。（西欧語ではないから）
   「源さん[は]「饅頭[が]」：<>こわい。の
   「源さん[は]」が主体として「こわい」を感じる。
   日本語は主語一本槍ではなく主部多段式なのです。

7. 山口本の章立てを見ると、
   第三章：主語をどう考えるか、（主に「が」の考察・明快）

第四章：「が」「は」の論理、（主語/主題、未知/既知ともに
不十分な解釈との指摘・考察あり。結論に至らずと感じる）
第五章：「ある」と「いる」の違い、（無情/有情の区分では
不十分、一定時間後まで「ある/いる」状態でその後移動して
しまうと見通して「いる」のが「いる」である）
という重要な論考であり、正に助け舟になります。

8. [が]に対する意味の定義には至極納得しています。
　・広がりのある[が]の意味の真ん中が、
　:根源・物実にあたる「もの」に[が]が付けられるのです。
　・「[が]の根源付き」については正解だと解釈ができました。

9. 山口本の第四章：[が][は]の解釈は結論に到達できていません。
　・[が]がわかっても[は]がわからないからなのだろうか？
　意味の真ん中を射止めたい立場を堅持するからでしょう。
　（先行研究：[は]/[が]が主題/主語や既知/未知の識別を示す：は
　意味の端っこでしかないということ。ハズレになることも多い）
　現代一般日本人は、説明できなくても、
　・[は]と[が]の使い分けをほとんど無意識に行なえます。
　・[ある]と[いる]の使い分けをほとんど無意識に行なえます。

10. 例文：「誰[が]鬼なの？」：「鬼[は]誰なの？」
　「何[が]見つからないの？」：「見つからないの[は]何？」
　「どれ[が]好きなのだい？」：「好きなの[は]どれ？」など、
　疑問詞には[が]格助詞をつけて先頭におくし、
　返答を催促するのには文章を逆順にして
　述語文節に[は]係助詞をつけて、焦点を述語要素に移し、
　疑問詞を最後におきます。
　最後の疑問詞を返答内容で置き換えると回答文になります。
　問答文では「？[が]/[は]？」を多用しますが、
　[は]？を[は]～として、？疑問部分を説明すると回答文になるというわ
　けです。だが、少し工夫をします。
　～[は]の倒置文を正順文に直す工夫をして、
　・「こんど[は]太郎くん[が]鬼だ」、
　:「花子[は]スマホ[が]見つからない」、
　:「孫[は]ケーキ[が]何でも好きなんだ」、

・「～[は]～[が]」構文形式は応答文：回答文として十分な説明力が備わった文章を的確・簡潔に生成する。

・「～[は]」構文は後続に「状況、状態、事象の説明、評価を開示する内容を持つ」のが本務です。

11. [は/が]の違いや[ある/いる]の違いをひとまとめにして【抽象構文】にして考察するのは、山口本の本意ではなく「新手法」の勝手であって、当筆者の責任で論理説明すべきだと気づきました。

・「新手法」が問題にすべきことは、

人魚構文：「太郎[は]「:|予定」+[で]ある（:|～+である/だ/です）

明解構文：「太郎[は]「予定[が]」→ある。の解釈相反の理由を

明示することが必須条件であり、[は/が]問題と2本立てなのです。

12. 人魚構文：「:|予定」+[で]ある＝+である：判定詞。

明解構文：「予定[が]」→ある。＝ある：本動詞。

・同じ「ある」でも、である＝de[×]ar[-]u＝判定詞であり、

「:|予定」+である＝名詞：予定の終止形である。（名詞文）

・が→ある＝存在、実在を表す「ある」である。（動詞文）

・が→いる＝特定時間内では存在して「いる」。（動詞文）

13. つまり人魚構文の「ある/いる」問題は、

「である：判定詞/する：本動詞」問題と置き直して考えるのがよい。 本動詞は自立語として動詞活用節を生成できるから「述語律」は明確です。これを人魚構文とは思わない。

しかしですね、付属語：助詞/助動詞の活用節は独立した文節と認められていないので「しかしですね」のように自立語に付属することで始めて文節となる。

・判定詞自身は「述語律」を持たず、付属する自立語の「述語律」に任せきりなのです。（詳細は第五章に記述します）

14. 抽象構文構造：改めて構文型を再掲すると、

【抽象：～[は]/[が]+[する]/[である]…[が]/[は]+[である]/[する].】または、【[は]([が]+[する])[である]…[が]([は]+[である])[する].】

という形式になる。

・つまり、～[は]+[である]、～[が]+[する]の形式が抽象的基本単文だということです。

＝述語の2つの側面：[である：状態説明]、[する：動態叙述]、

で区別して表している、ととらえる。

・[である]＝名詞文：名称・措定・比較、形容詞文：性状・体感属性、などを表す。ものごとの静的側面の属性描写をする。

・[する]＝属性形容詞・動詞的用言：根源属性・動作・事象局面・進行完遂、など、ものごとの動的側面の進行・完了を描写する。

15. 抽象要素：[は]/[が]を具体的な意味になおすと、
日本語構文の描写視界の全体が見渡せることになる。

・[は]/[が]＝主部要素の主役・脇役・小道具：登場人・物の何に注目すべきかを明示する。

・[は]＝注目要素[は]の描写を「名詞文・形容詞文的に表現」することを示唆します。([は]＋[である]の形式が本筋です)

つまり、～[は]＝主[は]、客が/に/で[は]、対象を[は]、など
：登場人物のどれかを注目点に取り上げ、

または、用言修飾→を「の[は]」で受けて：連体底の形式名詞など
を注目要素に取り上げます。その後続に[である]要素として選択するのが、「誰/何/役職/性状/程度/条件/評価/判断...」などの
説明述語であり、それで応答・回答構文を作り上げます。

単文に収まらない場合、複数文にわたり～[は]の範囲網が続くことがあります。

16. ・[が]＝注目要素[が]の描写を「動詞文的に表現」することを示唆します。([が]＋[する]の形式が本筋です)

つまり、～[が]＝主[が]、客は/に/で[が]、対象を[が]、疑問詞[？が]のどれかを選択して「態/役目/動作/事象/属性/授受/疑問/...」の動的描写を述懐する構文を作り上げます。

17. もちろん、選択演算の形式：[は]/[が]＋[である]/[する]は
各個人の恣意的選択に任されるので、本筋[は][である]、[が][する]
/逆筋[は][する]、[が][である]の両形式が併存します。

・「言葉」自体が概念的に外延性を発揮して意味を広げたり、
内包性を発揮して意味を厳密化したり、2方向性を持ちます。

・[は]＋[である]形式は厳密化の方向性を示すのに適している。

・[が]＋[する]形式は外延化の方向性を示すのに適している。

つまり、～[は]で取り上げる「こと」は他と対比の優劣を表現するのではなく、それ自体の状態・性状を述べるのが本務です。

一方、～[が]で取り上げる「こと」は他との対比の違いを明らかにする結果を厭わない語り口になります。
（この[は]と[が]の対比違いの心裡的忖度、文脈差で併存します）

18. この[は]/[が]構文の考察は、第五章、第六章へ具体例の検証を交えながら続けます。

・[は]/[が]＋[である]/[する]の構造を「主部要素＋述部要素」として仮想的に視野を広げて類推の思考実験を述べました。

西欧語では、[は][が]が並び立つ構文形式が認知されていないので、西欧語文法に頼ってはいけないという山口本の視点に大いに共感します。

確かに西欧語では[は][が]などの(格)助詞を使わない言語も多いですが、人間の言語文法で近似的な概念把握が可能な部分があるのではないか。（英語で例えるなら、まず[は]/[が]が単独で作る構文を仕分けてみるなら、）

・～[は]文＝主語＋be助動詞～（haveの本/助動詞も含む）の構文、（be動詞＝繋辞:等価扱いでなく、補語は状態説明なのです）

・～[が]文＝主語＋本動詞～（do,take,make,say,...）の構文、に分類できるかもしれない、と近似するくらいの知恵を働かせてもよいのではないか。

・これくらいの知恵を働けせたのが【抽象構文型】です。

文節要素の選択演算方式というと、乗り越えようとしている
「本居宣長の歌合わせ比較法:本居手法」に回帰することなのか？
・文節内部の密結合膠着:（択一選択演算）
:語幹と語幹の膠着での[挿入音素:[/]]を選択演算する場合、
「ローマ字つづり」で音素分析します。これは「新手法」です。
（用言の膠着派生での択一選択は恣意的な選択を許容しません）
・文節の外部との疎結合膠着:（最適選択演算）
:自立語と付属語の疎結合[+]や文節と文節が+連結する場合の「単語、助詞、要素」の選択演算では「かな文字つづり」でも分析できます。

日常の発話であるなら「本居手法」が使えます。

　しかし文法分析なら、膠着構造の「意味の中心」を見つけ出す必要があります。意味の周辺領域の文例だけで解釈しては役立ちません。

・(最適選択演算)は次の㋐㋑2つの文法則で構成する必要があります。

㋐構文相選択：(四詞三活：(T/S/Y)[①連用形/②連体形/③終止形])

「主部要素＋述部要素...主部要素＋述部要素」の構文形成で

必要な膠着法則＝構文法則は、①連用形、②連体形、③終止形、

の3活用形を要素ごとに選択演算することです。これが重要です。

(②連体形、③終止形、以外は①連用形と仮解釈します)

体言も用言も「3つの構文相選択」により構文要素となります。

体言の①連用形＝[は]/[が]/[を]/[に]/[で]...などを択一選択します。

㋑終止形選択：(四詞③形：(M/My)③、(D/K)③、「述語律」を考慮)

・体言③終止形＝名詞・名容詞文(指定/事由-形式-措定/様態-推量/)、

・用言③終止形＝動詞文・形容詞文(態三系四態/属性三種)、

で構文終止法を選択演算することです。

・[は]/[が]＋[である]/[する]の構造を十分試せるように、標準的な文節要素の「組合わせ膠着」を構文形式で準備掲出しておくこと：

「要素の構文相配置の基本例を選定して「選択演算形式構文型」を準備することが重要です。

つまり日本語の「基本構文型」を選択演算形式で作り上げることです。

それなら「本居手法」を越えた「新手法」と言えるものが目指せる。

・[は]+[である]：概念・状態説明文、(名詞文、評価形容詞文)

・[が]+[する]：事象・動態叙述文、(動詞文、属性形容詞文)

という先行研究を洗練して「意味の根源・中心」を探りたい。

次章以降も「日本語の基本構文型」を探り続けます。

復習：「構文相」活用形について

1. 日本語は膠着語として「文章は切れ目なく続きます」
   勝手に空白をはさんで文章を書くと「脅迫文か！」と
   怪しまれます。
2. 意味や息継ぎのために、読点や、句点が入ることはあります。
3. 意味解釈上の一区切りの文の塊を「文の節目＝「文節」といい、
   文節+文節を繰り返して意味のある構文を生成します。
4. 文節＝自立語節＋活用節＋活用節の膠着であり、分割して意味を調
   べることができます。
5. 自立語＝動詞/形容詞/名詞/名容詞(=名詞形容詞=形容動詞)を
   自立語四品詞として本書であつかいます。
6. 活用節＝文節の内部構造での節目＝付属語：助詞/助動詞=接辞
   要素を活用節と呼び、これを膠着させて自立語を活用させます。
7. 膠着には膠着強度の密/疎の違いで、3種類：[/],[×],[+],があり、
   ・膠着の概念記号＝[#]：一般化した記号形式で表すと、
   文節＝自立語[#]活用節[#]活用節...で表現できます。
8. ・動詞/形容詞の活用は、膠着強度が最強の[/]派生を使います。
   自立語語幹[/]接辞語幹[/]接辞語幹...の密結合で活用形を生成。
   ([挿入音素]：[/]=[a/-],[i/-],[-/r],[-/s],[-/y],[-/k]の6種類)
9. ・名詞/名容詞の活用は、膠着[#]3種類を強度の弱い順から、
   すべてを使って活用節を生成します。([+]複合,[×]縮約,[/]派生)
   自立語単語[+]助詞([×]接辞語幹[/]接辞語幹...)が体言の活用です。
   (名詞については第五章で解説する)
   ・名詞/名容詞の活用形は、主部要素/補語要素の働きをして、
   ①連用形＝「単語[+](格)助詞=は/が/を/に/で/と/も/...」、
   ②連体形＝「単語[+]助詞=の/な/なの/...」、のほか
   ③終止形＝「単語[+]判定詞=である/だ/で(ありま)す/...」
   (判定詞＝[+]d(e[×])a(r[-]u)/[+]de([×]ar[i]ma)s[-]u/...)
   この①②③活用形は文章・構文を生成する上での
   必須活用形であり、特に名付けて「構文相3活」とします。
   (注：[×]縮約：前後の( )内を消音化も任意選択可能の意味)

10. ・用言：動詞/形容詞の構文相3活も同様に、
    ①連用形、②連体形、③終止形、が構文生成の必須活用形です。
    ・自立語「四品詞[#]活用節[#]構文相3活用節」の文節が推敲を
    経て複数個並べられて日本語構文ができあがる。

11. なお、用言文節の活用節は複数の接辞(活用節)膠着で構成される
    ことが多いので、最後尾の活用節に対して構文相を見立てる。

12. (国語文法は膠着[#]方式の原理的考察が欠落しています)
    ・体言は「活用しない」と定義してしまい、体言文節のあつかいを変テ
    コにしています。(名容詞＝形容動詞を活用すると定義
    するなら、名詞は同様に「体言としての活用形」を持つのです)
    ・用言は「活用する」と定義しますが、用言文節＝語幹+活用語尾+接
    辞の3要素と定義しても、かな文字解析では正確に3要素を切り出せ
    ません。音素単位に区切っての一般形式表記の「活用法則」を語れま
    せん。語尾でもないのに活用語尾とは何なのか？

13. 「新手法」による「四詞三活」構文相を用いた構文作成の方法を
    第五、六章で提起できると思います。
    ・補語③終止形の構文相：「主部律と「述語律」を併せ持ち、体言止め
    でも述語力を発揮します。付属する判定詞は「肯定/否定」の役目以外
    は述語律がありません。

14. 六章で選択演算式の1行構造の「基本構文型」の提案です。
    1行構造で「基本構文型」を提示できるのですから、楽なことです。(そ
    の代わり少しの文法力が必要ですが、演習例文を準備しておくなら、
    はじめやすいでしょう)

【要点整理】

1) 形容詞？の判定方法：
形容詞の活用形＝形容詞語幹[k]接辞語幹[/]接辞語幹...の密結合の膠着形
式です。
・-i-音末の単語で形容詞？と勘違い：好き/嫌い/違い/...など
動詞由来の-i-音末の単語を形容詞と勘違いするひとも多い。
・形容詞①連用形＝語幹[k]u-：副詞的／好き・く? /嫌・く?/違・く?、
・形容詞③完了終止形＝語幹[k]ar[0i=Q]ta／好き・かった?/嫌・かった？/違・
かった?、などの方法で自己検証をする習慣が必要です。

（好き・でした/だった/でありました、違・った/違い・ました）

2）形容詞[+]判定詞：[+]g(e[×])ar[-]u＝+がる？

・形容詞③終止形/②連体形[+](の)判定詞：は成立します。

・うれしいY②…(の)S③です/(の)だ：感情説明文（…"です"なら直結できます）
この判定詞なら広く使えます。

（動詞でも、動詞②連体/③終止[+]の判定詞＝書ける[+]のS③です/の③だ、
で説明文形式にできます）

一方、形容詞につける"がる"は接辞とみるか、判定詞とみるか？

・uresi[+]g(e[×])ar[-]u＝うれし・がる、/暑・がる/痛・がる/懐かし・がる/…本人
が付け-た-がるのは接辞で？、他人がつけるのは判定詞？か。

第五章　新文法の名詞述語形式

5-1. 名詞(名容詞)の自立活用形：構文規則の啓発

5-2. 名詞(名容詞)の終止形：判定詞の活用形

5-3. 名詞(名容詞)文のしくみ：補語述語文節

　1)名詞文は補語活用の終止形

　2)補語活用形から「述語律」を誘導する

　＜①指定律(名付け規律)：補語終止形＞

　＜②措定律(当てはめ規律)：補語終止形＞

　＜③推量・伝聞律(推定・伝聞状態の規律)＞

5-4. 判定詞のいろいろ

　＜判定詞の同類を調べる＞

　＜名容詞につく判定詞＞

5-5. 名容詞と形容詞の違い

　＜連体形、連体詞、形容詞など＞

5-6. 名詞(名容詞)文の「主部律「述語律」

　1)「主部要素の範囲」は「直列入れ子型カギカッコ」記法で明示

　2)文法上の工夫：措定補語を自律活用させる

　3)解釈の工夫：名詞文を人魚構文と見立てない論理

　＜日本語の基本構文を探る3：文型の一般形式表記＞

　＜選択演算式基本文型とRPNスタック記法との類似性＞

　＜「人魚構文」の本当の意味は？＞

　＜言葉の二面性による解釈で＞

　＜判定詞：であるの意味の真芯＞

　＜[は][が][の]：係助詞/格助詞/連体助詞の意味の違い＞

　4)構文上の工夫：単文、複文、「～は～が」構文

　＜基本構文型による構文生成＞

　(単文生成 / 複文生成 /「～は～が」構文生成)

　＜「は/が」構文の解釈方法＞

【要点整理】。

5-1. 名詞(名容詞)の自立活用形：構文規則の啓発

まず、名詞・名容詞の活用について考察します。

5-1.表＜名詞・名容詞の自立活用形：用言と比較＞

活用形	名詞	名容詞	形容詞	動詞
語例:	春[+]	静か[+]	uresi-	makas[-]e-
否定形	*1 連用形から:　では +na[k]0i		[k]u[-]na[k]0i 嬉しくない	[a/-]na[k]0i 任せない
促進形	*1　に +si[y]ou		[k]u+si[y]ou	[-/y]ou
連用形 *1	は/が/に/で/を/と/ には/では/とは,		[k]u[-]te, 嬉しくて	[0i=INQ/-]te, 任せて
終止形	+判定詞:です/だ/…		[k]0i.	[-/r]u.
連体+ 判定詞	(状態)なの [+]です/だ/…		[k]0i [+](の)です/のだ	[-/r]u [+]のです/のだ
連体形	(実体)の / (状態)な(の)		[k]0i	[-/r]u
実現形	—		[k]ere-	[-/r]e-
仮定形	+なら		[k]0i+なら	[-/r]u+なら
命令形	*1　に +si[r]o		[k]ar[-]e	[-/r]e/o

　　5-1.表の「名詞・名容詞の活用形」は、「動詞・形容詞の活用形」と
比較しながら日本語の構文規則に適するように並べたものです。
「新文法」で提言する名詞活用法の概念に沿った形式です。
1. 国語文法では「活用概念に膠着種別[#]を超越できず」、
   用言や名詞・名容詞の活用形を同類の表枠で表現する
   発想ができていません。
2. 「新文法」での解釈：自立語節[#]活用節で活用形を作れます。
   :名詞・名容詞は自立語の体言単語であり、
   膠着には体言単語と助詞を並べ置く疎結合の[+]複合が使われ、

体言[+]助詞の形式や体言[+]接続助詞の形態で活用形を作り、
後続の述語文節へ連結します。

例：「春[+]は/が/に/の、「元気[+]な/の/で/に、」：
：体言[+]助詞の構成で、名詞・名容詞の連用形(格)、連体形(格)、
の機能とみなす文法則を提起します。
（第二章2-2、第四章4-4に、文節＝自立語節＋活用節と解説あり。用言の
活用節と体言の活用節では膠着のしくみが違いますが、
構文内での活用機能は同じです。
特に構文構造に関係する活用節＝①連用形、②連体形、③終止形の
3つを「構文相活用節」として構文の解釈指標であつかいます）

　文章中で名詞・名容詞を使うとは「この活用形で文意をつなぐ」ことです。動
詞や形容詞と対等な活用形一式があるのです。重要です。
3. 名詞・名容詞の①連用形＝体言[+]は/が/を/に/で/と/...
　　：名詞/名容詞[+](格)助詞の形態で
　　構文中の「主部要素：登場人・物の役割」を果たす状態を
　　（連用格/)①連用形と命名します。
　　・表中の*1否定形、*1促進形、*1命令形とは、連用形につながる範疇
　　にあると見なします。
　　・また、①連用形は、用言文節だけでなく「文＝文節＋文節...」にも連
　　結ができ、「構文」を作ることができます。
4. 名詞・名容詞の③終止形＝体言[+]である/だ/で(ありま)す...
　　：この③終止形文節を名詞文(補語文)の定義とします。
　　・補語③終止形の体言部分＝主部・補語要素であると同時に、構文に
　　対する「述語律」を発揮します。（体言止めに応えるため）
　　・後続の判定詞には「述語律」はありません。（「肯定／否定」の表現
　　だけです）
5. 判定詞＝[+]助詞[×]接辞語幹[/]接辞語幹の形態で、
　　「です、だ、である、であります、でございます、でござんす」などを総称
　　して判定詞と呼びます。
　　・である：[+]de[×]ar[-]u、だ：[+]d(e[×])a(r[-]u)、
　　・であります：[+]de[×]ar[i]mas[-]u、です：[+]de([×]ar[i]ma)s[-]u
　　・でございます：[+]de[×]gozar[0i]mas[-]u、

・でござんす：[+]de[×]gozar[0i=N](ma)s[-]u、
のように助詞de[×]接辞語幹…の縮約[×]膠着で造語してあります。
（縮約範囲を（　）で示した）
・助詞「で＝に・て」からの転生で、「にて・ある＝で・ある」となったもの。「重要にて・ある＝重要である」を意味する。
・判定詞は構文主部要素に対して直接規律するような
「述語律」を持たず、「肯定/否定」の付属的終止詞です。
（主部の述語でなく、発話者、記述者の内心判定・断定の表出
です。体言止めでなく報告文節に整えるものです）
・判定詞は付属語の活用節ですから名詞/名容詞の連体形や形容詞
や動詞の連体形・終止形に付属して「事由説明的」に文章を締めくくり
ます。重要である。

6.　名詞・名容詞の②連体形：
　　：名詞（実体）[+]の、名容詞（状態）[+]な、
　　の使い方が連体形です。
　　例：「春の「花」「元気の「源」「元気な「歓声」のように
　　後続の体言を修飾します。
　　・名詞連体形の使い方：
　　：たとえば、連続使用して「名詞連体形の連続構文の機能説明の学習
　　書の有無の調査」のような表現は結果的に名詞連体形による叙述用
　　法と解釈できるでしょう。

7.　已然・実現形：
　　：名詞・名容詞に已然の動作相はないので、空欄とします。

8.　名詞・名容詞の仮定形：
　　：「〜なら：[+]n(i[×])ar[a]」の使用を推奨します。
　　仮定の前提条件なら「〜なら」で表現します。
　　・「〜なら」だけでOKとし、「〜ならば」としない。
　　「＋ば」をつけると「〜なれば」も使いたくなります。
　　それをぐっと抑えて、仮定形＝「〜なら」とすることで、
　　已然を持ち込まずに新しい仮定法を定着させられるでしょう。
　　（〜なら：仮定接辞は動詞/形容詞の終止形にも連結できます）

9.　以上のように、名詞と名容詞を体言として同類に扱うことと、

構文中では名詞の活用形も用言と同様の構文相をもって活用することを提起しました。また同時に、名詞終止形の機能：「判定詞を除いて体言だけでの述語律」を想定することを勧めたい。
（「名詞述語律」は5-3節で詳述する。 5-1表, 5-2表,5-3表は構文相活用形として、最終5-6節で演習します）

5-2. 名詞(名容詞)の終止形：判定詞の活用形

まずは名詞文、判定詞についての考察を開示してみます。

1. 名詞は述語になっても、名詞[+]助詞[×]接辞語幹[/]接辞語幹...の膠着形式であり、名詞単語と助詞単語の膠着には[挿入音素]の挿入ではなく、ゆるやかな複合[+]、並べ置くだけの結合です。
名詞部分は体言単語であり派生[/]膠着ではないのです。

2. 一方、後続の付属語述語＝助詞[×]接辞語幹[/]接辞語幹...のほうは目一杯の蜜結合：縮約[×]、派生[/]の膠着で活用派生します。

3. 同様に名容詞(形容動詞)も単語のままで述語になります。
形容の属性程度を名詞化した単語が名容詞ですから、
意味的には、形容詞的ですが形態・言葉は名詞です。
名詞としての活用形を持ちます。

4. 名詞活用形＝体言[+]助詞[×]接辞語幹[/]接辞語幹...が一般形式ですが、体言後続の要素：[+]助詞[×]接辞語幹[/]接辞語幹...で、特に終止形：です/だ/である(＝にてある)...を構成する形態を「判定詞」と呼びます。

5. すでに現代文法には「名詞文＝名詞＋判定詞」と提起する学者があり、一定の支持層があるようです。
「新文法」ではさらに補強概念を構想しました。
・名詞文＝「体言(名詞)：主部要素のうちの「補語要素」に、

+「判定詞：述語律のない付属語述語」を連結したもの。

6. つまり、名詞文＝補語文＝(主部要素)＋補語要素＋判定詞の構造を
　　想定します。 会話の場での応答文としては、補語要素が返答の核心
　　的な意味を持ち、「補語の名詞種別用途に従い構文を規律」し、「述語
　　律」を発揮します。

　　例：「これは「＝|重要書類」＋であります。：
　　：「重要書類」は「主部要素であり、かつ補語要素」であり、
　　かつ述語として「＝|名前付け/立場付けをする自律性の働き」を発揮し
　　ます。「これは「＝|重要書類」。：体言止めでも文意は伝わりますから、
　　「＝|補語体言」に対して「自律の述語律＝|」を与えるが、「＋判定詞」には
　　「構文に対する述語律」がほとんど存在しない、という考え方を採用し
　　ています。

　まず「判定詞の活用形」から確認していきましょう。

5-2表＜判定詞述語：です、である、だ、の活用形＞

判定詞 ：構造	＋です：+de([×]ar- [i]ma)s[-]u	＋である： +de[×]ar[-]u	＋だ： +d(e[×])a(r[-]u)
否定形	＋de[×]ar[i]mas[-]en、 *1 ＋dya+ar[i]mas[-]en		*1 ＋dya+na[k]0i
促進形	＋des[y]ou	＋de[×]ar[-]ou	＋d(e[×])ar[-]ou
連用形	＋des[i]te	＋de[×]ar[0i=Q]te	＋d(e[×])ar- [0i=Q]tar[i]
連体形	*1 ＋の/＋な	＋de[×]ar[-]u-	*1 ＋な/＋の
仮定形	*1 ＋なら	＋de[×]ar[-]u+なら	*1 ＋なら
命令形	―	＋de[×]ar[-]e	―

注：記号*1のついた枠は、判定詞の活用ではありません。

（一応、判定詞活用とは、名詞単語に判定詞要素が直接連結することを
条件にしています）

・「判定詞」の基本形：次の3種が基本です。
：である、だ、です、（であります、）
＝[+]de[×]ar[-]u, [+]d(e[×])a(r[-]u),　[+]de([×]ar-[i]ma)s[-]u, などを
判定詞と総称します。
（縮約[×]は(　)付の広い範囲で発音省略が起きます）
・名詞活用の連用形に付属する[+]de[×]waの縮約？＝[+]d(e[×])ya=dyaは、
判定詞の一種かもしれません。（+dya+na[k]0i：形容詞文と見立てる）
・名詞連体形＝+の/+な、名容詞連体形＝+な/+の、仮定形＝+なら、は
　名詞・名容詞の自立活用と見立てる。
（なら：仮定接辞として動詞、形容詞、判定詞の終止形にも付属する）
・促進(推量)形＝des[-/y]ou=des[-]ouでなく、des[y]ouが定着。
（同じくmas[-/y]ou=mas[-]ouでなく、mas[y]ouが定着）

　判定詞は発話者がそれぞれの立場で断定、判定を表現する言葉なので縮
約の変化形が数多く共存しています。
（文の主体が判定詞と直結し規律するのではありません）
・判定詞にはもう一つ、「でございます：de[×]gozar[0i]mas[-]u」の言い方もあ
りますが、活用表は割愛しました。
判定の強さや確実さには違いがありません。
・判定詞「です、だ」には「ある」の音素がないので
報告口調に聞こえて都合がよい。
・一方「である、であります、でございます」には
「ある」の意味が含まれるので結果文口調を感じさせるから、
確実に共感してもらうのに適する判定詞であります。

5-3. 名詞（名容詞）文のしくみ：補語述語文節

　名詞・名容詞の活用一覧：5-1表、5-2表を作成しながら、
「用言の活用「体言の活用」を深く比較し考察しました。
・また、構文内の「主部要素の役割と「補語要素の役割」の違いを
どんな形で可視化するとよいのかを考えていました。

・概念的な補語文節の考え方を5-3表に記載します。

1. 構文内での主部要素:体言:Tは、登場人物「主/客/対象」の役割で先行文節として配置されます。
2. 補語体言:Sは「体言・主部要素の一部」だが、後続要素として配置されます。
3. つまり、「先行:主部要素(＋修飾述語)…後続:補語＋述語」のような構文形式を想定できます。
4. 先行文＝体言:T、用言:Yのどちらも①連用形/②連体形の構文相活用形が使えます。
   （文途中では③終止形を使わない前提で想定するので）
5. 後続文＝補語体言:S、用言:Yのどちらも①連用形/②連体形/③終止形の構文相活用形が使えます。
6. 構文構成の上記の条件を組み入れて、5-3表に「補語:Sの位置づけ」を表現してみました。
7. 補語:Sは「目的語/対象語」のほか、先行②連体形の修飾を受ける被修飾語＝連体底:soko の役目も重要なので、sokoに因んでS記号をつけました。

1）名詞文は補語活用の終止形

まず、5-3.表:補語活用形の述語律/律記号を開示します。

5-3表＜名詞(名容詞)文:述語律と律記号:補語活用形＞

先行文節 (主部要素)	後続補語:S の述語律	律 記号	補語の選択:名(容)詞、 形式名詞/接辞		補語の活用形 （構文相選択）
・主部要素 ＋ 連用形 T① ・主部要素 ＋ 用言連体形 T①-Y② ・名詞連体形(の/な)、 T②	1.指定自律 （名付け）	=|	固有、 役職、	名詞種類で述語律が決まる。 活用形一→を選択し連結する	①連用形: +は/が/を/に/で/と/…(格)助詞
	2.措定自律 （当てはめ） （態応自律）	:|	事由、 措定、 形式、		②連体形: +の/な/なの…
	3.推量・ 伝聞自律	;|	よう、 そう、	/らしい、 /べき、	③終止形: +である/だ/です …(+判定詞)

注:先行文例(「T①/T①-Y②/T②」)に＋「S:3種の述語律」の名詞

152

から選択して、さらに補語活用形①/②/③を選択する。

例:「桜はT①「=|花S③」+ですね。（会話応答文の流れの一言）
: 即答文で補語③終止形だけが後続する例です。
1. 補語「=|花」の③終止形では、述語律には①指定律=| /②措定律:| /
   か、どちらかを推定することになります。
2. 一方、補語を①連用形に、「花がS①「:|印象的S③」+です、
   と追加説明すると、「述語律」は「:|印象的S③」に移っていき、
   「花」の述語律役割が急速に消えてしまいます。
   「:|印象的S③」が事由説明の「措定律」の機能をしっかり果たします。
   （と解釈します）
3. 5-3表は以上のような場面想定を盛り込んだ表枠設定であり、
   名詞文の「述語律/律記号」まで含めての
   「補語活用形選択:連用/連体/終止」を明示するものです。
・特に補語文＝補語③終止形(補語＋判定詞)の形態で
構文終段で使われるから、文意を決める「述語律」を任されます。
つまり、補語③終止形は「動詞の自律動作」に類する「自律性」を果たします。
（③終止形以外や判定詞は「述語律」を持たないと解釈します）

---

2)補語活用形から「述語律」を誘導する

  まず、名詞文の特徴をわかりやすく述べます。
1. 名詞文は質問事項に応答する形式から生まれたような構造です。
2. 場面がウナギ屋さんなら、質問が「ご注文は何でしょう」であることが
   深層文脈だと意識される。応答文は、即答文なら
   ・「僕は(「なに？を→注文？)...「:|ウナギ！」+で(に-し-ま)す。
   （疑問語:なに？... :|ウナギ！:解答語）
   :質問事項の何？に対して応答の補語③終止形のみで即答する。
   ・回答文:「僕（の「注文)は「:|ウナギ」+です。 または
   「僕（が→注文したい「の)は「:|ウナギ」+です。

: 質問事項の（注文）を先行配置し補語③終止形で回答する。

3. もし質問が「ご注文、何にいたしましょう」であるなら、

　　・陳述文：「僕は「: |ウナギ」+に(-し-)たい。または、

　　「僕は「(:|)ウナギ」+に(-決め-ま)した。

　　: 陳述文では返答の補語①連用形から後続に用言文を使って締めくく

　　ります。（用言活用を端折ることは少ないですが）

4. 判定詞の”で・ある”＝にて・ある、を拡張して考察すると、

　　に(-し-)て・ある＝に(-し-)て・あります＝に(-し-)ますのように、

　　用言③終止形への汎用形に変わる裏技が使えます。補語名詞に付

　　随する動作を完遂した状態が表現できるということです。

　　・返答に少し迷うと、＝「ウナギに」→しようかな？

　　と用言文で言いますが、

　　＝「: |ウナギ」+でしょうか？とは言いません。

　　即答にしては他人事のような表現になるからです。

5. だから「僕は「: |ウナギ」+です。の言い方は、決断的/断定的な内容で

　　あり、「僕は/: |ウナギ」両方の項目が質問の「何？」に対する適確な返

　　答項目：言い当て/応答語/措定語であります。

　　特に「: |ウナギ」は質問の「何？」を解答に置き換える重要な

　　「措定語」です。質問に返答する「普通名詞：措定語」です。

6. 「春は「: |あけぼの」。「武士は→食わねど「: |高楊枝」。

　　古くから「補語の体言止め」が使われており、

　　「春：:|あけぼの」や「武士：:|高楊枝」を想わせる即物的な解釈の便利

　　さと、文脈が示す「事態に如何？に態応するのか」を端的に表現する

　　「措定語」の面白さを学んでいるはずです。「実体と「措定補語の「主

　　部律」は両者の「態応付け/事由付け」をする。

（措定：春の一番はあけぼのの刻、武士の品格は見栄の高楊枝）

・一方「判定詞：＋です／だ／であります」は構文に対する「述語律」を持たないのです。つまり補語③終止形の補語は潜在的に「自立語としての「述語律」を発揮することが求められます。

聞き手も「補語の果たす役割」を察知する態勢が必要です。

・応答文の補語は、回答文の先行修飾句を受けたり、

叙述文の後続用言に先立つ主部要素であったりの二重の役目を

潜在的に担っているのです。

これは文脈の中、会話の場でなら相互理解が簡単にできます。

5-3.表の補語活用形を参照しながら「補語の述語律」を解説します。

補語名詞の種別と用途で「述語律」を区別・識別する方法をとります。

①指定自律、②措定自律、③推量伝聞自律の3つに大別できます。

＜①指定自律(名付け規律)：補語終止形＞

①指定自律（名付け規律）：律記号 ＝| 。（用途は明確です）

：実体に名前をつける、役割名称を名乗るなどの構文規律です。

補語名詞には「固有名詞、役職名詞、分類名詞」などを使い、

主部要素の所属範疇を指定するので「指定自律」としました。

例：「これは「＝|ペン」＋です。：名詞文。

1. 「＝|ペン 」＋です、と名前付けする役割です。

   決して「これは＝ペン ＋です」と、等価合同を表現する規律ではありません。「これと「＝|ペン」との関係説明であり、ペンには「名前付けの「述語律」が内包されています。

2. 「これは「ペンと」→呼びます、：動詞文。

   「これで「ペンが」→見つかった、：動詞文。

   ：補語「ペンが」は主部要素でもありますが、

「半日探してようやく気に入った…」という潜在文脈を受けての後続文
節かもしれません。（動詞文がつながるなら文意は安定します）

例：「吾輩は「＝|猫」＋である。：名詞補語文。

：名前持ちなら「猫の「＝|固有名詞/＝|愛称」＋である、としたはず。

・「ここが「＝|ディズニーランドなの」＋ですか？

・「あちらが「部長の「＝|〇〇」＋です。

・「これは（「あの筆跡の）「＝|ペン」＋ですか？

：名前づけ/役名づけ/分類づけ、などの「＝|関係付け」をします。

＜②措定自律(当てはめ規律)：補語終止形＞

②措定自律（当てはめ規律）：律記号：| 。

：先行文節を受け止めて、補語体言：普通名詞により解答する、

・先行文節を事由名詞や形式名詞で承けて判断につなぐ、
　疑問や事態に応える名詞などの構文規律です。

名詞には「事由名詞、形式名詞、普通名詞」などが使われ、

構文主部の一部の「：|補語要素」になります。

1. 事由名詞：：|(はず、つもり、わけ、ため、）（用途が明確）

2. 形式名詞：：|(なの、の、こと、もの、とき、）（用途が明確）

3. 普通名詞：：|(予定、計画、習慣、うなぎ、）（事態に応える用途）
   など、ほとんどの名詞形態・名容詞形態が措定補語に使われる。

4. 措定補語：当てはめ・態応の「述語律」を汎用的に想定しておくのは難
   しいですが、判定詞：”に(-し-)て・ある”が付属すると考えると、「措定す
   る状態になって安定してある」が「汎用的」か。

   ・助詞：で＝にて；が由来というが、助詞：に- の使い方に注目すると、
   多数の用例がある。

   に-し-て、に-おい-て、に-よっ-て、に-従っ-て、に-関し-て、に-比べ-て…

などのうち、に-し-て＝にて＝で、が一番汎用的に解釈できそう・に(感じ)て・ある。(事態に対応的な動作意図を含む)

例：普通名詞「予定」を補語措定語とする場合、事態応答の用途を見出す一般的方法はありません。　応答文の文脈として用途を特定する必要があります。　"「:|予定」+です"の意味を文脈に即して考察すると、

・「太郎は(「なぜ？「大阪に→行く？)...「:|予定」+で(に-決め-てありま)す。　...「:|予定」+で(に-し-てありま)した。とかを想像する。

つまり、「予定」を動作名詞：あらかじめ決めておくこと、と解釈すべき文脈なのです。予定した計画内容のことではありません。

・逆にいうなら「:|予定」の第一義は「予め定めておくこと」であり、/「予定の計画内容」に思いをはせるのは第二義：言葉の二面性です。

・措定語(当てはめ語)の二面性は、発話の場にいる人々には文脈が判っているので誤解が起きないが、文章を書き起こすには工夫を要します。

　「補語の述語律」を助けるのは、後続する「判定詞」でもあります。

・判定詞＝[+]である＝[+]にてある＝[+]に-し-て-ある＝に[×]s[i]te[+]ある＝[+]に([×]s[i])te[+]e[r]e[r]u＝にて[×]ar[-]u＝[+]で[×]ある＝「:|予定」が[×]結果で実現して「ある」、という意味に解釈できる。

・なる判定詞：[+]n(i[×])ar[-]u＝結果が今の状態になるという意味で、

・である判定詞：[+]de[×]ar[-]u＝この結果を完遂した状態であるの意味だろう。結果に対する動作相や時空相に違いがあり、である判定詞のほうが長い経過時間を耐えうる判定だと思える。(判定詞は構文主体の動作相に関与しない。発話者の立場での判定詞である)

　②措定自律は実体や事象に「当てはめ措定補語」を補って、(質疑)応答や事由説明、報告通知の文章に述語規律を整える機能を発揮します。

・本来、事象文が先行してその後に措定文：補語活用形が続くという複文構造で発話するのが判りやすいはずです。（回答文形式に相当）

＜③推量・伝聞自律(推定・伝聞状態の規律)：補語終止形＞
③推量・伝聞自律：律記号 ; |　。(用途が明確)
：先行文節に「+らしい/+よう/+そう/+べき」などの
「推量補語や「接辞」を補うことで推量や伝聞であることを
明示する規律。

    1.　様態名詞：;|(よう、そう、)
    2.　推量接辞：;|(らしい、べき、)、(でしょう、だろう：促進形も可)

例：「彼も「;|ウナギ」+でしょう。
  ：(判定詞の促進・推量活用形)
・もう「;|十分」+だろう。
  ：(促進・推量活用形)
・「彼は「大阪に→行く「 ;|そう」+です。
・「;|そう「 ;|らしい」+です。
・いや→行く「;|べきなの」+でしょう。
・「彼は「饅頭が :<>こわかった「;|よう」+ですね。
・「;|そう、おまけに「お茶も 」:<>こわくなったし、、、

③推量・伝聞自律は実体や事象(終止形に限らず事象概念)に明示的に、推量接辞や様態補語を補うことで推量説明や伝聞説明の文章規律に整えます。固定的な説明付け用語ですから比較的に判りやすい表現です。

  以上、補語活用形の概略を解説をしてきました。
・補語終止形での構文相を中心に解説しました。終止形が「主部律と「述語律」を兼ね合わせた働きを発揮すると説明したいためです。

5-4. 判定詞のいろいろ

　名詞文の構成を「名詞＋判定詞」として解説してきました。
・まずは「名詞＋判定詞」の構成で先史時代から使われてきた同類の判定詞
を追加確認しておきましょう。

＜判定詞の同類を調べる＞
　判定詞の同類をしらべてみよう。
1. ・判定詞＝de[×]ar[-]u である、
　　:「助詞＋ある接辞」の構造に注目して拾いだす。
　　古語時代は「あり：終止、ある：連体」が基本形であったが、
　　現代は「ある：終止、連体」が基本形です。
2. ・ある：ar[-]u：動詞、補助動詞、受動態接辞、
　　:受律完遂結果がある、在る、有る、ある。
3. ・かる：[k]ar[-]u：形容詞のカリ活用（述語化）接辞。
　　:←[k]u+ar- からの移行で変化したともいえる。
4. ・がる：[+]g(e[×])ar[-]u：・たがる：ta[+]g(e[×])ar[-]u：
　　・こわがる：kowa[+]g(e[×])ar[-]u：
　　:他者のた・げ、こわ・げ、があるのが見て取れる
　　という様子を表現する補助動詞。
5. ・ざる：D[a/-]z[-]ar[-]u：打消しの補助動詞。（D：動詞語幹）
6. ・～にざる：[+]ni[+]z(o[×])ar[-]u：古語：にぞあるの縮約。
7. ・たる：D[i/-]t(e[×])ar[-]u：完了述語の「た、たり、たら」接辞。
8. ・たる：[+]t(o[×])ar[-]u：体言に付属する付属語述語。判定詞。（例：
　　堂々たる態度）比喩的、静的な評価判断の判定詞。
9. ・なる：[+]n(i[×])ar[-]u：体言に付属する付属語述語で判定詞。（例：遠
　　大なる計画）即時的、動的な属性の程度判断を述べる判定詞。
10. ・な：[+]n(i[×])a(r[-]u)：体言、特に名容詞に付属して
　　連体修飾形として機能する接辞。
　　（盛大な、危険な、元気な：[+]n(i[×])a(r[-]u)）
11. ・(な)のだ/(な)のである：[+]n(i[×])a(r[-]u)[+]の[+]d(e[×])a(r[-]u)、
　　:体言を受けて状況判定詞の機能を果たす：「本当な「:|の」だ。
　　:用言連体修飾を受け止め、状況判定詞の機能を果たす、
　　:「太郎は「大阪に→行く...「:|の」＋です。

12. ・(なさる)なはる：D[i/-]nas0h[-]ar[-]u：・(な)はる：-h[-]ar-
：「書きなさる」の上方、京都圏での敬体表現の助動詞が変化、
：書き(な)はる→kak[i/-](nas0)h[-]ar[-]u が後発で生まれた。
（s0h→s=h の音素交換してh音で発声する。
これと逆に関東人には、h0s→h=s 交換があり、単語内で
ひ→し発声になる）などの例もある。
　以上のようにいろいろな「ある」派生語がある。
このうち「かる、たる、なる」についてもう一度確認しておこう。
　　　　・形容詞活用「かる」の現状の運用では、[k：挿入音素]との結合なの
で形容詞語幹と密着しているから、形容詞の用言文節と解釈して問題
ない。先史時代では形容詞語幹[+]k(u[×])ar[-]u の形態から生まれた
のかもしれないが、(シ)ク活用のK[s]i,K[k]0i, の使い分けもあり用言化
への努力があったのは間違いないでしょう。
　　　　・一方「たる、なる」は体言・名容詞と疎結合する付属語述語文節なの
で、判定詞「である」文節と同様の扱い方が必要です。

＜名容詞につく判定詞＞
　名容詞に付属する判定詞には、「たる、なる、である、(だ)」の3種類
です。
　1. たる判定詞：My[+]t(o[×])ar[-]u ＝ My[+] たる：たる修飾形。
　　　例：堂々たる態度：「たる判定詞」をつけて表現するのは、属性の堂々
　　　さが叩けば落ちるようなものでなくしっかり身についたものであること
　　　を表現したもの。（堂々なる態度ではない）
　2. なる判定詞：My[+]n(i[×])ar[-]u ＝ My[+] なる：なる修飾形。
　　　例：元気な(る)子供、丁重なる招待状：「なる判定詞」をつけた表現は
　　　行為属性の印象的特徴を拾い上げたもの。
　　　移ろい易い形容程度の一時的な状態を「～にある」と表現したものと
　　　推測する。
　3. である判定詞：My[+]de[×]ar[-]u ＝ My[+] である：である修飾形。
　　　例：元気である子供、丁重である案内状、？堂々である態度：「である
　　　判定詞」は属性の特徴を名詞概念化して認定するような修飾形です。
　　　「～にてある＝である」の意味で、なる判定詞よりも確定的・継続的な
　　　状態を示唆します。

以上の解釈を踏まえて、3種の判定詞を並べて比較してみよう。
例：①親たる者は〜、②親なる者は〜、③親である者は〜、：
　①〜たる：資質や資格、心構え、一定の完成度を求める判定詞。
　②〜なる：属性状態にあることを言明する判定詞。
　③〜である：属性状態を継続して保つことを言明する判定詞。
例：親切は他人(ひと)の：|ため +ならず。(他人の：|ため+にあるのではない、
自分の：|ため+にある→継続して自分の：|ため+である)
　日本語は「ある」動詞を動詞、補助動詞として、さらに自他交代接辞、態接
辞として大活躍させるので、動詞使いは身についているでしょう。
しかし、判定詞の位置付けでの学習は十分でないので、
時々「判定詞のいろいろ」を思い出してほしいところです。

5-5. 名容詞と形容詞の違い

　新文法では形容動詞を名容詞と呼称し、名詞の仲間に加えます。
1. 名容詞の形態は名詞単語と同様に自立語だが語幹活用しないから、
　　単語のまま形態変化はしていない。
　　意味は「実体の属性状態の程度・強弱・優劣を表現する言葉」を名詞
　　化したものであり、属性の変容状態を抽象表現する用途に適した言
　　葉です。(形容程度の違いを名容詞が受け持つ)
　　・名容詞、名詞の活用形は[+]助詞([×]接辞[/]接辞)を連結して構成
　　する。
2. 形容詞を「い形容詞」、名容詞を「な形容詞」と呼称する感覚も分から
　　ないではありません。
　　さらに名詞を「の形容詞」と呼ぶ見方もあるようです。
　　・名詞・名容詞・形容詞には「広義の物の性状・状態」を描写する共通
　　の側面：連体相があるという言語感覚は大切ですが、膠着活用の差
　　にも注意したい。(5-1表参照)
　　・名容詞を修飾するのに、副詞か/形容詞かどちらを先行付加する
　　か迷うのだが、副詞を使うのが無難かもしれない。
　　終止形には形容詞で修飾しても印象的な表現になるようです。
3. 属性変容が起きやすい表現：

元気、親切、丁寧、にぎやか、盛大、ゆかい、楽観的、建設的、演繹的、など人間行為の状態属性に関する単語がこの種の名容詞です。

4. 属性変容が継続的な表現：
堂々、鬱蒼(うっそう)、ゆうゆう、ようよう(洋々、揚揚？)、など自然物の強い属性を反映する名容詞が多い。

＜連体形、連体詞、形容詞など＞

・名容詞でも、属性程度でなく着眼を性状面だけにしぼった使い方の場合は、「元気の源、親切の手本、」など名詞の連体形と同型となります。

・また逆に、名詞実体でも属性の状態・位置付けを強調するときは、「彼の親は〇〇学校の :|校長なの ＋です」と事由説明的に言います。「:|校長 ＋です」より「:|校長なの ＋です」のほうが言外に状況説明の気持ちが伝わります。

・また、通常は形容詞であるのに修飾専用形になった単語もあり、連体詞という品詞：大きな、小さな、おかしな、こまかな、やわらかな、などがあります。

「大きい、小さい」の連体形よりも、「語幹＋な：K[+]n(i[×])a(r[-]u)」の名容詞連体形に近づけた修飾専用の連体詞といえます。

・形容詞述語文節は終止形、連体形のままで判定詞「＋です」で連結して報告文の体裁をとることがあり、用法が名容詞と近似の発話になる傾向があります。

・学校文法では「活用しない体言」と同様に扱われる：副詞や連体詞、感動詞、接続詞も「自立語の仲間」です。

日本語の膠着方式を正確に見抜けるなら、「新手法」のように
・用言の活用＝自立語語幹[/]接辞：助動詞語幹[/]接辞語幹…、
・それ以外の自立語の活用＝自立語単語[+]助詞、[+]助詞[×]接辞語幹[/]接辞語幹…、がすべての自立語に適用されるのです。

・なかでも、体言は主部/補語の機能をになうので、構文相活用形をしっかり身につけることが大切です。

5-6. 名詞(名容詞)文の「主部律「述語律」

　構文内での名詞は、主部要素、補語要素を構成します。

・「主部」「補語」は構文中の「登場人・物」に相当し、
　文章上の役割(構文相)を「名詞の活用形」で明示しながら、
　述部要素:用言文節の役割(構文相)と連結して
　「事象の叙述」や、補語文として「状況説明」をおこないます。
・主部要素の捉え方を、1)項に解説します。(小技の解説です)
・補語要素の捉え方を、2)項に解説します。(小技の解説です)
・「人魚構文」を「新手法の「基本構文」の考え方で
　解析する方法を、3)項に解説します。(小技の解説です)
・「日本語の基本構文:選択演算式一般形式表記」を、
　4)項に解説・演習します。

　構文の考察には、文要素の活用形＝構文相の概念が必要です。
・体言 T:名詞・名容詞、用言 Y:動詞、形容詞、ともに
　①連用形、②連体形、③終止形、の使い分けで構文を作ります。

1)「主部要素の範囲」は「直列入れ子型カギカッコ」記法で明示

　構文解析の初めに「主部要素の範囲括りだし」を試しておきましょう。まず
「新手法」の考え方を述べます。
1. 例文には、会話応答文での日常的な構文を取り上げます。
　　即答文、回答文の形式なら、作文文型としても参考にできます。
2. 即答文＝「主部1「主部n」＋述部b、の単文形式であり、
　　回答文＝「主部1(「主部n＋述部a)…「補語」＋述部b、の複文形式に
　　なると想定できます。
　　( )内を省略すると即答文と同型になります。
3. 直列入れ子型「　」カギカッコの使い方は、文末述語b より前の体言要
　　素に対して、
　　・記号(「)、で直列型にくくりあげていきます。途中の述語a は取り込
　　んだままにしておきます。
　　・(」) 記号で閉じるのは最後の補語をくくってからです。
　　・つまり、「主部1「主部2「主部3 →述語a…「補語」までが
　　主部要素の範囲であると把握できます。
　　(述部a は主部に対する修飾句で、その有無により主部範囲が変わら
　　ないように取り込んだままにします)

163

4. 通常、述語a＝①連用形、または②連体形であり、
   述語b＝③終止形であることを意味します。
   ・構文解析の道具「構文相：構文活用形」を再掲します。
   用言Yの構文相：Y①連用形、Y②連体形、Y③終止形、の3つ、
   主部Tの構文相：T①連用形、T②連体形、T③終止形、の3つ、
   補語Sの構文相：S①連用形、S②連体形、S③終止形、の3つ、
   により「文章を構成する」と規定します。
   ・主部と補語は同じ体言品詞であり、
   「主部は「主部範囲の先頭側にあり、後尾側に「補語がある」
   という関係です。
5. 発話の場の文脈で隠れた修飾句（主部n＋述部a）が分かっているな
   ら、即答文の連体底「補語」の意味を正しく理解できるでしょう。また、
   …「補語」＋述語Y③の用言文なら、人魚構文に間違うことはないで
   しょう。
   ・一方…「補語」③終止形(＝判定詞)の場合、判定詞に述語の実力が
   ないので、「補語が内包する「述語律：関係付け」を思い当てる必要が
   あります。人魚構文にぶち当たる人をなくしたい。
   「新手法」では人魚構文とは認めない立場で考察します。

2）文法上の工夫：措定補語を自律活用させる
　名詞文節は構文のなかで主部要素と補語要素に用いられます。
特に補語文節が終止形になると、述語としての役目も果たします。
1. 「述語律」を提起する「新文法」としては
   ・補語③終止形に「述語律」を定義しておく必要があります。
2. すでに5-3節で示したように、名詞文の「述語律」は
   ①指定自律：「=|」名付け律：（実体に名前付けする）
   ：固有名詞、役職・分類名詞などの体言を用いる、
   ②措定自律：「:|」当てはめ律：（措定語で態応付けする）
   ：普通名詞、形式名詞、事由名詞：の/はず/つもり/わけ/…などを用い
   る、
   ③推量伝聞自律：「;|」：推論律：（状況、局面を推論する）
   ：らしい、よう、そう、などの接辞、体言を用いる、

の3つを立てました。
3. それぞれ補語名詞の「自律規制」機能を想定します。
　①指定、③推量伝聞、には、「見分けやすい名詞」が
　連結するので判りやすいでしょう。
　②措定自律には、先行文の内容を受け止め、それを
　「代承機能：当てはめ、事態対応名詞化」で概念化します。
　・代承機能が強いのは「当てはめ：措定」で、普通名詞を用いて
　自律的な述語・態応状態明示の：補語③終止形となったり、
　また第二の「作文開始格：補語が主部要素」となります。
　既出例「太郎はT①」「大阪にT①→行くY②…「：|予定③」+です。
　：…「：|予定S③」/「：|段取りS③」/「：|順番S③」（普通名詞）
　：…「のはS①「：|予定S③」/「のでS①」:>いそがしいY③、
　など、「第二開始格：補語」で複文が始まり/終止する心構えを
　立てる訓練が必要なのでしょう。
　・代承機能が弱いのは「受け止め：形式名詞化転換」で、
　「受律的」なクッション役をはたします。
　例：…「：|のS③」+です/「：|ところS③」+です/「とのS②「：|ことS③」+です、
　…「の[は/が/に/を/で/…]S①、～「の/なのS②」…など。
4. この「弱い代承機能「受け止め」の先行研究がどんな状況なのかわか
　りませんが、
　構文の解釈には重要な「しぼり込み」が必要になります。
　・判定詞が、+です/だ/である/であります/でございます、と多様
　な形態を持っても「同類あつかい」と認定するように、
　・「代承機能の言い回し」も多様な形態になるのを同類あつかいとする
　ような考え方が望ましい。
　例：(先行文：～行くY②)…に対する代承後続文が、
　…「：|予定S③」、/…「のはS①「：|予定S③」、
　…/「予定がS①」→あるY③、/…「のでS①」:>いそがしいY③、
　など、措定語名詞や形式名詞「の」で代承するまではOKです。
　つまり「のは/のが/のに/ので」を接続助詞とせず、「連体助詞：の」の
　補語①連用形でもあるのです。
　素直な単文、複文として解釈できます。

5. 一方、「接続助詞」で後続文をつなぐ場合には、まぎらわしいことになります。(先行文を③終止文に見立てるので)
例：(先行文：〜行くY③)…後続文「とS'①？」→思うY③。
/…「からS'①？」→準備するY③。/…「ならS'①→手助けしようY③。などの場合、
・「…と、(君は)→思うか？/「…から、(私が資料を)→準備するんです」のように別人の話しにつながっていくかもしれません。
(人魚構文どころの話では済みませんから、要注意です)
・接続助詞は[+]複合膠着する付属語ですから、先行文節(用言・体言)に付属します。
文法的には[+先行要素の概念化が暗黙でなされ+]接続助詞＝[+名詞化]接続助詞＝[+補語化]S'①連用形に相当すると解釈するのが順当だと考察します。(単純な助詞と接続助詞の違いを膠着語の立場から説明してみました。文節の定義が付属語文節を認めないのが残念です)

6. 措定(代承・態応)の機能には「主部範囲の補語要素としての「主部律」と「述語律」が働いています。
接続助詞には接続機能が働き、単文と単文のつなぎ合わせです。
・どちらも後続文の開始位置ですから、
第二の作文開始格に相当し、話しが横道にそれていく不安定な位置です。
人魚や双頭の大蛇になる要注意の箇所です。
・補語の措定・代承のほうが「主部律のしばり」を強く受けると覚悟して、本道の本旨構文の骨組みに沿って、複文構成の文章を記述するように心がけるのが望ましい。

3) 解釈の工夫：名詞文を人魚構文と見立てない論理

　日本語の特定の名詞文を「人魚構文」と呼ぶ言語学者達がいます。
既出例文：「太郎は「明日「大阪に→行く「予定」です。
・動詞文＋名詞文の構成(なの)ですが、学者の論理では、
これを簡略化すると「太郎は「予定」です、になり、
太郎：人間、予定：抽象名詞だから、半人半魚のような
「人魚構文」だ、との解釈(なの)です。

・真正直な研究として調査に取り組み、
世界40人規模の研究協力のもとに得た結果は、
世界には東アジアを中心に20言語に同類の人魚構文を使う事例がある
と研究報告が出ています。
・これが「人魚構文」というなら、
ほとんどの補語名詞文は「人魚構文」になる素質があります。

　「新手法」では、すでに5-1表,5-2表,5-3表,で名詞活用、判定詞活用、補語活
用を詳細に解説した通り、名詞文そのものを
「半分補語＝主部、半分補語＝述部、」の構文論理で解釈します。
人魚構文の補語文「:|予定」+です の構造を分析すると、
a.「太郎T①は「大阪にT①→行くY②...「:|予定S③」+です。の場合は
　　先行動詞文②連体叙述修飾を受ける補語文であり、
b.「太郎T①は...「大阪にS①→行くY②「:|予定S③」+です。なら、
　　後続文の動詞不定詞②連体限定修飾を受ける補語文です。

この両文どちらも "大阪に→行く: 事態に" 対して「:|予定S③」+です、という態
応自律の行為が済んでいることを示唆する意味です。(予定を動作名詞の概
念で捉えるとよい)
・簡略文になると「太郎はT①...「:|予定③」+(で＝に(し)て)ある。の意味を持ち
ます。つまり "予定である＝予定に(決め)てある" 状態だ、ということです。(予
め決めてある＝予定の状態に(し)てあるの意味です)
　むしろ人魚構文は基本文型(なの)だと文法的に論証したい(の)です。
前節.2)で「措定補語の活用形」を十分に活かそうと示唆しました。
この人魚例文を使い「措定補語」を十分に活用させて
基本構文型を探り出すことにします。
(第二章2-7、第四章4-4、でも「基本構文」を考察しています)

既出例文:「構文相の記号化」で明示します。
1a「太郎はT①...「:|予定S③」+です。:補語③終止形＝補語文。
:措定補語が第二主役として肯定的断定の立場に立つ。
:T①...S③。:即答文(彼の状況は？に即答する)
1b「太郎(はT①「大阪にT①→行くY②...「+の)がS①「:|予定S③」+です。

167

：T(①T①-Y②…S)①S③。＝T①…S③。
：回答文/(即答文)(彼はどうなの？に回答(即答)する)
1c「太郎(はT①「大阪にT①→行くY②…「出張)のS②「:|予定S③」＋です。
：T(①T①-Y②…S)②S③。＝T②…S③。
：回答文/(即答文)(誰の予定なの？に回答(即答)する)

・この1abc文の即答文での構造を
：「太郎T[は①/が①/の②]…「:|予定S③」＋です。と捉えて、
名詞文における主部の(格)助詞：[は/が/の]問題に帰結して考察する
のが、一つの調査事項になるだろう。
・また、1abc文の同じ3つの「予定③」が同じ意味を表すのかを
見極めるのも調査事項になるだろう。

　次に、文末が用言文・叙述文になる文型で考察する。
2a「太郎はT①「:|予定にS①-よりY①…(「大阪にT①」)→行きますY③。
：陳述文(なぜ行くのか？)：措定補語①連用形で使う。
：T①S①Y①…T①-Y③。＝即答文：T①S①Y①…(T①)-Y③。
2b「太郎はT①♯指名されてY①…(「大阪にT①」)→行きますY③。
：陳述文(なぜ行くのか？)
：T①Y①…T①-Y③。＝即答文：T①Y①…(T①)-Y③。
2c「太郎はT①(「大阪にT①→行くY②)…「予定がS①」→ありますY③。
：回答文(太郎はどうなの？)
：T①(T①Y②)…S①-Y③。＝即答文：T①…S①-Y③。

・この2abc文の回答文・即答文での構造から共通点を探ると、
：T①/(T①/S①)-(Y①/Y②)…(S①/T①)-Y③、(用言文？共通)
：「誰T①「何T①-用言Y①/Y②…「補語S①」-用言Y③。のような
構成で文章化していることが判ります。

・また、名詞文の1bを少し直して
1b'「太郎がT①「大阪にT①→行くY②…(「のはS①)「:|予定S③」＋です。
：回答文(なぜ行くのか？)
：T①T①-Y②…(S①)-S③、(体言文？共通)

168

で表現できます。

　以上の考察をもとにして、「体言文？共通と「用言文？共通」を一体化して
「日本語の基本構文」の一般形式表記方式を作り出します。
・構文相を基にして「共通？構文」を見つけ出したので、
応答文構成で作文する範囲内では、共通性が8割程度もありそうなので、
・「選択演算式基本構文」を一行の一般形式表記で提示することが
できます。

＜日本語の基本構文を探る3：文型の一般形式表記＞
　前項の「人魚構文」例文から考察した構文構造は、
：T①T①-Y②…(S①)-S③、(体言文？共通)
：T①/(T①/S①)-(Y①/Y②)…(S①/T①)-Y③、(用言文？共通)
の2つを合体させて、
：T①/(T①/S①)-(Y①/Y②)…(S①/T①)(-S③/-Y③)、(体言/用言選択)
という「基本構文：選択演算式一般表記」を想定できます。
(先行文、後続文ともに体言/用言の選択均等性がまだ十分でない印象があ
りますね。恣意的に体言/用言を使い分けるにしても、どちらを選択するのか
均等性があると思われる)
・ただし、自己査読により既に「第二章2–7節の基本構文を探る1」の
分析内容が改善を得て進歩しているので、それに合わせて記述し直します。

・【日本語の基本構文型1】は、
　【T①(T②/Y②)T①-Y①/Y②…S①(S②/Y②)[S①-S③/S①-Y③]。】
を正式に提起します。
(記号注：( )要否選択、/ 択一選択、[ ]範囲指定、に従い選択演算する)
・先行文：(T②/Y②)限定修飾の要否、の項目を修正追加、
・後続文：(S②/Y②)限定修飾の要否、の項目を修正追加、
と選択項目を増やしました。
(先行文/後続文の記号文形式がほとんど同じなのも自然のことか)
・なお、択一選択：/ は排他的な選択でなく両方選択も許容します。

例：(T②/Y②)T①＝医師のT②いうY②ことにはT①、

…(S②/Y②)S①-Y③。＝神経のS②休まるY②睡眠をS①取れってY③。
…S①(Y②)S①-S③。＝安眠がS①できるY②条件がS①大切S③だって。

「基本構文：選択演算形式一般表記」を演習する要領は次の通り。
1.　先行文での注意点は、
　・登場人物の表現では必要に応じて、T①T①と複数個ならべる
ことも、潜在化して隠れてしまうT①でもOKです。
　・(T②/Y②)T①-Y①/Y②：この構造は、
中央のT①が前から限定修飾を承け、後ろに叙述修飾する場合の
構造です。中央のT①をS①記号で考えても構いません。
（限定修飾②の連体底のT①＝S①ですから）
　・単文や並行する重文を作文するには、後続文の単文を
接続詞や接続助詞で疎結合し並置すると可能です。
2.　後続文での注意点は、どれだけ詳しい回答文を要求するかです。
　・S①(S②/Y②)[-S③/S①-Y③]文型と
　・S①(S②/Y②)S①[-S③/-Y③]文型、
　・S①(S②/Y②)[S①-S③]/[S①-Y③]文型、を提起しますが、
後者のほうが応用範囲が広いです。
（先行文と同型度合いが強く、意味補強的S②/Y②連体形を、
中央のS①が連体底：S①連用形として受け止めた上で、
叙述機能を果たすことができるのです）
例：…「(こと/それ)はS①「先週S②打合せたY②「結果でS①
「:|確定③」＋です、これなら人魚退散です。
「太郎はT①…「:|確定③」＋です。これなら人魚にならない。
　・「:|確定」と聞いて、その事象内容を詮索するより「:|確定した
状態」であるという情景が思い浮かぶからです。
　・終止形：[-S③/ S①-Y③]や、S①[-S③/-Y③]、[S①-S③/S①-Y③]、の
択一選択は排他的選択でなく、両方を選択しても通用する会話の場も
あります。
例：「こんなT②「ツイートがT①来るY②…「なんてS①「:|迷惑至極S③」
＋だS③、とS'①思うよY③。
＝~~T①(T②/Y②)~~T①-~~Y①/~~Y②…S①~~(S②/Y②)~~[S①-S③/S'①-Y③}。
3.　この「基本構文」は単文/複文形式の応答文に対応する

170

範囲で有効です。（少し欲張りな構造ですから）
例文：「象のT②「特徴はT①「鼻がT①「腕のT②「ようにT①
→使えるY②...「くらいにS①:>長いY②「:にとS③」+です。
T②T①,T①(T②/~~Y②~~)T①-~~Y①~~/Y②...S①(~~S②~~/Y②)[-S③/~~S①-Y③~~]。
:つまり、本旨構文：「象はT①「鼻が①」:>長いY③。の各要素に限定/
叙述修飾節をつけた形式もできるということです。

4. もしも登場人物ごとに(連体)修飾節が付属することになると、
T①(T②/Y②)T①-Y①/Y②...S①、:先行文要素を配置し、
T①(T②/Y②)T①-Y①/Y②...S①、:段々と後方要素が必要に、
T①(T②/Y②)T①-Y①/Y②...S①(S②/Y②)[S①-S③/S①-Y③]。
:最後に③終止形、を配置するように、
先行文要素...＋S①、を繰り返すと複文化できる。

5. ...S①＝：連体底体言を想定しますが、接続詞、接続助詞の代役をす
る場合もありえます。
どちらの場合も後続文開始格になるので、うまく後続文を終結するよ
うに配慮しましょう。

演習：「基本構文」を見ながら要素を取捨選択して作文する。
・「象のT②「特徴はT①「鼻がT①「腕のT②「ようにT①→使えるY②...「:|くらい
にS①:>長いY②「:|ことS③+だ('②)「と'S①」→思いますY③。
:T②T①,T①(T②/~~Y②~~)T①-~~Y①~~/Y②...S①(~~S②~~/Y②)[~~S①~~-S'③/S'①-Y③]。
もっと即答文に近づけると、
・「象のT②「特徴はT①「鼻がT①「腕のT②「ようにT①→使えるY②...「:|こと
S③」+です。
:T②T①,T①(T②/~~Y②~~)T①-~~Y①~~/Y②...S①(~~S②~~/Y②)[~~S①~~-S③/~~S①-Y③~~]。
となり「基本構文」選択演算式の範囲でそのまま使えます。
・RPNスタック記法で演習構文を確かめてみます。
__主部スタック_____述部スタック_____
象[の]T②特徴[は]T①↓_____:体言の[格助詞]、[係助詞、...]を
鼻[が]T①↓_____:選択カッコ[ ]付きで明示した。
腕[の]T②よう[に]T①___使えるY②...✓:先行文の終わり、
(:|くらい[に]S①_____長いY②✓)___:後続文開始行：要否選択、
:|ことS③_____+です③。_____第二作文開始格に相当です。

演習：さらに即答文に近づけると、

・「象はT①…「鼻がS①」長いY③(。)から、…「腕のS②「ようにS①」使えますY③。(後続文が2つ並ぶ構成で即答する)

・「象はT①「鼻がT①長いY②？…「:|のでS①「腕のS②「ようにS①」使えますY③。(長いを②連体形と解釈できる？なら基本型一行でOK)

＜選択演算式基本文型とRPNスタック記法との類似性＞

演習例文を基本構文の積み上げ選択演算で示すと、
(主部スタック＿＿＿＿＿＿＿＿＿＿＿＿＿＿＿＿＿＿＿述部スタック＿＿＿＿)

・象[の]T②特徴[は]T①：T①(T②/Y②)T①↓↓ Y①/Y②…
　鼻[が]T①：↓
　腕[の]T②よう[に]T①：T①(T②/Y②)T①-Y①/Y②＿＿使える-Y②…↙
　くらい[に]S①：…S①(S②/Y②)↙[S①-S③/S①-Y③]＿＿長い-Y②↙
　:|ことS③：S①(S②/Y②)↙[S①-S③/S①-Y③]。＿＿+ですS③。

(先行文…/…後続文で記号化。スタック表記と日本語体言の位置を合わせるため、折り返し…↙記号で後続文の頭が次行頭に出てきます)

日本語がRPNスタック記法に馴染みやすい証拠に、演習例文を構文相記号だけで表記してみよう。
(主部スタックと述部スタック相互間のつながり具合を方向矢印↓↓、↓、↙、で示す)

基本構文型：
：T①(T②/Y②)T①-Y①/Y②…S①(S②/Y②)[S①-S③/S①-Y③]。
から選択演算して要素をスタックへ積み込む状態を再現する。
＿＿主部スタック＿＿＿＿述部スタック＿＿＿＿＿＿

T②T①↓↓＿＿＿＿＿＿＿＿＿＿＿＿＿	：象の特徴は↓↓、最終段に。
T①↓＿＿＿＿＿＿＿＿＿＿＿＿＿＿＿	：鼻が↓、次行につながる。
T②T①＿＿＿＿＿＿＿＿ Y②…↙＿＿	：腕のように→使える…↙、
	S①＿＿＿＿＿＿＿＿＿ Y②↙＿＿	：くらいに:>長い↙、
:|S③＿＿＿＿＿＿＿＿ +S③。＿＿	：↓↓:|こと+です。

（記号の積み込み、矢印のつながりが順調にやれるかどうかで検査すること
ができる。・象は↓↓〜↓↓特徴があります、などの変化形あり）

＜「人魚構文」の本当の意味は？＞

　ところで「人魚構文」を直接的に日本語の困った課題だと感じている人がど
れほどいるのでしょうか。
また、何をもって課題だと感じるのかも解明すべき課題でしょう。
これらに即答する知恵が浮かびませんが、「基本構文型1」に到達するまでの
思考実験した成果があったはずなので整理してみましょう。

　「人魚構文」の論拠には、大きな落し穴があるのです。
・「太郎は（「明日「大阪に→行く）...「:|予定」+です。を(連体修飾)だと認めず、
動詞文＋名詞文の連結とみる／「太郎は「=|予定」+です。と簡略化して解釈
する。という課題提起の落し穴です。（太郎＝予定の意味ではありません）
・本来「予定」体言名詞は「:|普通名詞」ですから、「太郎と「予定」が包摂される
「指定律 =| 」を働かせる必然性はありません。
　言語学者の調査報告文（国立国語研究所のHPに掲載があった）を参照する
と、問題提起の構文が英文では（簡単に記述すると）、
・"TAROU is a plan to go to Oosaka"...となっていたと思う。
この英文が「太郎は「予定」です。を正しく解釈してあるだろうか？
逐語的にはまさしく翻訳してあっても、正しく意味を伝えていない。
・"→行く"を "to go to" の動詞不定詞で表現したのは正しくできた。
日本語の動詞は不定詞活用が随所にあると考えられるから。
（英文では不定詞を使って関係詞修飾節の使用を回避したのだが）
　「人魚構文の課題」としては、
・「太郎は...（「大阪に→行く）「=|予定」+です。と解釈して「人魚構文」だと間違
えたことになるが、課題が補語③終止形 "=|予定+です" の部分だと判った。
（述語律を名前付け指定律 "=|予定+です"と誤解釈したこと。基本の"甲は乙
である"構文の解釈に課題があるということ）
（前述のように「予定」は普通名詞なので、措定律 ":| 予定+です" の「述語律:
態応自律行為」を働かすと解釈すべきなのです）

173

「新手法」での補語文「述語律」解釈方法は、
・補語文＝補語名詞(自立語：用途による述語律発揮)+判定詞(付属語：述語律なし)であります。
・これは、用言文＝用言語幹(自立語：態による述語律発揮)+[#]接辞(付属語：述語律なし)と同様の仕組みですから、確実に覚えておきましょう。

・補語文の「述語律」は「名詞の用途により働きが区別される」ので、すでに5-3. 2)補語活用形から「述語律」を誘導する　の項目で詳細に解説しました。
例文の「:|予定」は、普通名詞ですから、「措定律：当てはめ/置き換え/帰結語/解答語/...」などの用途に充てられます。
・「太郎は(「なぜ?」「大阪に→行く?)...「:|予定！」+です。
(簡易問答文で(なぜ?)の問いかけが発話文脈にあると、即答文としては「なぜ?」を置き換える「:|予定！」が回答されるのです)
・「太郎は「:|予定！で「大阪に→行く...「:|の」+です。とも言えます。
　この疑問詞を解答語で置き換える要領をおぼえると、
・「僕は(なに?を→注文する?)...「:|ウナギ！」+です。というような構文がうなぎ屋のなかで自然と生まれてくるでしょう。

「人魚構文の落し穴」を確実に回避する解釈方法を提示して、
言語学者や言語教育者に納得していただけるように論証するにはもっと思考整理が必要です。
　　1.　補語の解釈：言葉の意味の二面性：もの/ことの概念、
　　2.　判定詞の解釈：体言要素/用言要素の二面性、
　　3.　主部要素の「主部律」解釈：〜[は/が/の]構文の違い、
この3課題について、一定の理解が必要でありますが、現状の日本語社会で「落し穴」を埋め戻すまでに到達できていないのかもしれません。

＜言葉の二面性による解釈で＞
　基本構文型1の演習を前節で行いましたが、1a〜2cの例文を使って課題の正体を考察します。(再掲します)
・1a「太郎は①「:|予定③」+です。：T①...S③。人魚構文ですか！?
・1b「太郎が①「:|予定③」+です。：T①...S③。人魚構文ですか?

・1c「太郎の②「:|予定③」+です。:T②...S③。人魚構文ですか？
1abc例文「太郎 [は①/が①/の②]...「:|予定③」+です:に集約できるから、補
語文の解釈と「は/が/の」構文の解釈の両方に課題ありか。

・2a「太郎は①「:|予定に(より)①→行きます③。:T①S①(Y①)...-Y③。
・2b「太郎は①‡指名されて①→行きます③。 :T①Y①...-Y③。
・2c「太郎は①「:|予定が①」→あります③。 :T①...S①-Y③。
2abc例文「太郎 [は①/が①/の②] ...→行きます/あります。
即答文がこけますが、人魚構文の気配はないようです。

　1abc例文にもどって「構文相活用記号化」の結果を考察します。
1. 「太郎 [は①/が①/の②]...「:|予定③」+です:T①/T②...S③。
　　このうち「太郎は①...「:|予定③」+です、が一番「人魚構文」にみなされ
　　やすいのでしょう。
2. 1a「太郎[は]①...「:|予定③」+です。:既に「:|予定」状態です。
　　("予定＝こと名詞"と解釈される:予め定めること)
　　1b「太郎[が]①...「:|予定③」+です。:担当する「:|業務予定」。
　　("予定＝もの名詞"と解釈される:予定の計画そのもの)
　　1c「太郎[の]②...「:|予定③」+です。:やるべき「:|予定」です。
　　("予定＝もの名詞"と解釈される:予定の計画そのもの)
　　発話の深層文脈をたどると、このように解釈できる体言文です。
　　特段、人魚構文とみなすべき理由はありません。
3. 回答文なら「太郎 [は①/が①/の②]～行く②...「:|予定③」+です。
　　と、「:|予定」は連体修飾の底なので、「行く＝:|予定」の当てはめ＝措
　　定の意味を持ちます。("行く予定":こと？/もの？)
4. 即答文なら、発話者はそれぞれ次のように意図したでしょう。
　　:～は(「既決状態の)「:|予定」、(＝予定確定の状態)
　　:～が(「担当する業務)「:|予定」、(＝実行に移る態勢)
　　:～の(「やるべき)「:|予定」。(＝実行範囲の業務予定)
　　聞き手も同様に感じ取れるなら誤解しないし、
　　人魚構文と感じることはないでしょう。
　　名詞文を正しく理解できる発話の場が存在したわけです。
5. または、発話を工夫して「その②「:|予定」としたらどうか？

：～[は/が/の]「その②「：|予定」、とすると
「：|予定」の位置づけが、指示関係詞「その②」に釘付けされて
安定したように感じますが、発話の意図「：|予定に決めてある」の
真意の中心は先行「その②」の有無で変わりません。
・ただ、連体修飾を承けた「連体底の文法性」を明示できます。
つまり、措定語「：|予定」は連体修飾で示された事象を発話者の恣意
的な発想力で当てはめ・言い当て・言い換えた「体言・名詞」ですか
ら、ピタリの言い換えの場合もそうでない場合もあり得ます。それが聞
き手の理解の良し悪しに影響します。

6. 以上の考察を整理すると、
・「太郎はT①…「：|予定S③：こと動名詞」+です。
・「太郎[がT①/のT②]…「：|予定S③：もの名詞」+です。
(2.項と4.項に示した補語「予定」意味の二面性を感得してほしい)

7. 国語辞書で「予定」を引くと、(名詞2つ、動詞1つの説明)
・予定＝前もって決める"こと"：こと名詞(動名詞/事象名詞)、
　予定＝前もって決めた"もの"：もの名詞(物名詞/成果名詞)、
・予定＝前もって決める/見立てる：予定する(サ変他動詞)、
漢字動詞に限らず、動作名詞には"すること"、"達成したもの"のどち
らの意味も内包しているので、"こと/もの"の違いには馴染んでいるは
ずです。

8. 「人魚構文」と解釈したのは、"予定＝前もって決めたもの＝計画＝
plan"だ、と思い込み、さらに"：|予定"を"＝|予定：指定律"と混同した二
重の誤解の結果なのでしょう。
では、正しく解釈するにはどうするか？
・「太郎はT①…「：|予定S③＝"こと名詞"」+である：判定詞。
・「僕はT①…「：|ウナギS③＝"もの名詞"」+である：判定詞。
：どちらも正しい補語文！(即答文)です。
　発話の場の疑問詞(なぜ？行くのか？／何を？注文するか？)に即
答する解答語(予定"したこと"／ウナギ"にすること")だけを明示した
応答文なのです。判定詞＝"したこと"／"にすること"の意味が含まれ
ているなら、即答文でも十分な説明力があるでしょう。

＜判定詞：であるの意味の真芯＞

9. 「判定詞：である」にも意味の二面性があります。
　　辞書を調べて判ることは、「で＝にて」の由来だということ。
　　つまり「で・ある＝にて・ある」だということです。
　　・「に・ある」＝「なる／なり」+n(i[×])ar[-]uと似ているが、
　　・「にて・ある」＝[+]ni[i/-]te[+]ar[-]u の膠着である。
　　これが通用しやすい㋐おもて面と呼ぶと、
　　㋐である＝(㋐にてある)：おもて面。
　　用途は指定律/事由/推量・伝聞律/に付属する判定詞に相当する。
　　・固有名/分類名/呼称名/事由/伝聞/推量などの物理名詞/説明名詞
　　など「用途明確な具体概念＋㋐である」という用法が「おもて面」です。
　　　「新手法の提案」として判定詞の㋐'うら面を提起すると、
　　・「に(し)て・ある」＝[+]ni[×]s[i/-]te[+]ar[-]u の膠着である。
　　㋐'である＝(に(し)てある)：うら面。
　　(に(する動詞)てあるの意味で汎用化で"に(し)てある"とした）
　　例：に-し-て　のいろいろ
　　・に-つい-て/に-おい-て/に-対し-て/に-向け-て/に-決め-て
　　　/に-よっ-て/に-従っ-て/に-則っ-て/に-鑑み-て/に-図っ-て
　　　/に-頼っ-て/に-任せ-て/に-基づい-て/に-聞い-て/...など

　　措定律の普通名詞：当てはめ・言い換えの概念名詞/連体修飾承けの
　　連体底名詞に対して付属する判定詞の用法が「うら面」です。
　　・㋐'に(し)てある："する"動詞①連用を入れ込み、"+ある"をつけたの
　　で、"した結果状態"を保持する描写なのです。
　　(「ある＝ar[-]u＝e[r]e[r]u：受律完遂の結果保持の表現」に通じるか
　　らです）

　　・「:|予定」㋐'です＝「予定」㋐'に(し)てある/に(決め)てある、
　　　：ということです。
　　・→行く「:|の 」㋐'です＝行く「こと」㋐'に(し)てある、
　　・→祝う「:|習慣」㋐'です＝祝う「習慣」㋐'に(し)てある、
　　・:<楽しい㋐'です＝楽しい㋐'に(感じ)てある、
　　・「:|台所」㋐'です＝「台所」㋐'に(居)てある、

：ということなのです。

　判定詞⑦である/⑦'である：ここで初出の提案として明確にすることができました。⑦⑦'である両者の二面性の差は小さく、ともに⑦状態説明の判定詞と解釈できると思います。
　　　・また、判定詞が百面相の変化形を持つ現代から見ても、先史において「で＝にて/に(し)て」の変化形は許容範囲になっていただろう。に(して)ある＝"なのです"も変化形の一種かもしれません。
　　現代でも⑦'であるが暗黙知として生きているから、「人魚構文」と勘違いせずに大多数の人に通用しているのだろう。
　　　・さらにもっと魅力的な解釈をすると、
　　　・即答文：「太郎は「:|予定」⑦'です。＝実は巧妙な簡易回答文。
　　簡易回答文：「太郎は「:|予定」⑦'に(決め)てある。
　　　・即答文：「姉は「:|台所」⑦'です。＝巧妙な簡易回答文。
　　簡易回答文：「姉は「:|台所」⑦'に(居)てある。(に居てはる)
　　こういう解釈を公開知識にすると「人魚構文」を撃退できるようになるだろう。どうだろう。

　　　これほどの動作成分が含まれていても、状態説明/評価説明の終止形と見立てるのだが、"で・ある"は「述語律」を持ちません。
　先行の「名詞・補語」が「主部要素であり、かつ"こと名詞"の「述語律を」発揮するのです。
　　　・「:|予定」＝「:|予定」に(決め)て、「:|台所」＝「:|台所」に(居)て、の程度までの意味を含むのが先行名詞・補語の「主部律/述語律」なのでしょう。(状態表明の措定語なのでしょう)
　　　・理由は「にて/に(し)て」を助詞「で」にまとめ、汎用的に判定詞「である」を生成したので、に(決め)て/に(居)ての意味は「:|予定/:|台所」の名詞部分が内包することを暗黙知で認め合っているのです。(西欧語では、前置詞1＋予定、前置詞2＋台所、と使い分けるでしょうが、日本語は助詞[で]一つで対応します)
　判定詞⑦'である＝"に(し)て・ある"は、応用過程で変化を重ねて、
　　　・「に(し)て・ます／に(し)・ます」のままで、用言文としての活用もあっただろう。

・「僕は「:|ウナギ」+に(し)ます/+を(注文し)ました。:などを繰り返すうちに、即答文には"である/だ/です/..."も登場したのだろう。
　つまり、名詞文が表現するのは、"もの"で・ある:包摂指定律／"こと"で・ある:活動措定律のどちらも可能になったのです。
・それぞれ二面性を持つ「普通名詞+判定詞」の膠着ですから、柔軟に解釈する必要があります。

＜[は][が][の]:係助詞/格助詞/連体助詞の意味の違い＞
　二面性探査のもう一つは、構文の性格を確実に理解することです。
　10.「は/が/の」:係助詞/格助詞/連体助詞による意味の違いを確認しよう。前述の1abc例文をもとに記述すると、
　1a:[は]係助詞＝関係付け助詞:[状況・条件・評価]の提示。
　〜は:主として「㋐㋐'である:状況・条件の設定」開始を提示。
　焦点を当て、状態の言及・開示に備えるための係り助詞です。
・「〜は...〜」文の主目的は動作出来事の陳述ではなく、それに付随する"もの/こと"の「状態・状況・条件」を開陳することであり、その前触れのために [は]助詞を付けた「状態説明文」なのです。
　(〜[は]+㋐㋐'[である]=S①/S②/S③の構文が多い)
　「説明注目要素+[は]」に対する説明が単文で収まらないなら、複数行の文にわたり状況表現の範囲を広げて通用しますから、意識的に焦点範囲を乱さないように構成する必要があります。
　1b:[が]格助詞＝当り格助詞:主体/客体の[動作・事象]提示。
　　〜が:主として"こと"[動作・事象]の根源であることを提示。
　　(〜[が]+[する]=Y①/Y②...Y③の構文が多い)
　1c:[の]連体助詞＝分身化助詞:分身の[動作・事象]の提示。
　　〜の:主として[動作・事象]の根源が自分でなく"もの"分身であることを提示。体言1[の]体言2＝体言相互の関係づけ:所属/所有/材料/部分全体/全体部分/などで体言2(動名詞)に分身する。
　　(分身としての合体ですから、同一ではありません)
・以上、判りやすく主機能を目立つように記述しました。

　この考察:9. 10. の記述様式は少し紋切り型ですから、もっと論理上の「忖度」を利かせた工夫が必要でしょう。

・日本語の「⑦である/④する」概念にもっと敏感でありたい。
判定詞：で[⑦ある]が多用されるが、で[④いる]なども使えるはずです。
例文a：「太郎[は/が/の]...「:|予定」+で[⑦ある]。：予定の位置づけ？
例文b：「太郎[は/が/の]...「予定」で[④いる]。：待機中？
例文c'：「太郎[は/が/の]...「:|予定」に[⑦ある]ので[⑦ある]。：＝
例文c：「太郎[は/が/の]...「:|予定」なので[⑦ある]。：予定状態にあるのである。（明確に状態・状況説明の判定詞だと解釈できます）
・判定詞：なのである/なのだ：[+]n(i[×])a(r[-]u)[+]の[+]d(e[×])a(r[-]u)、
　　体言属性の程度・状態を表す連体形：元気[な]、大黒柱[な]、に後続しての「ので[⑦ある]。」だと解釈してもよい。
ただし、[な]が[に⑦あり、⑦なり]に由来することを明確に説明すべきで、つまり文語時代なら例文c：「太郎[は/が/の]...「:|予定」⑦なり。
との表現であったろう。（⑦なり：今の有り様を肯定する）
・現代では「元気なの」である、「大黒柱なの」である、が補語要素
なら、主部人物の状態・事由描写であることが明白に想定できます。
名詞文、補語文を使う場合の細心の気配り表現かもしれない。
・用言事象の内容を状況説明的に終止するには、用言の連体文節に：「大阪に→行く...「の」+である。と、「の」を立てる。
・「の」形式名詞を「こと」/「もの」と入れ替えてみると、
「太郎[は/が]→行く「こと/もの」である。：どちらも通用しそうだが、「太郎[は]→行く「予定：こと/もの」である。が想定しやすく、
「太郎[が]→行く「予定：こと/もの」である。と想像しやすい。

　謎解きの論理考察はこれで一応おしまいです。本論にもどります。

4）構文上の工夫：単文、複文、「～は～が」構文

「新手法」の選択演算方式の「基本構文型1」を再掲します。
・構文型1：T①(T②/Y②)T①-Y①/Y②...S①(S②/Y②)[S①-S③/S①-Y③]。
　　＿＿注：記号説明＿＿（応答文の構成範囲で一般化）＿＿
主部要素（登場人物：T、補語：S）、述部要素（動詞、形容詞＝Y）

・主体客体：T、連体底補語：S、用言：Y、の3種の記号。

活用形記号：（①連用形：便宜的に終止・連体以外をすべて取り込む）

・活用形：①連用形、②連体形、③終止形、の3種に集約。

選択方式：（発話の場で誰もが選択演算する脳内操作を見える化した）

・/ 記号＝前後要素の択一選択、（両方選択/非選択もあり得る）

・（ ）記号＝カッコ内要素の要否選択、（使う頻度は少ない傾向）

・[ ]記号＝選択範囲を明示、の3種を使う。＿＿＿＿＿＿

＜基本構文型による構文生成＞

＜単文生成＞

・「この②「桜は①…「:|ソメイヨシノ③」+です。:de([×]ar[i]ma)s[-]u.
: T①(T②/Y②)T①Y①/Y②…S①(S②/Y②)[S①-S③/S①-Y③]。（主補文）

・「桜の②「花が①」…→咲きました③。: sak[i]mas[i]ta.
: T①(T②/Y②)T①Y①/Y②…S①(S②/Y②)[S③/S①-Y③]。（主述文）

・「源さんとT①→いうY②「人はT①…「饅頭がS① :<>こわいY②
「ん」S③:|だって。
: T①(T②/Y②)T①Y①/Y②…S①(S②/Y②)[S①-S③/S①-Y③]。
（主述補述文：冒頭のT①-Y②T①のY②は、限定修飾でなく叙述修飾に使った
例文であり、「源さんという人[は]のほうが、主部の属性描写の構文であるこ
と」の意図をあらかじめ前説して強く印象づける方法です。
「この「桜[は]も、「源さん[は]も、同じく属性描写や状況描写、状態描写を意図
した注目点宣言の助詞の使い方です）

＜複文生成＞

・「夏は①暑い②…「のが①「好きな②+の③」だ。: d(e[×])a(r[-]u.
: T①(T②/Y②)T①Y①/Y②…S①(S②/Y②)[S①-S③/S①-Y③]。
（主述補文）

・「コンニャク(を)は①食べても①…「(誰も①)」太らない③。
: T①(T②/Y②)T①Y①/Y②…S①(S②/Y②)[S①-S③/(S①)-Y③]。

（主述(補)述文)でなくて、後続文だけの単文と考えるとよい。
・…「コンニャクで(は)S①「(誰もS①)」→太らないY③。(補述文)
: ~~T①(T②/Y②)T①-Y①/Y②~~…S①~~(S②/Y②)[S①-S③~~/(S①)-Y③)。

＜「〜は〜が」構文生成＞
・「コンニャク文」は発話の場で「人が食べても太らない食品」の話しをしている
前提がある。そこで、構文を変えてみよう。
日本語構文の代表「〜は〜が」構文の誕生を空想してみよう。
・「何がT①食べてもY①太らないY②食品S③か？…コンニャク(で)はT①太ら
ないY③。」
: 先行文にも後続文にも③終止形があり、単文…単文の構造です。
（後続文だけでは非文法だが、先行文と合わせてやや許容できる。コンニャク
[では]とするのが最良だろう。）
・この構文形式は、問答文＝(自/他)問・(自/他)答文の構文を想定すると分か
りやすい。（先行文＝設問で、後続文＝解答文）
今までは応答文＝即答文/回答文/陳述文を想定して基本構文型1を提案し
たが、問答文にも対応する必要がありそうです。

　発話の場を考慮して問答文を想定すると分かりやすいはずです。
応答文と問答文の共用構文型を試してみましょう。
【基本構文型2】(応答/問答共用構文型)
【T①(T②/Y②)T①[-Y①…/-S①…]/[-Y②/-S②](「のか」S'③？)…
　…S①(S②/Y②)[S①-S③/S①-Y③](「のか」S'③？)。】
・先行文からの出口(…)は3箇所あり、疑問文の出口は「のか？」…。
・後続文は応答構文型1と同じでよいが、疑問文末にする場合がある。

例文:「太郎はT①「なぜ？T①「出張なS②(「のか」S'③？)…(先行文)
: T①~~(T②/Y②)~~T①~~[-Y①…/-S①…]~~/~~[-Y②/-S②]~~(「のか」S'③？)…
　…(これはS①)「:|予定なS②「のS③)+です。(後続文)
…S①~~(S②/Y②)[S①-S③/S①-Y③]~~(のかS'③？)。

例文:「太郎はT①「何が？T①「理由でS①…　（先行文）
: T①~~(T②/Y②)~~T①~~[-Y①…/-S①…]~~/~~[-Y②/-S②]~~(「のか」S'③？)…

…「:|出張予定なS②「のS③」(のかS'③?) （後続文・疑問文末）
…S①(S②/Y②)[S①-S③/S①-Y③](「のか」S'③?)
これは自答式探求構文型であり、必ずしも疑問文でなくてもよい。

例文:「僕はT①「何がT①→注文したいY②「のか」S'③?…
　　:T①(T②/Y②)T①[-Y①…/-S①…]/[-Y②-S②](「のか」S'③?)…
…（それはS①)「:|ウナギ」S③+だ。（自問自答式）
……S①(S②/Y②)[S①-S③/S①-Y③](「のか」S'③?)。

　　【基本構文型2】の品詞要素の選択肢の並び方が「体言/用言の並行性、均
等性」を示している。均等性が支配するほうが自然だろう。
　　不思議なことに、日本語教育の現場では、単文/複文/「〜は〜が」構文の
構造に関して、補語文で終わる構造に対して説明するのに大変難渋している
ようです。(「判定詞」に惑わされすぎ?)
上例に示すように、補語文＝補語③終止形は「自問自答文の自答部分」なの
です。（自問部分は発話の場で共有されて潜在してしまう）
・文法学習の仕上げに「選択演算式・基本構文型2」を授業しておくと、その後
の実践的な成長が期待できると想像するのだが…

<「は/が」構文の解釈方法＞
　「〜は〜が」構文は、単文も複文も生成できますから、日常的に使いやすい
文型です。その理由を考えます。
　　1. 【基本構文型2】(応答/問答共用構文型)
　　　　【T①(T②/Y②)T①[-Y①…/-S①…]/[-Y②/-S②](「のか」S'③?)…
　　　　　…S①(S②/Y②)[S①-S③/S①-Y③](「のか」S'③?)。】
　　　　（例文付きで使い方を選択演算の演習をしておくとよい）
　　2. 基本構文型2:の選択演算式は、
　　　　壁に貼り付けておいて時々作文中に確認するとよい。
　　　　（演算式が自動的に作文を導くわけではないので…）
　　3. 作文に役立つもう一つの基本構文形式も壁に貼り付けおきましょう。
　　　　（構文主体を優先配置することを促すための抽象構文です）
【抽象構文:[は]/[が]+[する]/[である]…(の[が]/[は])+[である]/[する]。】

[㋐である]＝状態説明判定詞：に(し)て・ある＝で・ある。
・名詞・名容詞[+]㋐である/です/だ/なのだ、・動詞連体形[+]㋐のです、
・形容詞連体形[+]㋐です/のです、(～(なの/の:形式名詞)+です)
付属語活用節である判定詞「である/です/…」は比較的自由に自立語(構文)
に付属して静的な状態説明文節に転換させることができます。
・この付属判定詞の全網羅的な膠着用途の拡がりに注目すべきです。

[㋑する]＝動態叙述文節：
動的属性[動詞㋑(する/ている)、形容詞㋑(属性が㋑する)]と概念化して、事
象としての動態叙述活用形を生成する。叙述内容は自立語の用言自身の意
味・述語律で決まります。

　自問自答文：(単文…単文構成を複文構成的に観察する)
例文：「太郎[は]㋐「なぜ？㋐「出張な㋐(「のか」？)…(先行文)
…(これ[は]㋐)「:|予定な㋐の」+です。(後続文)
：すべての要素が「㋐状態」を意味している。

例文：「太郎[は]㋐「何[が]？㋐「理由で㋐…　(先行文)
…「:|出張予定な㋐の㋐」(㋠か？)　(後続文・疑問文末)
：すべての要素が「㋐状態」を意味した自問自答文である。

例文：「僕[は]㋐「何[が]㋐→注文したい㋑「のか」？(というと)…
…(それ[は]㋐)「:|ウナギ㋐」+だ。　(自問自答文)
：何[が]㋐＝それ[は]㋐＝ウナギ㋐だが、＝僕[は]㋐と同一ではない。
・「僕[は]㋐「:|ウナギ([が/を]㋐)→注文したい㋑「の)㋐」+だ。
(陳述文(即答文))：何[が？]に対する自答のウナギ！だ、の意味。
・「:|僕[が]㋑「:|ウナギ([を]㋑)→注文したい㋑「:|の)㋐」+だ。
(陳述文(即答文))：誰[が？]の疑問への応答：僕[が！]を感じる。

　4.　この抽象構文を単文形式で問答2文を畳み込むと、
　　　【「大[は]㋐「中[が？！」小㋐」[である]。/ 小㋑[ている]。】
　　　このような概念で構文を把握するように指導できるだろう。

184

：大[は]/中[が？！]を明示して、主部要素の生成を確実に促すことが
　　できること。（時空間の大中小と同様な意味の絞り込みです）
　　：小[㋐/㋑]を明示して、述語要素の生成と意味の二面性を考えた選
　　択演算を促すこと。の2つが自然に身につくことです。
5.　日本語では、なぜ「〜は〜が」構文が好まれるのかを考えます。
　　日本語の語順：主部＋述語の並びが一番の理由です。
　　・抽象構文型の演習で調べてみましょう。
　　記号化：体言補語S＝「Sです/です」、用言＝「する」に当てる。
__左文：主述補文：西欧語順式__右文：主補述文：日本語順式__
a.花子は得意S'なのがピアノSです：花子はピアノSが得意S'なのです。
a左文：[は]/~~[が]~~+~~[する]~~/[S'です]…（の[が]/~~[は]~~)+[Sです]/~~[する]~~。
a右文：[は]/[Sが]+~~[する]~~/[S'です]…（の~~[が]/[は]~~)+[です]/~~[する]~~。

b.源さんはこわいのが饅頭Sです：源さんは饅頭Sがこわいのです。
b左文：[は]/~~[が]~~+[する]/~~[です]~~…（の[が]/~~[は]~~)+[Sです]/~~[する]~~。
b右文：[は]/[Sが]+[する]/~~[です]~~…（の~~[が]/[は]~~)+[です]/~~[する]~~。

c.僕は注文したいのが鰻Sです　：僕は鰻Sが注文したいのです。
c左文：[は]/~~[が]~~+[する]/~~[です]~~…（の[が]/~~[は]~~)+[Sです]/~~[する]~~。
c右文：[は]/[Sが]+[する]/~~[です]~~…（の~~[が]/[は]~~)+[です]/~~[する]~~。
6.　「〜は〜が」構文なら上例の左右文のように、
　　西欧語順式でも日本語順式でも問題なく作文・発話できます。
　　・左文の[は]/[が]、…の[が]/[は]の選択は、
　　[が]/[は]反転選択してもなりたちます。
　　・右文の[は]/[が]では、別の選択：[は]/[を]、[が]/[を]でも
　　文章が成立します。（多少の意味合いの違いがあります）
7.　重要なこと：上例abc 左文、右文ともに、先行文が〜[は]から始まる
　　と、後続文は[です]で終了しています。（左文「補語+です」、右文「の+
　　です」は付け足し的であり、省略可能ですが…
　　[+]no[+'0']de[×]s[-]u=[+]んです、と省略したりします）
　　つまり、〜[は]構文が表現する真芯の意味は、㋐状態判断を開示す
　　ることなのです。

・お爺さん[は]山に柴刈りに、お婆さん[は]川に洗濯に、:の意味は、老夫婦の暮らしぶり状態[ア]のである]を叙述しているのです。

・お爺さん[が]、お婆さん[が]に替えてしまうと、動作して[イ]いる]局面の出来事を叙述する算段なのか？と勘ぐります。だから、「ある日のこと、お婆さん[が]...」と、別文で動作事象の記述を続けるのです。

8. 日本語では西欧語順/日本語順のどちらでも表現できますが、どちらの構文構造が先行して誕生したのかに関しては明言する知識がありません。

・文章構造として、日本語では「大要素は＞中要素が＞小要素です」並びの順序が好まれる。

・時間的、空間的な表現でも：年月日の順、都道府県・市区町村・丁目番地番号の順ですから、総体から細部への発話順になっています。

・謎掛け問答なども古代から盛んだったらしいので、「主述補」文よりも、「主補述」文のほうが「落ち」をつけやすかったのかもしれません。

9. 本題の「は/が」構文の利点を活かした解釈法にもどると、単文の「主補文」＝「〜は-S③だ。」が難解に感じるなら、遠慮なく「は/が」構文を思い出して謎解きしてほしい。

・「〜[は] [S'な/する]...の[が]]「Sです」：左文の(省略形)、

・「〜[は]「S [が][[S'な/する]...の)][です]：右文の(省略形)、と想定できるので、少しでも省略を復元する方法を考える。

・「主主'補文」＝「〜は「それがS①「-S③。」と主'を立てると...主'[が]補③で：主'が示唆する(補語)行動の状態であると納得しやすい。実際には次文のように主'＝補語S①でもあります。

・「主述補補文」＝「〜は-行くY②「のがS①「-S③。」のように先行文を代承する構文にして「-S③の状況説明力」を強めるのが定着してきたのだろう。それが「〜は〜が」構文なのです。

この意味でも「〜は〜(の)が」の「主部律」と体言/用言の「述語律」をしっかり身に着けることが必要です。

186

以上、名詞文を元にして日本語構文の俯瞰的な把握、理解を求めてきました。　その結果、「基本構文型」を選択演算式一般表記に一本化して考察を進めることができました。

第二章2-7節で動詞文を元にした日本語の【基本構文型1】や

第四章4-4節で形容詞文を含めた【抽象構文型】に基づき

本章5-6節.4)項で自問自答形式の【基本構文型2】を導入しました。

各種の「本旨構文」例をモデルにして、発話の応答文、自答文の構造変化を演習・解析してここまで来ました。

　重要なことは、・言葉の意味が内包する二面性：

：㋐である：性状・状態・条件・措定の表出（体言・形容詞的説明）か、

：㋑する：動作・事象の表出（動詞的表明）か、

のどちらか選択描写し、選択聞き分けが必要なのだと結論しました。

＿【要点整理】＿

・日本語は、係助詞[は]を用いて「㋐である/㋐です」を述べる標識にします。

つまり、「登場人・物」の誰をでも/どれをでも、それを選んで、

その状況/状態/評価/関係性を説明することが、[は]の本務です。

（必ずしも主体の明示ではありません）

なお、もちろん「㋐である」は判定詞のことですが、付属語要素ですから自立語に付属して「肯定/否定/推量」機能を発揮します。

・動詞に付属する：→行くY②/③/③'[+]「:の(形式名詞)」+です、

・形容詞に付属する：>うれしいY②/③/③'[+](:の)+です、

・名詞名容詞に付属する：=|社長/:|はず/:|元気/:|予定/;|そう/;|べき[+](なの)+です、のように疎膠着[+]します。

（例：用言+形式名詞:の+判定詞＝事象の状態説明文に変身します。

また、動詞文の形式名詞:'の'に、の＝社長/はず/元気/予定/そう/べきと、どれを代入しても成立する構文ができます。つまり、状況説明文にするために判定詞で締めくくることも普通なのでしょう。

Y②/③/③'は②連体形修飾/③終止/③'不定形の構文相を一括示唆します）

・また、格助詞[が]を用いて「登場人・物」の中から誰か/どれか[が]発動/受動/互律者であると明示します。（必ずしも主体の明示ではない）

言外にそれが他者(は何もしていないから)とは違うのだと示唆するのが、

[が]の本務です。

　抽象構文型の考え方を使うことで少ない概念知識で一般論化してきました。
「〜は／〜が」の意味を解説するうえでも抽象構文型に助けられました。
・現代の日本語が四品詞三活用①連用②連体③終止を片寄りなく並行的に
運用していることにも配慮して一般論化を心掛けました。
（例：判定詞は名詞文専用ではなく、動詞文/形容詞文にも後続します）

　日本語の基本構文型を考察するなかで「主部律「述語律」の均衡を目指して
きましたが、「主語律」は優先しないで「主部要素・補語要素の「主部律」を重
要視しています。

1.　用言(動詞・形容詞)は主語がなくても不定詞形全形を不便なく活用で
　　きるから、いつでも「述語」です。
　　（もちろん文脈明記が必要な公開文章なら主語が初出で揃う必要が
　　あります。連発する必要はありません）

2.　同様に「補語・判定詞＝補語文」は、いつでも「主部律「述語律」を発
　　揮する「補語(+述語)」機能なのです。

3.　この補語文の文法則に対する公開理解度が低く過ぎるかも...
　　・補語は「主部律「述語律」があり、主部に対する関係付け：名前付け/
　　事由付け/解答付け/状態付け/推量付け/...の機能を発揮します。
　　（つまり、AはBです：A=Bの意味ではありません。Aに対する関係性／
　　状況説明をBで表現するのです）

第六章で最終考察をしながら整理します。

第六章　新文法の「日本語構文「述語律」

6-1. 構文主部内での「主部律「述語律」
　　＜本旨構文の主部要素に修飾句をつける：概念表＞

6-2. 構文内の開始格：「作文学習基本法」
　　＜基本構文を探る4：作文開始格を示す＞

6-3. 構文述部内での「述語律」
　1）動詞述語は、動詞語幹[/]接辞語幹[/]接辞語幹、
　2）形容詞述語は、形容詞語幹[k]接辞語幹[/]接辞語幹、
　3）名詞・名容詞：終止形に限り名詞文形態…

6-4. 難解？構文での「述語律」
　　＜難解？構文例：述語律記号を付けて表記＞
　　＜古語的強制表現の場合＞

6-5. 日本語述語文法の新手法一覧
　表1）日本語の膠着連結の種類と記号
　表2）[挿入音素]の種類と記号
　（表＜挿入音素と態接辞の由来推測、活用一覧の概念推測＞）
　表3）動詞活用形の一般形式表記
　表4）不規則動詞活用形の表記
　（表＜動詞活用派生の順序：態を最初に＞）
　表5）形容詞活用形の一般形式表記
　表6）派生膠着でのイ音便表記
　表7）述語の「述語律」と「律記号」の一覧表
　（態動詞：12種、形容詞：3種、名詞・名容詞：3種）
　表8）構文主部の範囲を識別する
　9）構文の「主部律」と「述語律」を適合させる
　（基本構文型1、基本構文型2：RPNスタック表記）
　【基本構文を探る5：文構成要素を「択一/要否」選択する】
　　＜言葉の概念：意味の内包性/外延性、意味の真芯/縁辺を知る力＞
　　＜～[は/が/の]、～[で/に/と]：助詞の意味を悟る＞
　　＜単語、助詞の意味の真芯：辞書の使い方＞
　　＜動詞活用派生の一覧表形式の再考＞
　　＜主要四品詞の活用一般形式：構想案＞。

最終章では日本語述語の新文法を「述語律」の視点から総括します。
まず、構文構造：主部/述部の基本構成について考察します。

6-1. 構文主部内での「主部律」「述語律」

　日本語構文の基本形式は「主部に述部が後続する構成」です。
・「主部」は、構文の「登場人・物」に相当し、「誰が」「何を」「誰に」「いつ」「どこで」など、実体概念を名詞(+助詞)で示します。
・「述部」は、主部がどうしたか、主部はどう見えるか、主部はどう/何であるかを描写します。

　本章で日本語構文を確実に解釈・作文するための「新手法」をまとめ上げたい。ここまで各章において自立語の四品詞：「動詞、形容詞、名詞、名容詞」の「膠着派生の構造」や「構文要素としての(構文相)活用形」について解説してきました。

　構文解釈に対する「新手法」の新概念を「四品詞と「三活用形」に絞り込んだ考え方で解き明かすことを目指します。
(「構文の四詞三活」法則という概念に当てはめます)
・主部要素＝名詞/名容詞＝登場人・物を明示する。
・「主部律」＝主部要素に「格助詞/係助詞/連体助詞/...」を付加して
　相互の規律関係：主/客/対象/...の格関係を明示する。
・述語要素＝動詞/形容詞/名詞/名容詞の①連用形/②連体形/③終止形
　の活用形で構文構成を明示する。(「構文の四詞三活」の適用)
・「述語律」＝述語要素が登場人・物を如何に規律するかを明示する。
　述語律の種類＝動詞：12種類、形容詞：3種類、名詞/名容詞：3種
　類、に分類しました。

・構文内で「主部律と「述語律」両者の規律関係が正しく呼応すると、
　判りやすい文章になります。(主部律＋述語律＝構文律)
「主部律」「述語律」の概念を少しずつ述べてきましたが、それが日本語構文を解釈したり作文したりする基本技術の元であり、その技術力をさらに向上させる一助につながるようにと考察を展開します。

本題に入りながら、構文相活用形について復習します。
・体言、用言を活用して文章構文を作り出します。
・体言の膠着活用は「体言単語[+]助詞[×]接辞語幹[/]接辞語幹…、」
・用言の膠着活用は「用言語幹[/]接辞語幹[/]接辞語幹…、」
と語幹/語幹の連結ですから、体言とは膠着方法が異なります。
(膠着強度順:[/]派生、[×]縮約、[+]複合の3種あり。記号式での簡略読みを
仮称で決めておくと、[/]割る、[×]掛ける、[+]足す、でもよいかも)

・構文内の両者:四品詞の活用機能形式は、一覧表の形式にして
「未然・連用・終止・連体・已然…」の然形式(動作相)で学習してきた。
・実際に文章構成に機能するのは、(動作相ではなく構文相の)
「①連用・②連体・③終止」の「3つの(構文相)活用形」が必須です。

・近世では「已然形が独立して可能動詞」となりうるから、
「可能動詞」が果たす「①連用・②連体・③終止」の機能が追加され、
古語時代の感覚でいうと「①連用・②連体・③終止・④已然」のような「構文相
の拡大時代」が到来したのです。画期的な時代です。
(已然は「動作をやり遂げる意味」を持つので、これで構文相にも動作
完了相が添加されたわけです。文章表現の幅が格段に広がったのです)

・古語辞典(参考図書③)で初めて「辞典の見出し語を①連用形で示す」
英断による編纂出版が断行されました。
①連用形が文献文章に確実に残るほどの「強い構文相の機能」をもっている
と発見した実績を実証する素晴らしい辞典です。

　が、一般に学問の素養があると「活用形に動作相や態相を混在させる」考え
方を嫌います。なぜでしょうか。
活用一覧表には「動作相/構文相/態相」が混在しているにもかかわらず、そ
の整理の必要性・発展性を見逃しているようです

日本語の構文を構成するには、

・動詞と形容詞の用言語幹[/]活用：「活用する膠着活用法則」による
「構文相3活用形：①連用、②連体、③終止」を基本として用います。

・名詞と名容詞の体言単語[+]助詞活用：「密結合の活用をしない膠着活用法則」により「体言も構文相3活用形：①連用、②連体、③終止」があるとの考え方を適用すべきであると気づきました。

・体言単語：T①連用＝T[+]（は/が/を/に/で/…）、

・体言T②連体＝T[+]（の/な/なの/…）、

・体言T③終止＝T[+]（判定詞：である/だ/です/であります/…）などの形式により、「構文の「主部要素も「述部要素も「同じ構文規律に→従った「構文相を→使って「文章作成を」→するのです。

（これが「構文の四詞三活」法則についての簡単な説明です）

　では、本題に入って日本語構文の構成を調べていきましょう。
特に練習しておくべき基本中の基本構文の構成を「本旨構文」と名付けます。

1. 「本旨構文」とは単文構造で、必要な（複数の）主部要素＝
   「登場人・物」（+格助詞）を先行配置し、
   後続に述語一つで事象叙述や状況説明する構文のことで、
   修飾句をつけない単純な骨組み構文です。

2. 本旨構文の例：単一述語文形式。「括弧の「なかが」主部範囲。
   a.「女は「男に」→復讐した。/ b.「象は「鼻が」:>長い。
   c.「本は」→もう読んだ。 / d.「僕は「:|うなぎ」+だ。

3. 複数の主部要素：T には「T1～「T2～：直列入れ子型カギカッコ記号」
   をつけることで主部範囲を識別します。
   また、
   文末の述語の頭には述語律記号 →記号、:>記号などで区別する。
   ・上例のa.b.c.文は「主部要素と「用言述部」で構成されている。
   ・上例のd. は、「主部要素と「補語要素と」＋判定詞で構成されています。
   この「補語要素」＋判定詞の構成は「名詞文/補語文」と呼び、
   判定詞（ +です、+だ、+である ）は、名詞文の③終止形であり、
   付属語述語の役目を意味しますが、「述語律」を持ちません。

・名詞文は「主部要素と「(述語律記号付き)補語要素」だけで
「構文の意味＝「主部律＋補語律(述語律)」を発揮させるのです。
（補語文は決して「主部要素＝補語要素」の意味ではない！）
・これで本旨構文の「主部＋述部」を記号識別し、意味解釈ができます。

4. 「主部律」とは主部要素に「〜は/が/に/を/...、「〜の・は/が/に/を/...
」、のように(格/係)助詞をつけることで各主部要素間の相互関係が規
律されることをいいます。
（単独の「主語律」ではなく、「主部律」です）

5. 「述語律」とは、同類の述部要素（動詞文、形容詞文、名詞文）
が共通に発揮すべき文法的叙述の役割（主部要素との関係規律）
をあらかじめ定義・開示したものです。
単一の述語が規律を発揮するので「述語律」と呼びます。
（「述部律」とは呼びません）

＜本旨構文の主部要素に修飾句をつける：概念表＞
　実際の作文なら本旨構文の主部要素に「修飾句・文節」が連接されて、事象
の経緯や枝葉の事柄を膨らませて語りだします。

修飾文節の作成・連接方法について再整理しましょう。
1. 本旨構文は単文形式ですから、これに接続詞などを付加して新たな
単文をつなぐこともできますが、接続詞の使用を想定していません。
本旨構文から安易に逸脱しないで、本旨構文の範囲内で修飾句を付
加して複文化することを目標にしています。

2. これは発話の場での応答文を作り出すことに相当します。
応答文は、本旨構文の構造種類から即答文、回答文、陳述文、と
3種類の文型を作り出せますし、簡潔で応用の利く作文力を養成でき
るからです。

6-1表＜修飾句の係り承け用法：正順、正順的を選ぶ＞

修飾用法	用例	修飾句節＞	＞被修飾語	正順逆順
㋐限定用法	①	述語・連体形	㋑主部要素	＊逆順的
	②	名(容)詞+(な/)の	㋑主部要素	正順的
㋑叙述用法	③	副詞、連用形	㋒述語要素。	正順
	④	(㋑主部連用形)+述語連用形	本旨構文後続要素	正順
	⑤	(㋑主部連用形)+述語 終,連体形	㋓補語要素(措定語)要素 事由名詞	○正順的
	⑥	(㋑主部連体形)〜の/な	形式名詞 態応名詞	

注：修飾句の「主＋述」順序に注目した結果を最右端枠に示した。
・本旨要素は＞被修飾語枠の㋑、㋒要素だけで構成されている。
・修飾句節は㋑、㋒に先行（㋐限定用法）もしくは後続（㋑叙述用法）するので、主部㋑要素に対して逆順/正順が生じる。

　6-1表は、本旨構文の主部要素、述部要素に対して修飾句を付加する場合、意識して選択すべきことを一覧表にしたものです。
・用言要素を使うのか、体言要素を使うのかを選択すること、
・修飾結果が「主−述」の正順か、「述−主」の逆順かを認識すること、
の2点を説明するための概念表です。
　1.　㋐「限定用法」：連体形修飾
　　：①用言連体形、②体言連体形の活用形を先行させて
　　主部体言を修飾する。
　　①用言：述語：連体形で「主部要素」を修飾する。逆順。
　　②体言：名(容)詞+の/な：連体形で「主部要素」を修飾する。
　　正順的並び。(①形容詞や②体言の連体形修飾では、逆でも正順扱い)
　2.　㋑「叙述用法」：連用形修飾
　　：主部要素に後続して、用言連用形により本旨事象を修飾する。
　　③用言：副詞、連用形で「本旨述部要素」を修飾する。

正順的並び。

（直接に本旨述語を限定修飾する場合もあるが）正順的並び。

④体言：先行主部要素の叙述を用言連用形で修飾する。正順。

（用言・連用形での叙述は事象の進行途中の表現かと感じる。
その点が終止・連体形との違いがある）

3. ⓘ「叙述用法」：連体形修飾

⑤用言：先行主部要素の叙述を用言連体形で修飾すると同時に後続
補語に文意を引き継ぐ。正順的。

⑥体言：先行主部要素自体を体言連体形に活用して後続補語と結託
して影響力を伝える規律を発揮する。正順的。

6-1表の概念表で記憶に残してほしい点は、

・㋐「限定用法」：①用言連体形、②体言連体形での修飾。

・ⓘ「叙述用法」：③用言連用形、④主述文：連用形での修飾。

・ⓘ「叙述用法」：⑤用言連体形、⑥体言連体形での修飾。

の用法表枠で示すように「用言修飾/体言修飾が整然と並行する
方式であることです。

　つまり、㋐-①の代わりに㋐-②で言い換える、またはⓘ-③の代わりにⓘ-④
により返答したり、ⓘ-⑤の代わりにⓘ-⑥で即答することが発話の場では日常
的に起こります。基本的に「用言終止形 ／体言終止形」についても並行する
感覚があり、恣意的選択に任されるのかもしれません。

例：うなぎ屋での会話なら、つぎの2文はほとんど同じ意味になる。

・「僕は「注文を「:|ウナギに」→します。/「僕は「:|ウナギ」+です。

　また用言は人称変化が起きないので、用言を不定詞用法で使うと叙述用法
でも限定用法に解釈するほうが最適の場合もあり得ます。

4. そこで、㋐/ⓘ連体修飾形を使う場合の様子について、
修飾を受ける被修飾語(連体底)の補語体言に何を選択して終止形に
至るかで、話しの流れが変わることがあります。

・整理しながら構文構成について考察していきましょう。

6-2. 構文内の開始格:「作文学習基本法」

　前表を改良して右欄枠に(格)助詞の選択配置する方法を示します。この表を「作文学習基本法」に応用できるかと思索しました。

6-2.1表＜修飾句係り承け用法の応用:本旨構文の助詞の選び方＞

【⑦限定用法】		修飾句節＞	＞被修飾語	(格)助詞
用例①	―	述語・連体形+	【⑨主部要素+】	+は/が/を/に/で/と/の,
用例②	―	名(容)詞+(な/)の+	【⑨主部要素+】	・エ判定詞
【①叙述用法】		＜修飾句節＞	＞被修飾語	(格)助詞
用例③	先行句	副詞、連用形+	【エ述語要素】	＞終止形。
用例④	【⑨主】+は/が…(連用形)	+述語連用形、	(接続助詞)、	+本旨復帰で/は/が/に/を/,
用例⑤		+(述語連体形+)	【⑦補語要素】指定語/措定語/事由・形式名詞/推量・伝聞接辞	+エ(なの)+判定詞。
用例⑥	【⑨主】+の	+(述語連体形+)		

・作文学習で本旨構文作り:1つの述語で単文を叙述する。
　:被修飾語⑨主部+助詞とエ述部とで1行文の骨組み文を作る。
・その本旨構文の各要素に必要な修飾句節を付加して
　事象説明を深めます。
・特に①叙述用法では、先行句に対して体言/用言の修飾句節を
　加えると複文構造になります。
・本旨構文の基本構造を守るような修飾句の付加ができたなら
　まずは合格です。
　　　　本旨例文に表中の修飾用法を適用して演習してみよう:
　1.　限定①用例
　　　:①→読んだ「本は」①→借りた「⑨図書室に」エ→返した。
　　　限定①用例
　　　:①:>こわい「本は」②「にぎやかな「時に」エ→読もう。
　2.　限定②用例
　　　:②「利口な「Aは」②「無策の「Bに」→復讐した。
　3.　叙述③用例

:「Aは「Bに」③ついに→復讐した。

4. 叙述④用例

　:「Aは④↕なぐられ(て/た・ので)「Bに」→復讐した。

5. 叙述⑤用例

　:「Aは「Bに(⑤↕なぐられた) オ「うらみを」③→晴らす+べく→復讐した。

6. 叙述⑥用例

　:「Aの⑥(↕なぐられた)オ「うらみは「Bに」→復讐して③やむ。

・叙述⑤用例、⑥用例は本旨構文を膨らます構造になっていますが、日本語文法上の工夫に当たるのだと気づいたのです。

7. 上の叙述⑤/⑥用例では修飾句(なぐられた)が省略可能なくらいに、被修飾語:連体底「うらみ」の「述語律」が強力です。
同時に「⑥用例:名詞連体形」が分身的に「用言の連体形」を飲み込んで連体底に達する叙述性能を内包できるという証左かと思います。

8. 注意すべきは、修飾連体形に対する「連体底:補語体言」が増えると、名詞要素が増えます。
・その名詞の種類は、動作名詞、動名詞、固有名詞、普通名詞、措定語、事由名詞、形式名詞、推量接辞、など何でもありです。
・また、構文中での補語名詞の意味は「文脈の流れ」により「動作名詞的であったり、状態名詞的であったり」の二面性を持つので、構文解釈が難しくなります。

9. 既出例文の「太郎は…「:|予定」+です。のように、補語+判定詞で構文が終結する場合、二面性の判断が大事です。だから、
・「太郎は…「:|予定な(の)」+です。:～なの/～の+判定詞が状態・状況の説明判定詞に使える(の)です。
・～[+]n(i[×])a(r[-]u[+]状態・状況にある+も)の[+]de[×]ar[-]u＝
～な(る状態・状況にあるも)の+である＝～なの・である。

　自己査読の何巡目かに6-2.1表を慎重に深読みして上項の8.項、9.項の気づきを得たので「新手法の改善策」を追記して書き直しました。
一例をここに載せます。(事由は6-5.3表,6-5.4表に示す)

6-2.2表:日本語の作文学習基本法:主部活用+述部活用+補語活用

文要素	主部要素:T+	+述部要素:Y+		+補語要素:S+
活用形	名(容)詞:M	形容詞:K	動詞:D	連体底/措定語:S
語例: (語幹)	春 静か	uresi- haya-	makas[-]e- yom-	の/はず/わけ/, よう/そう/措定S
①*1+ 否定形	*1 Mでは+ [+]na[k]0i 春ではない	K[k]u+ [-]na[k]0i うれしくない	D+ [a/-]na[k]0i 任せない	*1 Sでは+ [+]na[k]0i はずではない
①+ 促進形	*1 Mに+ [+]si[y]ou 静かにしよう	K[k]u+ [+]si[y]ou 早くしよう	D+ [-/y]ou 読もう	*1 Sに+ [+]si[y]ou ようにしよう
① 連用形 *1	M+は/が/に/ で/を/と/, M+には/ では/とは,	K[k]u+ [-]te, うれしくて 早くて	makas[-]e+ [0i=IQ/-]te, yom[0i=N]de 任せて/読んで	S(の/なの)+ +は/が/に/で/を/と/, +には/では/とは,
③ 終止形	M+判定詞。 (名詞文)	K[k]0i. (形容詞文)	D[-/r]u. (動詞文)	+S(の/なの)+ +判定詞.(名詞文)
② 連体形	M+(実体)の M+(状態)な	K[k]0i うれしい	D[-/r]u yom[-]u	S+(実体)の S+(状態)な
実現④	—	K[k]ere-	D[-/r]e-	—
仮定⑤	M+なら	K[k]0i+なら	D[-/r]u+なら	S+なら
命令⑥	*1 Mに+ 春に[+]si[r]o	K[k]ar[-]e 早かれ	D[-/r]e/o 任せろ/読め	*1 Sに+ 静かに[+]si[r]o

注:6-2.2表の構造:自立語四品詞の活用形に早期に馴染んでおくべき。
・横に文要素:主部M,My、述部K,D、補語Sを並べ、(四品詞活用)
・縦に「活用形立掛け一覧形式」を立てる。(動作相/構文相混在)
・学習の早い段階で、四品詞ごとの活用形態を区別できるようになると、確実な進歩が期待できるでしょう。

幸い「新手法的な基本構文型」を思いつき、前章の2−7節、5−6節、4-4節の「日本語の基本構文を探る1、3、2」で内容を練り上げて「新手法の基本構文型1、2」をすでに提起しています。

1. 結果的に本節の6-2.1表は知識として必要であるが、直接的に文章作成を誘導してくれる「完成文型」を想起させないことが判りました。
6-2.2表の内容はもっと早期に提示しておくべきだった。

2. 結果的に分かったこと、工夫すべきことは、
・構文中で各文節要素が確実に機能を発揮するのは、次の3つの構文相：①連用形、②連体形、③終止形、のどれかである...と、絞り込んで「文型を簡潔化する」把握法が第一歩です。
・便宜上、構文が複文形式へ拡張することを予測して、
基本構文＝(先行文)：主部体言T+述部用言Y...
　　　　＝(後続文)：補語体言S+述部用言Y、の形式を想定しておく
とよい。
（後続文の補語は連体被修飾の連体底：Sokoで始まることも多いし、指定語や措定語、推量語なども補語として後続文の始めに使われることが多いので、補語＝S記号とします）

3. 構文相の記号化の具体例：
・体言主部要素の構文相＝T①連用形、T②連体形、T③終止形、
・用言述部要素の構文相＝Y①連用形、Y②連体形、Y③終止形、
・補語体言要素の構文相＝S①連用形、S②連体形、S③終止形。

4. この考え方を用いて既に第二章2−7節、第五章5−6節で「日本語の基本構文：選択演算式一般化形式表記」を考察・提起しました。（完成文型を想起できる利点があります）
・再掲【基本構文型1】：選択演算式一般化形式表記
【T①(T②/Y②)T①-Y①/Y②...S①(S②/Y②)[S①-S③./S①-Y③.]】
注：記号( )要否選択、記号 / 択一選択、記号[ ]範囲整理、
記号...先行文末尾・後続文開始、などを明示する。
・先行文：T①(T②/Y②)T①-Y①/Y② で限定修飾と叙述修飾を
選択できる。

・後続文：S①(S②/Y②)[S①-S③./S①-Y③.] で限定修飾と叙述終わり
の体言文と用言文を選択できる。
・要素を取捨選択してよい。例：「僕はT①…「:|うなぎ」S③+だ。
　T①(T②/Y②)T①-Y①/Y②…S①(S②/Y②)[S①-S③./S①-Y③]。

5. また、第四章4-4節では、[は/が]構文の抽象的機能識別を
試みました。抽象構文型：である=(補語)である、する=用言、
【～[は/が]＋[である/する]…(の)[が/は]＋[する/である]。】
の抽象概念的な選択演算式の考え方も提起しました。
・先行文：開始格はT[は/が]で始まることが多く、
・後続文：開始格は(の)[が/は]で始まることも多くあります。
（基本構文よりもっと抽象的な概念構文ですが、日本語構文の基礎を
支えている文法則です）

＜基本構文を探る4：作文開始格を示す＞
・基本構文型1：/ 択一選択、( ) 要否選択、[ ]範囲整理。
【型1：T①(T②/Y②)T①-Y①/Y②…S①(S②/Y②)[S①-S③./S①-Y③.]】
＿＿＿＿先行文＿＿＿＿＿＿＿＿＿…後続文：体言文/用言文＿＿：説明1
＿＿＿主部要素＿連用/連体＿＿＿＿…補語要素/用言述語＿＿＿＿＿：説明2
＿＿＿T:作文開始格＿＿＿＿＿＿＿＿…S:作文開始格＿＿＿＿＿＿＿：説明3
＿＿＿各要素はすべて要否選択の対象になります＿＿＿＿＿＿：説明4

　選択演算式の基本構文を演習しながら一般化表記の使い心地を
実感してください。
（説明1～4は次の例文の演習のあとで自答できそうですね）

例a：T①(T②/Y②)T①-Y①/Y②…S①(S②/Y②)[S①-S③./S①-Y③.]
「太郎はT①「明日T①「大阪にT①→行くY②…「:|予定S③」+です。
＝T①T①(T②/Y②)T①-Y①/Y②…✓S①(S②/Y②)[S①-S③./S①-Y③.]
（人魚構文も基本構文にきちんと収まる構造です。取捨選択を明示する
ために、取り消し線で不要要素を消しておきます）

例b：T①(T②/Y②)T①-Y①/Y②…S①(S②/Y②)[S①-S③./S①-Y③.]

「太郎はT①「明日T①「大阪にT①→行くY②...↙
...「のにS①「PCR検査をS①」→済ませたY③か？
のように、後続文の頭部も作文開始格に相当するので、
人魚構文からも簡単に脱線して用言文に変身可能です。
＝T①T①(T②/Y②)T①-Y①/Y②...↙S①(S②/Y②)[S①-S③./S①-Y③.]か？
・後続開始「の[に]S①を、接続助詞と割り切らないで形式名詞：の、
が連体底を果たしS①連用形で後続開始したと解釈するとよい。
（なるべく「構文の四詞三活」構成を想定して解釈するとよい。国語文法は膠
着法解析につまづき、品詞解析も正確には定まらないのです。もちろん品詞
機能の流用・兼用があり一定に定まるものではありませんが）

例c：T①(T②/Y②)T①-Y①/Y②...S①(S②/Y②)[S①-S③./S①-Y③.]
「太郎はT①「大阪にT①→行くY②...「予定でS①」:>忙しいY③。
＝T①(T②/Y②)T①-Y①/Y②...S①(S②/Y②)[S①-S③./S①-Y③.]
（S①-Y③ 述文の「述語律の力」は安定なので、連体底補語が直接、
後続開始格になっても意味の不安定は起きない）

　本旨構文に登場する人物が多くなると、基本構文を何本かつなぎ込む必要
があります。
・先行文の開始格の位置＝T①(T②/Y②)T①、
・後続文の開始格の位置＝S①(S②/Y②)[S①-S③./S①-Y③.]、の
どちらかのS①ですから、
・先行文1：T①(T②/Y②)T①-Y①/Y②...S①、
・先行文2：T①(T②/Y②)T①-Y①/Y②...S①、（追加修飾文節）
・最終後続文：(S②/Y②)[S①-S③./S①-Y③.]　と構成するのがよい
でしょう。（...S①部分が接続助詞的に機能する場合を考慮する）

　本旨構文の文末述語は一つですから、その「述語律」に適合するような修飾
句を書き加えて因果関係や状況説明を明示します。
作文の試行錯誤をする場合も基本構文の要素を択一/要否選択しながら
言葉を選んでいくと楽しいのではなかろうか。

　基本構文の演習ではいろいろな場面が想定されます。

先行開始部の例：T①(T②/Y②)T①が繰り返し使われる場合や、
「象のT②特徴はT①「鼻がT①「腕のT②「ようにT①使えるY②↙…
「くらいにS①長いY②「：|ことS③」＋です。＿＿＿
：後続文の終了処理が補語文/用言文の繰り返しの場合、
（…「くらいにS①長いY②「：|ことS③」＋です。に対して、
…S①~~(S②/Y②)~~＋S③. ~~/S① Y③.~~、で対応できますが、）さらに、
・終了処理に判定詞類似の表現をつけることがあります。
補語文終了で：-S③＝-S③-S'③、S①-Y②-S'③、
：(-S'③：(な)のです/ということです/(な)のだそうです/…)
・用言文終了で：-Y③＝-Y②-S③-S'③、-Y②-S'③、
：(長いY③。＝長いY②動物だS③そうですS'③。…)
これらに対しては、S'③を形式名詞：|の、;|そう、:|ということ、…、
を含む補語文として一括把握すると便利です。
なにしろ判定詞には「述語律」がなく、発話者の恣意的な選択で自由に変化します。
（先行文の接続処理、後続文の終了処理を並行して考察していくと、この基本構文のような両文相似の構造になります）

6-3. 構文述部内での「述語律」

　日本語の主部内の述語の働きと、述部内の述語の働きも基本的には同じ働き方ではありますが、意味が働く範囲に違いがあります。
構文最終尾の述語は、先行の主部要素・補語要素の全体に「述語律」を働かせることになります。
「述語律」とは、個々の述語の意味ではなく、同類の述語が構文主部＝「登場人・物」との間に発揮する意思的な関係規律を表す言葉です。
初耳の方にも比喩的になじみやすく解説します。

1. 動詞の「述語律」で言えば、自動詞/他動詞の別には区別なしです。瞬間動詞/継続動詞、意思動詞/無意思動詞、その他、動詞の種類に対しての区別ではありません。
2. 動作主体が「自律」動作するのか/対象物が「受律」動作するのか、主体と客体が互助「互律」して動作の完遂をするのか、主体が「律他」動作：他に命じてやらすのか/客体は服従的に「自律」動作するのか、

このような視点で「動作規制」を識別します。
・態動詞の働きに相当する(12通りの)区別が基本です。

3. 形容詞の「述語律」は、
　①属性を有する実体が自律で「属性律:>」発揮するのか、
　②感覚主体が受律で「感情律:<」を誘発するのか、
　③その属性実体が律他互律のように「属性律」を発揮し、
　同時に感覚主体に「感情律」＝「感情属性律:<>」を誘発させるのか、
　3通りの識別を明確に区別し「述語律」とします。
　例:「饅頭がT①:>こわいY②」「源さんがT①…今度はS①「お茶がS①」:
　>こわいY③「とS'①」言い出したY③。
　＝T①(T②/Y②)T①…S①(S②/Y②)[S①-S③./S①-Y③.]+S'①-Y③.
　(「とS'①」言い出したY③＝[S'①-Y③]の形式は用言文の
　一種、付け足し文と解釈したほうが実践的でしょう)

4. 名詞・名容詞述語の「述語律」は3通りです。
　述語構造が「体言＋判定詞」であり、体言は主部側に「補語」として組み込まれ、その「補語体言」の性質の違いで「述語律」がほぼ決まります。体言の区別を憶えてください。
　判定詞自体では構文に対する述語律を持ちません。

　①「指定律 =|」＝名付け律:体言が「固有名詞、役職名、分類名」などであり、対象主体に「=|名前付け」するため、判定詞とともに名詞付けする。先行の体言①連用形に指定語の補語③終止形で名付けするから、主体＝＝補語の合同性/唯一性は保証しない。(公文書ではひんぱんに使用する)

　②「措定律 :|」＝当てはめ律:体言に「普通名詞、事由名詞(はず、つもり)、形式名詞:の+(は/が/で/に/を/と/)を使い、先行の実体や事象の連体形に連結し先行事象を承け止めて態応する動作名詞などの体言で「:|当てはめ(言い換え)関係付け」の規律を発揮する。

③「推量伝聞律 ;|」：先行文(終止形)に連結する「よう、そう、(接辞)らしい、べき、」などの形式名詞/接辞/判定詞で推量や伝聞であることを示し、「;|推量律「;|伝聞律「関係付け」規律を発揮します。
（判定詞の「でしょう/だろう」促進形も推量表現に使用する）

　以上、用言・体言の「述語律」定義を復習しました。
「述語律」は便宜的に「述語の終止形：不定詞的」に対応する機能として定義してあります。
・「述語の活用変化形」に対して「述語律」がそのまま適用できる場合が多く、一律に決める必要性がないのと、複雑になるだけで利点もないようです。（構文相の３活用形を強調して憶えるように指導するとよい）

　では構文解釈のなかで「述語律」をどのように役立てるのかを整理しておきましょう。（「律記号「述語律」に注目してください）

１）動詞述語は、動詞語幹[/]接辞語幹[/]接辞語幹、
語幹に[挿入音素]接辞語幹の密結合で態動詞、活用形を作り出す。
6-3表＜態動詞の三系四態の「述語律「律記号」12通り＞

	①能動態	律記号	⑤強制態	律記号	⑨使役態	律記号
原系態①	D-[-/r]u	→自律 ←受律	D[-/s]as-[-/r]u	・→ 律他	D[-/s]as[-]e-[-/r]u	;→ 使役律
可能態②	-e[r]u	↔ 互律	-e[r]u	・↔律他 互律	-e[r]u	;↔使役 互律
結果態③	-ar[-]u	↑ 果律	-ar[-]u	・↑律他 果律	-ar[-]u	;↑使役果 律
受動態④	-ar[-]e[r]u	↕ 果互律	-ar[-]e[r]u	・↕律他 果互律	-ar[-]e[r]u	;↕使役 果互律
集合記号	能動四態 律記号＞	✤	強制四態 律記号＞	・✤	使役四態 律記号＞	;✤

表注：強制可能態＝使役態なので11種類ですが、
能動態は「自律→/受律←」の2組持ちですから、12種類となります。
・「態の三系四態」：能動系を基本の「四態：♣記号」として、
それぞれ「述語律」を「→/↔/↑/↕」の記号で示しました。
①能動態：自律→/受律←：主体の自律動作/対象の受律動作。
（→記号で兼用OK）：薬は飲む/飲む薬、で「飲まれる薬」と日常的には言いません。対象物の立場での「受律」を文法概念に確立させましょう。
②可能態：互律 ↔：主体が動作完遂にむけて、客・対象・周囲条件の合致に尽力し相互規律しあいます。
③結果態：果律↑：完遂実現の状態、動作結果の現れの事象規律。
④受動態：果互律↕：動作結果の事態・影響に対処する相互規律。

　これらの「述語律」は構文主部の「主部律」と規制しあいます。
注目すべきことは、①②③④の四態すべてが「主体の動作規律だけではなく「登場人・物：主/客/対象」の誰とでも規律しあいます。
人間優位(潜在)でも対象物には「受律あつかい」で規律します。
（例：「本(とT①いうY②の)はT①」→座ってY①…→読みましょうY③。
：T①(T②/Y②)T①-Y①/Y②…S①(S②/Y②)[S①-S③./S①-Y③.]）
（例：「本(にT①対するY②態度)はT①→座ってY①…→読みましょうY③
：T①(T②/Y②)T①-Y①/Y②…S①(S②/Y②)[S①-S③./S①-Y③.]）
「本(〜〜)は」構文の[は]係助詞の機能は修飾句(〜〜)を潜在させている、あるいは[は]係助詞が後続文に「状況説明/動作条件/性状状態/行動規範」の記述を要求する標識助詞なのであろう。

⑤強制態：律他 ・→：主体(・)が命令・指示し、客体(→)が服従的自律動作をする規律です。
強制系四態は主体(・)が命令・指示し、客体(♣)が服従的四態動作をする規律に相当します。
⑨使役態：律他互律＝使役律 ;→：主体(;)が命令・指示し、完遂に必要なら助勢・助言し、客体(→)が服従的自律動作をする規律です。
使役系四態は主体(;)が命令・指示し、完遂に必要なら助勢、助言し、客体(♣)が服従的四態動作をする規律に相当します。

「態の三系四態」には、言いなりにしか動かない「他律動作の規律」を含みません。
「新文法」では「他者の動作を規律する」という意味で「律他」を新定義します。
（国語文法で「律他動作の概念」を専用語に明示していないのが不思議なくらいです）
その場合の「他者の動作＝服従的自律、ほとんど自律動作」とみなします。
（客体が「他律動作：一から十まで指示を待つ状態」であることを
主体は望まないはずです。一を言うと六、七まで自律で動いてほしい）
　　使役系の主体側動作は口先だけの命令、指示でなく、完遂に向けて手助け、助力を他者と合わせて実行することが、強制系との違いです。
・態動詞は「四態まとまり」で把握すると便利ですが、三系相互への
飛び移りも可能です。
既述例：「滝に」↕打たれ；↕させられました。：
・滝に ut[-]ar[-]e[s]as[-]e[r]ar[-]e[i/-]mas[i/-]ta.
（受動から使役受動へ飛び移りの表現です）

2）形容詞述語は、形容詞語幹[k]接辞語幹[/]接辞語幹、

語幹と語幹が[挿入音素]を挟んで接辞派生させて活用形を作り出します。
・形容詞語幹K：すべて母音末なので[-/k]＝[k]の挿入音素でよい。
　　形容詞活用はK[k]0i 直接系（シク活用）と、K[k]ar[-]u 判定系（カリ活用）の2種系統が併存します。「述語律」に差はありません。
・形容詞「述語律/律記号」は、3種類に大別して識別する。
①「属性律 :>」：実体、事象が発揮する「属性（誘発）規律」、
例①:：>かたい、あぶない、ほそい、よい、わるい、しろい、あかい、（実体が自律的に属性を誘発すること）
②「感情律 :<」：実体、事象の属性誘発により登場人物に「対応感情を起こさせる規律」、
（実体の属性が必然的に相手の感情を誘発させること）
例②:：<あつい、さむい、つめたい、くるしい、おもたい、
③「感情属性律 :<>」：上記2つを同時に誘発する形容詞
:「感属律」。（実体の属性が相手の想いと互律的に反応しあう状態になること）
例③:：<>うれしい、たのしい、こわい、なつかしい、

・形容詞述語は接辞を密結合する形派生、時派生、など複数回の派生を重ねて目指す叙述描写に到達させます。

3）名詞・名容詞：終止形に限り名詞文形態になります。

　その述語文節は「名詞（名容詞）＋である＝判定詞」の構造であり、
体言部分は「先行主部構文の補語要素の位置付け」で、
判定詞部分が「＋である、＋だ、＋です、」の付属語コンビの述語要素に相当します。（付属語要素であり、独自述語律を定義できません）
・判定詞＝[+]助詞[×]接辞語幹[/]接辞語幹・・・
　＝[+]d(e[×])a(r[-]u), [+]de([×]ar[i]ma)s[-]u, de[×]gozar[0i]mas[-]u,
：「＋である、＋だ、＋であります、＋です、＋でございます」が併存する。
判定詞は発話者・記述者の判定・断定表現なので、恣意的な選択に委ねられている。（構文中の主体が直接関わらない）
・また、助詞：で＝にて由来なので、＋である＝＋に(し)てある＝＋に(し　てあります)す＝＋に(しま)す＝＋ですの流れで判定詞になることもある。
・普通名詞とつながる「措定律」の補語文に多い用法です。

・名詞/名容詞文の「述語律/律記号」は3種類に大別します。
①「指定律「=|名詞」+です」：実体、事象に「名前付けする規律」で、名詞は固有名詞、分類名詞、職能名詞、抽象名詞などに判定詞が付きます。
例①：「これは「=|ペン」+です。（これ：指示詞＝ペン：ではない）
・「それ(を→壊した「の)は「=|彼」+です。（それ＝彼：ではない）
・「これが「=|いちご大福」+です。（これ＝いちご大福：ではない）
・「受付(が→ある「+の)は「=|3階」+です。（受付＝3階：ではない）
（本当は：|うそ+です：うそ：普通名詞には厳重注意が必要です）

②「措定律「:|名詞」+です」：状況説明や事由説明を表現するため、出来事や叙述事象に「当てはめ、言い換える「名詞(事由名詞/普通名詞/形式名詞/抽象名詞)」などを構文最後に配置し判定詞を付けて終結します。
既述例：「太郎は「明日「大阪に→行く「:|予定」+です。
：措定名詞文：「:|予定」+です は、先行動詞文の内容を「承け止め/対応を明示し」て補完している。（太郎＝予定：の合致を意味しない）

・措定での「:|予定」+ですを解釈するなら、＝(→行く)「:|予定＝つもり」+です／＝「予定」に(→決め)てある(状態です)、のどちらかの意味のはずです。(名詞文の補語名詞が、補語でありかつ(カッコ内述語により)述語律を持つことの証拠です)

③「推量・伝聞律「;|そう」+です」：実体、叙述事象に「推量・伝聞の描写を付加する規律」で、らしい、べし、そう、よう：形式名詞などを先行させて判定詞を付けます。
例③：「太郎は「あの時「大阪に→行く「;|べき」+でした。
・判定詞述語は[+]be[k]i[+]de([×])s[i]ta.のように、接辞を密結合する相・派生、時制派生、など複数回の派生を重ねて目指す叙述描写に到達させることができます。

6-4. 難解？日本語構文での「述語律」

　日本語構文で難解？と感じる文型にはいくつかの問題点の類型があります。

1. 典型的な問題点は、日本語の構文規則＝主部＋述部の順に並べるという簡単明瞭な文法則がありながら、応用局面での構文規則を定めていないことです。
2. 「新手法」として構文規則を解説したのは、
 ・6-2.1表
 ＜修飾句の係り承け用法の応用：本旨構文の助詞の選び方＞や、
 ・6-2.2表
 　＜日本語作文基本法：主部活用＋述部活用＋補語活用＞、
 ・既述【基本構文型1】、
 　選択演算式基本構文型1：一般形式一行表記の基本構文型：
 【T①(T②/Y②)T①-Y①/Y②…S①(S②/Y②)[S①-S③/S①-Y③]。】
 ・既述【抽象構文型】：である＝(補語)である、する＝用言。
 【～[は/が]+[である/する]…(の)[が/は]+[する/である]。】
 などの項目です。
 構文作成の基礎から応用までに適用できる法則です。
3. まず、構文の主部要素に対して限定修飾か/叙述修飾かで、述・主逆順か/主・述正順かが分かれます。

なるべく動詞・連体形の限定用法には注意し他主部要素に
影響しないような配慮が必要です。
4. また「主部要素：主部律「述部要素：述語律」の典型的な影響力は、作
文開始格に〜[は]/[が]のどちらを使うのかに掛かります。
・[は]で始まる文は述部が名詞文、形容詞文で状況・状態を表現、
・[が]で始まる文は述部が動詞文、形容詞文で動作・好悪を表現、
するのが日本語の特徴です。
・[は/が]を反転して使う場合も「述語律」は変わらないが、
文末に判定詞類似の、-のです、-ということです、などを付けて「[は]に
適合する状況表現」に変換する手法もあります。
5. 日本語では「人称立てのない」構文でも「登場人・物」要素の一つか、
二つがあれば「文章の開始」になります。
・「？主語律」：主語の有無の問題(こだわらず)ではなく、
・「主部律」＝「登場人・物」相互間の関係性を考慮します。
・「述語」があれば叙述(意思)者・述語の意図が現れて、
「登場人物と「述語」との関係性の規律が確認できるはずです。
だから、「述語律」をしっかり感覚になじませるように憶えること、習うこ
とが大事です。

「述語律」の考えが学習の場に浸透していないのでは日本人でも難問に感
じたり、質問のしかたも見つからなかったりします。
・「述語律」が浸透していないので、言語の専門家であっても迷言を吐露しま
す。
例：人魚構文？「太郎は「:|予定」+です。:「太郎は「:|予定な「の」+です。と必
要な脳内演算が専門家にもできない？
(〜[+]n(i[×])a(r[-]u)+のです：今の様子が:|予定にある状態の意味です)
・「裏木戸は」→開けてあります。→ake[i/-]te[×]ar[i/-]mas[-]u.
：別の専門家曰く：〜「てある」は他動詞に付く（自動詞には付かない）と言いま
す。しかし文法規則にしてはいけません。
・「朝のうちに「本日分は」→歩いてあります。aruk[0i=I/-]te[×]ar-
[i]mas[-]u.　自動詞でも「を格」をとる動詞もありますし、〜「てある」の「ある」
が＝ar=e[r]e[r]u＝動作完遂の実現した状態との意味を潜在させてあるので
す。（動作完遂は自動詞/他動詞どちらにも起こります）

「新手法」の立場では、難解構文を解決する際の切り札として、
【基本構文型2：選択演算式・自問自答構文】を提起してあります。
（発話の場での潜在文脈を一度想定して自問自答してみると解決できること
が多いでしょう）

＜難解？構文例：述語律記号を付けて表記＞
第五章5-6.4)に既述【基本構文型2】(応答/問答共用構文型）
【T①(T②/Y②)T①[-Y①…/-S①…]/[-Y②/-S②](「のか」S'③？)…
　…S①(S②/Y②)[S①-S③/S①-Y③](「のか」S'③？)。】
（先行文は「〜は「何？」が」→どうした(のか？)、と深層文脈の疑問を表現し、
後続文は「〜は「答！」が」〜である/→ている(のか？)と応答する自問自答構
文型です）
・先行文からの出口(…)は3箇所あり、疑問文の出口は「のか？」…。
・後続文は基本構文型1と同じでよいが、疑問文末にする場合がある。
　問答構文型2は構成が短絡的な端折り文を説明するのに最適です。
既出例：うなぎ文（自答部分が即答文になる）
・「僕はT①「何？」がT①→注文したいY②「のか」S③？…
　　「(僕はS①)「:|ウナギ！S③」+だ。：問「何？」答「ウナギ！」。
【T①(T②/Y②)T①[-Y①…/-S①…]/[-Y②/-S②](「のか」S'③？)…（自問文）
　…S①(S②/Y②)[S①-S③/S①-Y③](「のか」S'③？)。】（自答文）
：僕[は]の[は]には格助詞の機能がなくて、(関)係助詞の機能を発揮して
「僕と関係することを表明しますよ」という識別助詞です。
「僕とウナギ」の関係性があるのだとやんわり主張する構文です。
例：自問自答文（電車内予告放送）
・「次の停車駅はT①〜(「どこに？」か)…「石神井公園駅S③」+で(に-停車し-ま)
す。：+です＝+に(-し-)てある＝+に(-し-ま)すという変化形です。

例：他問自答文（答えが端折り文）
・「お姉さん[は]T①「どこに？」T①→いるY②「のか」S③？…
　　…「お姉さん[は]S①「:|台所！」S③+です。（自答文・即答文）
【T①(T②/Y②)T①[-Y①…/-S①…]/[-Y②/-S②](「のか」S'③？)…問どこ？
　…S①(S②/Y②)[S①-S③/S①-Y③](「のか」S'③？)。】答「台所！」

：潜在文脈に答えるなら、「お姉さん[は]T①「：|台所！[に]S①」…の端折りであると「主部律」の平衡がとれるが、文の終止が端折られる。
・構文の締り具合では「お姉さん[は]T①「：|台所！S③」＋で(に-居-て・はりま)す。の表現もあったろう。補語「：|台所S③」に「述語律」を預け、判定詞＋ですには無役を割り振って、文の終止とした。
・即時的な締まり処置は、「お姉さん[は]T①「：|台所なS②「の」S③」＋です。＝：|台所S①[に][×]あるY②のS③＋です＝～台所[+]n(i[×])a(r[-]u)[+]です。＝～補語Sなのです。(今にある様子をいう)
という「：|補語なS② ：|の＋です：状況判定詞」や「Y② ：|の＋です：状態判定詞」を使うと分かりやすくなります。

例：他問自答文の選択演習(自答文・即答文)
・「姉[はT①/のT②]」「子供[が/は]T①「男・女？：|どちら」S③＋ですか？…「姉[は]S①「：|男！」S③＋です。(自答：端折りの程度が凄すぎ)
【T①/(T②/Y②)T①[Y①…/ S①…]/[Y②-S②](「のか」S'③？)…どちら？
　…S①(S②/Y②)[S①-S③/S①-Y③](「のか」S'③？)。】答「男！」
：「姉[には/のは]「：|男！」＋です＝「姉(の子供)[は」「：|男(の子)！」＋です＝「姉[は/の]「子供[が/は]「：|男！」＋です、と選択肢はあります。

　最近では端折り文の万能化が進み始めているかもしれない。
・「僕(のT②ほう)[は]T①「：|ウナギ」S③＋です。：～(のほう)は、疎隔化
・「お姉さん[は]T①「：|台所(のS②ほう)S③＋です。：～(のほう)、疎隔化
・「姉(のT②ほう)[は]T①「：|男(のS②ほう)S③＋です。
：～(のほう)、疎隔化。
～のほう[は]：相互に直接的な関係を言わずに「離れたままの疎間的な関係」を表現したいのだろう。曖昧な関係性を挿入する感じを受ける。
(疎間化とか疎関化という言葉が必要になります)

　一方、～[は]は、直接な関係＝(直関)係助詞であり、表現の相対尺度で曖昧性のない直接関係を指し示して、文末述語まで修飾要素が長く続いても比較的安定に理解できます。

逆に端折り文のように措定語(述語)が近い場合には、深呼吸をして「間を空けて措定語との距離感をとり、「合同/同一/一体/合体なのか」と勘違いしないように構えましょう。

～[は]は、直接関係がある/の状態にある/と評価できる、というような指定語/措定語構文を先導する提題助詞なのです。

・現代では、補語+判定詞や、～[は]の意味の理解が学者にも若者にも正しく浸透していないのか？ 人魚構文に懲りての反動反応と同根の曖昧化が進行しているのだろうか？

　当然、～のほう[は]を乱発するよりは、補語(のほう)[を]端折り過ぎないように注意して発話する(ほう)がよい。

既出例′文：

a：「太郎[は]T①（→出張するY②）…「：|予定S③」+です。

：T①(-Y②…)[S①+S③]/[S①-Y③].：主(述)補文の(回答)即答文。

b：「太郎[は]T①（→出張するY②）…「予定でS①」:>いそがしいY③。

：T①(-Y②…)[S①-S③]/[+S①+Y③].：主(述)補述文の(回答)陳述文。

：基本型1の後続文…S①(S②/Y②)[S①+S③]/[+S①+Y③].の選択演算によるa文は+S③で連体底補語(述語律)を立てて終止し、b文では+S①+Y③で連体底補語と用言(述語律)終止形を並べてある。本来a文でも直前に修飾語を盛りだくさんに付加できるように…S①(S②/Y②)を設定してある。

：「太郎[は]→行く「：|予定S③」/→指導に行く「：|予定S③」/「出張の「：|予定S③」/「それ[が]「：|予定なのS③」/「確定済なのS③」/「緊急の:|要請なのS③」など、少しでも補語に状況説明を盛り込む努力がほしい。

　同時に、～[は]構文の～[は]は決して「主語/主体を専用に明示する「係助詞」ではありません。主部要素のどれかに焦点を当てて説明するための(関)係助詞です。

　第五章5-6.4)で自問自答文として

【基本構文型2】(応答/問答共用構文型)

【T①(T②/Y②)T①[-Y①…/-S①…]/[-Y②/-S②](「のか」S'③？)…

　…S①(S②/Y②)[S①-S③/S①-Y③](「のか」S'③？)。】を提起した際の迷走例文が「コンニャク[は]S①」→太らないY③。でした。

・「コンニャクは太る」ならOK？「～太らない」ならNG？なのか。

いや、どちらもNG！であり、コンニャク自体が太ったり(自律/受律動作)、太らなかったりに言及する構文形式ではNGなのです。
・太る:「述語律」が自律動作を意味するはずです。
しかし食品は自分で太る事はありません。(4年5年かける栽培期間中では段々と太るようですが)受律動作で太るでしょうか？
これもありません。
コンニャク[は]、直接意図的な関係を持ち「太る動作」を体現しませんから、迷走文と見抜けます。(自律/受律の文法感覚を身につけること)
・「(人が食べても)「コンニャクS①[では:具材あつかい]」→太らないY③。:とするのが簡潔な改善法だと既述しました。

もしも空想で？コンニャクが自律意図を持つと認める地域があるなら、
・「コンニャクはT①(「人をS①」)→太らかさないY③。と、
:無律他動詞化して:hutor[-]ak[-]as[a]na[k]0i と会話するでしょう。
:T①…(S①)-Y③。
この新造語の述語なら立派に自律意図が伝わります。
(無律化の態接辞:-ak- は古代ク語法と呼ばれるが、現代では忘れられかけており滅多に派生造語に使われない。第一章1–5節([挿入音素]の種類)に説明があります)

次例:不定形述語の用法(動詞の概念詞:不定詞述語)
・「この問題[は]T①→解くY'②…「の[が]S①「:|簡単S③]+だ。
文型1【T①(T②/Y②)T①[Y①/-Y'②]…S①(S②/Y②)[S①-S③/S①Y③].】
:ここでの「解く」は動作概念を表現するいわゆる不定詞の扱いです。
動詞の場合は「態の三系四態」の原系態の名称を流用できますが、
一般化して「概念の不定詞:Y'/D'/K'/T'/S'/M'/M'y」を新たに定義しておこう。
(記号で不定詞概念を示すための定義です)
日本語の不定詞は、文章中で使われるとき、Y'①/Y'②/Y'③のように構文相を使い分けることができますから、不定詞と気づかずに活用できます。
(動詞は主体人称による変化が不要ですし、自律/受律の機能もあり、元来的に「概念詞」の領分に近いのです。述語自身が果たす「述語律」を正しく理解して活用させることが重要なのです)

6-4.1表　日本語の基本構文型1で演習：応答文形式（選択演算式）

例文：このT②問題[は/を]T①→解くY'②...の[が/は]S'①簡単S③だ。			
	主部要素	述部要素	:例文をRPNスタック表記で示す
先行文	~~T①~~[T② ↘T①	~~/Y②]~~↙ ~~[Y①/~~Y'②]...↙	問題[は]T①：これに注目、説明しよう。 問題[を]T①→解くY'②：不定詞で概念化。
後続文	↘...S'①[S② ~~[S①~~S③ ~~↘/S①~~	~~/Y②]~~ 。~~(/-)~~ (My文) ~~Y③]~~。(用言文)	解く...の[が]S'①：解く自体[が]S'① 解く...の[は]S'①：解く難易度に注目'、 :|簡単S③+だ。

例：複主単述構文：主部複数で述語単独の構文

・「登場人・物」に対する状況説明や動作事象の陳述構文は、通常では主体/客体/対象/などの複数の主部要素を単独の述語により必要な相互規制をして事象描写をします。

・「源さん[は]」「饅頭[が]」:<>こわい:(源さん、饅頭):<>こわい感属律

?「饅頭[は]」「源さん[が]」:<こわい。:?こわい源さんに饅頭びびる？

・「花子[は]」「ピアノ[が]」:↔弾ける。:(花子、ピアノ)弾ける。互律。

・「ピアノ[は]」「花子[が]」:↔弾ける。:(ピアノ、花子)弾ける。互律。

・「象[は]」「鼻[が]」:>長い。:(象の鼻):>長い:特徴説明。

・「鼻[は]」「象[が]」:>長い。:(鼻なら象):>長い:条件出し解答。

・「私[は]T①「このエ具[が]T①...「:|危険(なS②もの)S③」+だ、とS'①
→思うY③。:文型1(無理に複文構文に当てはめると)

【T①(T②/Y②)T①[Y①/Y②]...S①(S②/Y②)[S①-S③/S'①-Y③].】

:私[は]＿＿工具[が]危険だ＿＿と思う、の入れ子型構文です。

:工具[は]＿＿私[が]危険だと思う。:結論的評価の押し付け...

・「彼[は]」「財布[が]」:↕盗まれた。:(彼、財布)↕盗まれた。果互律。

・「財布[は]」「彼[が]」:↕盗まれた。:(財布、彼)↕盗まれた。果互律。

例：態接辞の多重派生の可否判定

　動詞の活用節は膠着強度が強い[/]派生による生成なので、国語学は態接辞の正確な切り出し/分析ができないままに今も過ごしています。

（第三章で態派生を既述しましたので、問題項目だけあげます）

・可能態動詞：D[-/r]-e[r]u の-e[r]u(可能態接辞)：判定OK。

・結果態動詞：D[-/r]e[r]-e[r]u(！NG)＝D[-/r]-ar[-]u(！OK)。

・受動態動詞：D[-/r]e[r]e[r]-e[r]u(！NG)＝D[-/r]ar[-]-e[r]u(！OK)。
（NGでも意味は理解できる。二重派生は-ar-接辞で表現する先史の知恵。現代も先史の知恵に追いつけない？　いや現代人も大勢は知恵を働かせている。可能態がD[-]e[r]u から始まり徐々に母音末動詞：D[-/r]e[r]u にも広がったことは文法則に適うとの考えを述べた学者を一人だけは確認できます：参考図書②284頁。たった一人です）
・「ら抜き言葉」＝D[-/(r)-a)r[-]e[r]u＝D[-/(ら抜き)r[-]e[r]u という無茶な「かな文字論理」が21世紀の現代でもまかり通り続けるとは信じられません。（可能態：動作完遂尽力中！の意味/受動態：尽力実現しての反応！可能実績・受身！の意味です。表現範囲が違うから、それぞれ自立する動詞です）

例：強制態：-as-接辞の多重派生の誤用
　強制態：D[-/s]-as[-]u、使役態：D[-/s]-as[-]e[r]u、の膠着方法も密結合の[/]派生によるものです。学校文法では使役態を主に教えているのでしょう。それが原因なのか、強制態関連の誤用が目立ちますし、学者、教師の率先推奨？的な誤用も気になります。
・式典の舞台上での「～を読まさせていただきます」というと、
：yom[-/s]-as[-]-as[-]e[i/-]te ＝yom[-]as[-]as[-]e[-]te [+]いただきます。
（強制-as- +使役-as[-]e- の連結で「二段階強制」の構造です）
これでは代読の代読を意味しますが、発話者はていねいなつもりです。
：読ま(？未然)？させ(使役)て＝yom[?a/-]+?s[-]as[-]e[-]te、と解釈しての二段階強制とは気づかないで発話してしまいます。
・考えさせて＝kangae[-/s]as[-]e[-]te＝kangae[s]as[-]e[-]te：一段使役、
・読ませて＝yom[-/s]as[-]e[-]te＝yom[-]as[-]e[-]te：一段使役で、つまり両者はD[-/s]as[-]e[r]u：考えさせる/読ませる＝共通一般形式から派生されるのです。（読ませて == 考えさせて：これが共通の一段階使役です）
・膠着語の連結を「かな文字解釈」でひねり出すのは危ういことなのです。

＜古語的強制表現の場合＞
・難解？「甲は乙に丙を」；→感化せし↔める。
（丙を感化することを甲は乙にさせようと仕向ける意向を持っている）
：現代口語では「感化させようとする」で代行可能。
・感化せしめる：kanka[+]s[e]s[i/-]m[-]e[r]u：

:感化す＋as[i/-]m[-]u →感化さしむ←kanka[+]s[-]as[i/-]m[-]u が
規則的派生ですが、「する」の不規則に引かれて、
kanka[+]s[e]s[i]m[-]u せしむ、と変化がついた（と推測する）。
または、kanka[-]se[-/s]as[i/-]m[-]u：感化せさしむ の正統的な不規則の流れ
が最初だったのかもしれません。
（せしめ・る：一段活用するのは現代人の後追い文語の造語でしょうか。
現代なら、感化させよう：使役動作を心の内に勧める意味です）
・先史 ＋as[i]m[-]uが先に生まれたが、心理表現の-[i/-]m[-]u用法が
心裏的忖度の感じが強く思われて早くに廃れてしまいました。
しかし、態接辞：-as- は、強制形態で現代でも継続して使われている。

　　態接辞：-ar-、-as-、-e-、を調べてみると、古語時代の変遷も分かってくるので
すが、学術的な研究領域を順序立てて理解しているわけではありません。た
またま、図書館で新書版の文法書を読んで「感化せしめる」の引用文章に出
会ったのがきっかけです。

・孫引き引用の難解？　水谷静夫『曲がり角の日本語』(2011/4)
(参考図書：④)の第1章18頁での引用部分：
・「旧藩が鳴雪に期待していたのはその士大夫(したいふ)としての
　素養や精神をもって書生たちを感化せしめることであり、」
　[司馬遼太郎『坂の上の雲』文春文庫1巻288頁]···引用終わり。
　　この引用部分を水谷本が解説するところによると、
『感化せしめるでなく、書生たちを感化する』でよいのでは、
と指摘してある点を取り上げたいからです。

・水谷本の解釈構文（推測です）：
「旧藩[が]鳴雪[に]→期待していた...の[は]↙
(鳴雪[が])その士大夫(したいふ)としての「素養や精神を→もって...↙
「書生たち[を] (-)→感化(せしめ)する：|こと」+であり、
と解釈して、『書生たち[を]→感化する』でよいと指摘したのだろう。
・だが「鳴雪[が]書生たち[を]→感化する」に限定した解釈でよいのか。

・司馬本：本旨構文の論理は「旧藩が「鳴雪に「書生たちを」・→感化せしめる（「という「淡い期待を」→秘めていた）、であったのだろうと推測する。（司馬本の原本部分も引用の文節以上は見当たらない）
「旧藩と「鳴雪に」対する司馬本の思い入れが含まれた「主部と「感化させようとする魂胆の「述語」を正確に活かす構文とはどんな文型ならよいのだろうか。
・感化せしめる＝感化させようとする：kanka[-]s[-]as[-]e[-/y]ou+to+su[r]u（と目論む）というのが司馬本の使役態「述語律」です。
・司馬本の構文構成を推測してみると、
：「旧藩(が (鳴雪に)→期待していた…「の)は
「(鳴雪に)「その素養や精神を→もって…
「書生たちを→感化させる「:|こと」+であり、
という使役態の述語律を使う意図だったのだろう。

・私見修正１：最小限の手直しなら（RPNスタック記法風に）、
「旧藩[が]T①→期待していたY②…↙
「の[は]S①　：T①(T②/Y②)T①Y①/Y②…S①、
「鳴雪[に]T①その士大夫としてのT②素養や精神をT①→もってY①…↙
「書生たち[を]S①・→感化せしめるY②↙
「:|ことS③」+であり①、
　：T①(T②/Y②)T①T①-Y①/Y②…S①(S②/Y②)[S①-S③①./S①-Y③.]、
と修正する。
（鳴雪[に]を期待文節の外に出して目立たせるのがよいと判断して、
構文型１の先行文を２個使い、旧藩述語と鳴雪述語の２本立てにした）

　現代口調なら、（修正別案ですが）
修正２：「旧藩[は]T①「鳴雪[に]T①
「その士大夫としてのT②素養や精神をT①」→もってY①…↙
「書生たち[を]S①・→感化させようY②…「とS'①」→期待していたY③、
（↑旧藩と鳴雪が気脈を通じた相互関係である場合の想定）
　または、修正２'：最後のY③だけ替えて、
「書生たち[を]S①」・→感化さそうY②…「とS'①」→目論んでいたY③、
（↑旧藩と鳴雪が初対面的な関係の場合を想定）

：T①,T①(T②/~~Y②~~)T①T①-Y①/~~Y②~~…S①(~~S②~~/Y②)(~~S①~~-S③/S'①-Y③)}、
(どちらの想定文でも基本構文の選択演算が同じになります。
もちろん一行におさまる表現だからよいのではありませんが)
これなら旧藩が人材育成の目的意識を持っていたことが判ります。

　少し追加の釈明を述べておきたい。
主要な主部「登場人・物」ごとに修飾節を付加するにしても、
それが肝心の「他・人物」を修飾句に巻き込んだ表現にならないよう
切り離したのです。
・修正1：「旧藩[が]期待していたの[は]鳴雪[に]書生たち[を]感化させること」：
(単文が2つで、旧藩が両文に係る機能が弱い感じです)
・修正2：「旧藩[は]…鳴雪[に]書生たち[を]感化させる…期待していた」
：(単文の中に入れ子型で鳴雪文節を入れ込み、本旨構文を明示する)
この修正2の構文で「(短い)旧藩[は]…(長い)鳴雪文節…→(恣意的)期待した。」という特徴がありそうです。

　焦点を当てる「～[は]」は短くすると印象に残り、遠くまで届くので、長い本旨文節が入り込んでも～[は]効果が続く。最後は～[は]と呼応する述語を比較的恣意的に選択できる。と考える/と期待する/と目論む…など。
・「主部要素と述語律記号で構文構造」を明示すると、
修正2の述語律構造：(旧藩(・鳴雪→書生たち)→期待)：鳴雪文節を使役態のままで入れ子型にしてはさみ込んで表現できる。
(修正1の述語律構造：(旧藩→期待(・鳴雪→書生たち))：(長い主部～期待では)鳴雪文節を使役態に保持しきるのが難しくなる？)

　司馬本が本旨構文の骨組みを見据えながらも、
「旧藩が」の「修飾句」に「鳴雪に」を入れ込んでしまうが、
「鳴雪に」の「修飾句」を工夫し相手の能力評価を盛り込んで、
「書生たちを」→感化さす、という使役構成を守っています。
横道へ外れず迷子にならず本道へちゃんと戻っています。
・司馬文：述語律記号で構文を考察すると、(「期待」が邪魔だが…)
「旧藩が「鳴雪に→期待していた…　：(旧藩→鳴雪)
「のは「その士大夫と→しての「素養や精神を→もって…：(鳴雪→)

「書生たちを」・→感化せしめる「:|こと」+であり、:(・→書生たち)
：司馬文の述語律記号構造：(旧藩→(鳴雪・鳴雪)→書生たち)という形で
【主・述の規律関係＝構文律】を明確に示せます。
(使役の述語律記号が描写しにくいので、分かりにくさもあるのか)
・水谷文の述語律記号構造(簡略に推測記号化した)：
「旧藩[が]鳴雪[に]→期待していた…の[は]✓：(旧藩→鳴雪)
(鳴雪[が])その士大夫(したいふ)としての「素養や精神を→もって…✓
「書生たち[を] →感化する「:|こと」+であり：(鳴雪→書生たち)
：全体構造：(旧藩→鳴雪(鳴雪→書生たち))で使役態がない構文です。

　構文の全体構造を「主部語と述語律記号の組み合わせ」により再確認しま
す。(この方法を【基本述語律構文型】の表記と名付けます)
・a.司馬文：(旧藩→(鳴雪・鳴雪)→書生たち)、：→期待、・→感化さす
・b.水谷文：(旧藩→鳴雪(鳴雪→書生たち))、(推測)：→期待、感化、
・c.修正1：(旧藩→(・鳴雪→書生たち))、：→期待、・→感化さす、
・d.修正2：(旧藩(・鳴雪→書生たち)→)、：・→感化さす、→期待、
見比べて判るのは、a.b.c.文には2つの述語：期待と感化が鳴雪に係っている
ことがはっきりします。d.文は鳴雪に感化の使役設定がされたのが明白です。
使役が優先構造で伝わり、期待は旧藩の内情の付け足しとも解釈できます。
　文章を読みながら意味の構造をこんなふうに理解していけるなら、脳内の選
択暗算に「新手法の工夫」が役立つものだといえます。
また解釈の討論にも道具として使えるようになるかもしれません。

　水谷本(参考図書④)には、辞典編集者の経験から発する日本語の未来へ
の危機感が満載です。
・端折り文の救済に「曖昧化：～のほう」が広がっていると論じたのは水谷本
の記述に啓発されたものです。
　当筆者も、同世代として共感できるところもありますが、未来では「かな解
析」偏重・優先で築き上げてきた負の実績を改めて、古語文法に現代文法の
光を当てて「一本道での継承を平明に開示していく」時代になっていくのを夢
見ています。

6-5. 日本語述語文法の新手法一覧

　構文解釈の方法論を述べる前に、各章で解説した「新手法」での工夫を一覧表の形式で順に辿っておきましょう。

6-5.1表　1）日本語の膠着強度の種類と記号

膠着強度：3種類	膠着場面	膠着用途	膠着記号の例
①密結合 [/]派生	語幹と語幹の連結	用言の活用形派生	[挿入音素]：6種類
②疎結合 [+]複合	単語と単語の連結	単語結合で造語用	酒屋：sake[+0a]ya
③略結合 [×]縮約	慣用句内の略式 (判定詞内など)	である/~だ/ /で(ありま)す/~な	[+]d(e[×])a(r[-]u), [+]de([×]ar[i/-]ma)- s[-]u, [+]n(i[×])a(r[-]u),
膠着概念 [#]記号	膠着操作の記号化	膠着により文章化	

6-5.2表　2）[挿入音素]の種類と記号（用言発話の際に択一選択）

[挿入音素]の種類	[挿入音素]の単音	後続接辞の例：	母母子子音の回避
[連結母音/無音]：2	[a/-],[i/-]	-na[k]0i, -hazime,	接辞頭部が子音
[無音/連結子音]：4	[-/r],[-/s],[-/y],[-/k]	-u, -e, -o, -ar-, -as-,	接辞頭部が母音
(語幹[/]接辞語幹で) 動詞派生例：	置：ok[a]na[k]0i, 散：tir[i]mas[-]u,	ok[-]u,ok[-]e[r]u,mi[r]u,mi[s]as[-]u,tabe[y]- ou, mi[r]e[r]u,tir[-]as[-]u,tir[-]ak[-]as[-]u,	

　用言活用形の基本は「先行語幹[/]後続語幹」の膠着によるものです。挿入音素：[連結母音/無音]／[無音/連結子音]の2種類を用意し選択演算できることが必須条件になります。（母-母/子-子連続を回避するため）
・選択演算式の[挿入音素]表記が文法規則の把握確認に役立ちます。

―

6-5.3表　挿入音素/連結子音/態接辞/の由来関係（推測段階）

[挿入音素]	連結母子音	態接辞	由来推測（態接辞と挿入音素,連結子音の類似性）
[a/-]	[a]　母音	-	明瞭な音。注意喚起に最適。(意味不成立もあり) (大部分の子音末語幹動詞の未然打消用法で成立)
[i/-], ([e/-]) (語幹に (母音末	[i],[e]母音 組入れ) 語幹動詞)	-	([a]が不成立の動詞に対しては) [i]動き出しで識別可能な動詞の連用/未然共用。 [e]動き完遂で識別可能な動詞の連用/未然共用。
[-/r]	[r]　子音	-ar-	[ar][r]:ある/有る/在る/自動詞、 自他[+]ar-動作で実現の結果ある:受動態接辞、
[-/s]	[s]	-as-	[as][s]:する/他動詞、自他[+]as-他動:強制態接辞
[-/y]	[y]	-ay-	[ay][y]:iw[-]ay-u[r]u,ar[-]ay-u[r]u,古語自発可能接辞
[-/k]	[k]	-ak-	[ak][k]:iw[-]ak-u,tir[-]ak-as-u,asob[-]ak-as-u,:古語 概念化/無律化接辞。dam-ak-as,dam-ak-u[r]ak-as,

6-5.4表　活用形一覧表の概念推測（述語文法の全体推論に関与する）

自立語	名詞/名容詞	実際の例-6-2.2表を見て!	・この表は 表枠概念を明示する目的のものです（未完成）			
	形容詞(語幹)		・縦軸列：文節要素の並び方を示唆している。 ・横軸行：構文相の並び方を示唆している。 ・自立四品詞の構文相を一覧表にする工夫が必要。			
	動詞(語幹)					
軸	活用軸――	~~未然~~	正然連用①	事然終止③	係然連体②	已然実現①′
接辞・助詞	態接辞	・態：動詞だけなので三系四態：一覧表:6-5.7a,b,c表を参照。				
	時制接辞 授受/否定 推量/判定詞	・個別的な構文相活用表を作り込んで 　整理するまでに至っていない。（新文法として未完） ・（3次元活用軸の機構がほしい）				

注:活用＝自立語節[#]活用節と概念化すると、膠着概念[#]が重要な位置付けにある。（自立語の活用形一覧概念表です。表の実現にはもっと統一汎用化の工夫が必要になります）

―

6-5.5表　3）動詞活用形の一般形式表記（動詞派生:D[/]接辞語幹…）

規則動詞 （語幹が	動詞語幹 一定不変)	挿入音素	接辞-終 止など	派生例：活用形の例を示す。 ・書,食,泳,遊,見、の語幹を使う例。
未然	・kak- ・tabe-	[a/-]	na-[k]0i.	・kak[a]na[k]0i, tabe[-]na[k]0i,
将然促進		[-/y]	ou.	・kak[-]ou, tabe[y]ou,
正然連用,	・kak- ・tabe-	[0i=IQN/-]	te/de,	・kak[0i=I]te,：書いて, oyog[0i=I]de, ・tabe[-]te,：食べて, asob[0i=N]de,
係然連体-	・kak- ・tabe-	[-/r]	u-	・kak[-]u,：書く, oyog[-]u,：泳ぐ, ・tabe[r]u,：食べる, asob[-]u：遊ぶ,
事然終止.	・kak- ・tabe-	[-/r]	u.	・kak[-]u,：書く, oyog[-]u,：泳ぐ, ・tabe[r]u,：食べる, asob[-]u：遊ぶ,
已然実現,	・kak- ・tabe-	[-/r]	e,	・kak[-]e[-]te,：書けて, ・tabe[r]e[-]te,：食べれて,
命然命令	・kak- ・tabe-	[-/r]	e(yo)！ (ey)o！	・kak[-]e!：書け！oyog[-]e!：泳げ！ ・tabe[r]o!：食べろ！mi[r]o!：見ろ!

注：五段活用／一段活用を選択演算子[/]を使うと一般化して表記できます。
（すべての規則動詞をこの表に従い活用演習できます）

[挿入音素]の種類・意味は6-5.1,2,3表に記述した通りです。

（新文法の最初に入口、正門受付を通過した段階です）

・6-5.5表：動詞活用表：未然～正然～係然～事然～已然～命然という
枠組みは、学校文法に沿うものです。

　しかし、日本語の構文作成の明確な指針法則がないので、新文法としては
6-5.4表のような概念で改新したいが、未完状態です。

・6-5.4表：自立語四品詞(名詞/名容詞/形容詞/動詞)[#]活用節(構文相①連
用形/②連体形/③終止形)の形態で基本文章を構成することを明確に示せる
活用一覧表を作りたい。（思い半ばで以下未完です）

・助動詞(接辞)の構文相活用形一覧表：接辞機能で区分した一覧表。

・助詞の構文相活用形一覧表：は/が/を/に/で/と/へ/の/な/…意味真芯。

・判定詞の構文相活用形一覧表：である系/にある系/とある系/…

6-5.6表 4）不規則動詞活用形の表記（動詞派生:D[/]接辞語幹...）

不規則 （語幹が	動詞語幹 変化する)	挿入音素	接辞-終 止など	派生例:不規則動詞は2つのみ。 ・来る/する。
未然	・ko- ・si-	[-]	na-[k]0i.	・ko[-]na[k]0i:来ない(到達点に) ・si[-]na[k]0i:しない
将然	・ko-・si-	[y]	ou.	・ko[y]ou,来よう・si[y]ou,しよう,
正然連用,	・k- ・s-	[i]	te,	・k[i]te,:来て,(来る途中でも来た!) ・s[i]te,:して,(↘到達点で?こた!?)
係然連体- 事然終止.	・k- ・s-	[-] [-]	u-[r]u- u-[r]u.	・k[-]u[r]u,:来る,(道中も含めて) ・s[-]u[r]u,:する,
已然実現,	・ko- ・s-	[-/r]	e, u-[r]e,	・ko[r]e[-]te,:来れて,(到達点に) ・s[-]u[r]e[-]te,:?すれて,
命然命令	・ko- ・si-,se-	[r]	0i！ o！	・ko[r]0i!:来い！(道中も含めて) ・si[r]o！/se[r]0i！:しろ！せい！

6-5.7a表 ＜動詞派生の第一順序＞態の三系四態:派生:D[/]態接辞語幹...

能動態 ①生成	原動詞 D-	挿入 音素	接辞-終止	派生例を示す。 （右端に:来る/するも例示:規則生成)
①↓ 能動態	・kak- ・tabe-	[ ]	-[-/r]u. ↑終止	・kak[-]u:書く ・k[-]u[r]u:来る ・tabe[r]u:食べる ・s[-]u[r]u:する
可能態	・kak- ・tabe-	[-/r]	-e-[r]u. ↑可能	・kak[-]e[r]u 書ける・ko[r]e[r]u来れる ・tabe[r]e[r]u 食べれる・s[-]u[r]e[r]u？
結果態	・kak- ・tabe-	[-/r]	-ar-[-]u. ↑結果	・kak[-]ar[-]u:書かる ・ko[r]ar[-]u. ・tabe[r]ar[-]u:食べらる・s[-]ar[-]u.
受動態	・kak- ・tabe-	[-/r]	-ar[-]e-[r]u. ↑受動	・kak[-]ar[-]e[r]u ・ko[r]ar[-]e[r]u ・tabe[r]ar[-]e[r]u ・s[-]ar[-]e[r]u

注:能動系の四態:態活用は第一順位で実行します。

—

6-5.7b表＜動詞派生の第一順序＞態の三系四態：派生:D[/]態接辞語幹…

強制態 ②生成	原動詞 D-	挿入 音素	接辞-終止	派生例を示す。 （右端に：来る/するも例示:規則生成）
②↓ 強制態	・kak- ・tabe-	[-/s]	-as-[-]u. ↑強制	・kak[-]as[-]u：書かす　・ko[s]as[-]u ・tabe[s]as[-]u：食べさす　・s[-]as[-]u
強制- 可能態	・kak[-]as- ・tabe[s]as-	[-]	-e-[r]u. ↑可能	・kak[-]as[-]e[r]u　・ko[s]as[-]e[r]u ・tabe[s]as[-]e[r]u　・s[-]as[-]e[r]u
強制- 結果態	・kak[-]as- ・tabe[s]as-	[-]	-ar-[-]u. ↑結果	・kak[-]as[-]ar[-]u　・ko[s]as[-]ar[-]u ・tabe[s]as[-]ar[-]u　・s[-]as[-]ar[-]u
強制- 受動態	・kak[-]as- ・tabe[s]as-	[-]	-ar[-]e-[r]u. ↑受動	・kak-as[-]ar[-]e[r]u　・ko-s-as[-]are[r]u ・tabes-as[-]ar[-]e[r]u・s-as[-]ar[-]e[r]u

6-5.7c表＜動詞派生の第一順序＞態の三系四態：派生:D[/]態接辞語幹…

使役態 ③生成	原動詞 D-	挿入 音素	接辞-終止	派生例を示す。 （右端に：来る/するも例示:規則生成）
③↓ 使役態	・kak- ・tabe-	[-/s]	-as[-]e-[r]u. ↑使役	・kak-as[-]e[r]u　・ko-s-as[-]e[r]u ・tabes-as[-]e[r]u　・s-as[-]e[r]u
使役- 可能態	kak[-]as[-]e- tabe[s]as[-]e	[r]	-e-[r]u. ↑可能	・kak-as-e[r]e[r]u　・ko-s-as-e[r]e[r]u ・tabes-as-e[r]e[r]u　・s-as-e[r]e[r]u
使役- 結果態	kak[-]as[-]e- tabe[s]as[-]e	[r]	-ar-[-]u. ↑結果	・kak-as-e[r]ar[-]u　・ko-s-as-e[r]ar[-]u ・tabe[s]as-e[r]ar[-]u　・s-as-e[r]ar[-]u
使役- 受動態	kak[-]as[-]e- tabe[s]as[-]e	[r]	-ar[-]e-[r]u. ↑受動	・kakaser-ar[-]e[r]u・ko-s-as-er-ar-e[r]u ・tabesaser-ar[-]e[r]u　・s-as-er-ar-e[r]u

注：強制系と使役系の四態：態活用は第一順位で実行します。
（態の三系四態の相互間で乗り移りは少ないですが、例として1件あります：
滝に打たれ-させられた）
・各系を四態にまとめて把握すると乗り移りが少なくなります。

―

6-5.8表 5）形容詞活用一般形式表記（K[k]接辞.../ K[k]ar[#]接辞...）

形容詞は 母音語幹	・こわ- ・望まし-	シク活用 （どちら	カリ活用 か選択）	派生例：上段シク活用形、 下段カリ活用形の例を示す。
否定	kowa- nozomasi-	[k]u-na[k] 0i-.	[k]ar[a]z u-.	・kowa[k]u+na[k]0i：こわくない ・nozomasi[k]ar[a]zu：望ましからず
促進 推量	kowa- nozomasi-	[+(sa)]- sou	[k]ar[-]o u	・kowa[+]sou ：こわそう ・nozomasi[k]ar[-]ou：望ましかろう
連用,	kowa- nozomasi-	[k]-u-[-]te	[k]ar[0i= Q]te,	・kowa[k]u-[-]te,：こわくて, ・kowa[k]ar[0i=Q]ta.：こわかった.
連体-	kowa- nozomasi-	[k]0i-	[k]a(r[-]u)	・kowa[k]0i,：こわい, kowa[k]a, ・nozomasi[k]0i：望ましい,
終止.	kowa- nozomasi-	[k]0i.	[k]a(r[-]u)	・kowa[k]a(r-),：こわか~, 九州方言 ・nozomasi[k]0i：望ましい,
仮定	kowa- nozomasi-	[k]0i+ nara	[k]er[-]e 推奨せず	・kowa[k]0i+nara：こわいなら, ・nozomasi[k]0i+nara：望ましいなら,
命令	kowa- nozomasi-	-	[k]ar[-]e!	・kowa[+]g(e[×])ar[-]e! ：こわがれ!? ・nozomasi[k]ar[-]e！：望ましかれ！

6-5.9表 6）派生膠着でのイ音便表記（記号：'0'=前音を消音化）

自立語節	[挿入音素]	活用接辞	派生例：完了、過去の活用表現
D(-s,-z,/母音)	[θi/-]	-te/de,-ta/da	watas[i]te, 信じて:sinz[i]te, tabe[-]ta,
D(-k) (例外:行くは	[0i=I] [0i=Q]	-te/de,-ta/da -te/de,-ta/da	kak[0i=I]te, 咲いた:sak[0i=I]ta, 行く:ik[0i=Q]ta,＝ i[t]ta:行った,)
D(-g)	[0i=I]	te/de, ta/da	oyog[0i=I]de, 騒いで:sawag[0i=I]de,
D(-b,n,m)	[0i=N]	te/de, ta/da	asob[0i=N]de, 読んだ:yom[0i=N]da,
D(-r,t,w)	[0i=Q]	-te/de,-ta/da	tat[0i=Q]te, 分かった:wakar[0i=Q]ta, utaw[0i=Q]te, tanosi[k]ar[0i=Q]ta,
・I,Q,N,に一拍長を与え、い音、Q促音、N撥音で発話する。[0i=IQN]te/deで略記。 ・イ音便が起きないのは、語幹末尾が-s,-zの時と母音のとき、[i/-]teで表現できる。			

—

6-5.10表 7)述語の「述語律」と「律記号」の一覧表

動詞述語律⑫	能動系 ✤	自律→ 受律←	互律 ↔	果律 ↑	果互律 ↕	態の三系四態記号：✤,・✤,；✤, 主→客,物←、主↔客,物:互律
	強制系 ・✤	律他律 ・→	律他互律 ・↔	律他果律 ・↑	律他果互律・↕	強制・→ 主(指示・)客(服従)自律→、
	使役系 ；✤	使役律 ；→	使役互律 ；↔	使役果律 ；↑	使役果互律；↕	使役律；→/律他互律・↔：同義 主(指示介助;)客(服従)自律→、
形容詞述語律③	属性律 :>	属性の根源がその物だと言う規律。 根源:饅頭が:>こわい,:>ほしい,				物とその属性を結び規律する ・物:>属性形容詞
	感情律 :<	事象感得し評価する規律 頭が:<痛い、うれしい,悲しい,辛い				主が感得する事態評価の規律 ・主:<感情形容詞
	感属律 :<>	感情属性が合体した規律 源さんは:<饅頭が:>こわい				主が物属性を感得する規律 ・主:<物>:属性+感情の形容詞
名詞名容詞述語律③	指定律 =|	命名:=|太郎/花子/東海道+です。 役名:=|社長/幹事/人類/食物+です。				主に名前付けする規律 ・=|固有/種別名詞+判定詞
	措定律 :|	事由::|はず/わけ/つもり+です。 形式::|こと/の/なの/+である/だ。 措定::|普通名詞(当てはめ/言換え)				事態を概念化し説明する規律 ・:|事由/形式/措定語+判定詞 (連体底=措定化が多い)
	推量伝聞律 ;|	推量::|よう/そう/接辞;らしい/べき 伝聞:(のだ);|そう/とのこと+だ。				事態を推量、伝聞化する規律 ・:|推量/伝聞+判定詞

6-5.11表 8)構文主部の範囲識別(主部=「主1「主2「主3」直列括り)

	主部要素	述部要素	:RPNスタック表記を適用した
先行文	「国境の	:>長い ↙	主部要素を'「'で括り、最後の補語要素で'」'括り終わる。 ・主部スタックには主部要素を、述部スタックには述語を配置します。 ・後続は接続詞/接続助詞も含む。
	↘「トンネルを	→抜ける...↙	
後続文	↘...「と「:|雪国+」	+であった。	

川端康成『雪国』「国境の:>長い「トンネルを→抜ける...「と「:|雪国」+であった。

前表注:抜ける'「と':已然実現形で自発完遂を感じさせる。
時空の長さも感じて、抜ける'は不定詞概念として腑に落ちやすい。

また「と′」が連結するとト書きの別世界:雪国だ！に没入する感覚になる。
・便宜的に「:|雪国S③+」+であったS'Y'③。と両スタックに分けた。

9）構文の「主部律」と「述語律」を適合させる

　「新手法」一覧の最後に、基本構文型1(応答文)、基本構文型2(問答文)を
載せます。日本語構文の作成、解釈に対して案内役ができる形式を目指した
成果です。

6-5.12表　日本語の基本構文型1:応答文形式（選択演算式）

基本構文型1:T①(T②/Y②)T①-Y①/-Y②…S①(S②/Y②)[S①-S③/S①-Y③]. (応答文)			
	主部要素	述部要素	:基本構文型1をRPNスタック表記で示す
先行文	T①[T② ↘T①	/-Y②]↙ [-Y①/-Y②]…↙	体言:T①連用形,T②連体形,T③終止形。 体言補語:S①連用形,S②連体形,S③終止形 用言:Y①連用形,Y②連体形,Y③終止形。
後続文	↘…S①[S② ↘[S①-S③ ↘/S①	/-Y②]↙ 。(/↙)(名詞文) -Y③]。(用言文)	/:分岐選択,択一選択(順に両選択もあり) [/]:選択範囲,↙,↘:スタック渡し受け、 …↙,↘…:先行/後続スタック渡し受け。

6-5.13表　日本語の基本構文型2:問答文形式（選択演算式）

基本構文型2:T①(T②/Y②)T①[(-Y①…/-S①…)/(-Y②/-S②)](「のか」S'③?)…(自問文) …S①(S②/Y②)[S①-S③/S①-Y③](「のか」S'③?)。(自答文:基本型1の後続文相当)			
	主部要素	述部要素	:基本構文型2をRPNスタック表記で示す
先行文 自問文	T①[T② ↘T①[(S①? ↘/(S②?	/-Y②]↙ /-Y①)?…↙ /-Y②)?]…↙	体言:T①連用形,T②連体形,T③終止形。 体言補語:S①連用形,S②連体形,S③終止形 用言:Y①連用形,Y②連体形,Y③終止形。
後続文 自答文	↘…S①[S② ↘[S①-S③ ↘/S①	/-Y②]↙ 。(↙)(名詞文) -Y③]。(用言文)	/:分岐選択,択一選択(順に両選択もあり) [/]:選択範囲,↙,↘:スタック渡し受け、 …↙,↘…:先行/後続スタック渡し受け。

―

構文の解釈をしやすくする文法則を考察した道筋を振り返ると、
1. 実際に文章の「切れ・続き」を簡潔に把握し比較するのには、
   活用形を：①連用形、②連体形、③終止形、の3つに絞って代表させ
   ると便利です。（②連体形③終止形以外は①連用形に包含）
   ・体言主部要素の活用形＝T①連用形、T②連体形、T③終止形、
   ・用言述部要素の活用形＝Y①連用形、Y②連体形、Y③終止形、
   ・体言補語要素の活用形＝S①連用形、S②連体形、S③終止形、
   同じ体言でも補語を明確にするために「S活用形」を設定します。
2. これを「構文相記号化」または「活用記号化」と呼び、
   活用記号化の例：
   ・「太郎は「：|予定」+です。：T①…-S③。（先行文節…後続文節）
   ・「太郎は「大阪に→行く「：|予定」+です。
   ：T①T①-Y②…-S③。（記号「-」は「述語律」を持つ要素の印）
   ・「Aは(Bに)↕なぐられた…「+ので「Bに」→復讐した。
   ：T①(T①)-Y②…S①S①-Y③。
   活用記号化の効果は予想以上に大きく、文型分類が整理しやすく
   修飾句の付け方：T①(T②/Y②)T①-Y①/Y②の区別で4～6種、
   終止形の終わり方：S①(S②/Y②)[S①-S③/S①-Y③]の4～6種、
   合計4×4=16種類（実際は11種類程度）に絞り込めます。

【基本構文を探る5：文構成要素を「択一/要否」選択する】

「新手法」を考察中、応答文の「11通りの基本文型」をもっと簡潔に一覧でき
るようにしたいと工夫していたとき、
：文章を作成する際に一人ひとりの恣意的な語彙選択などがあっても、構文
相の使い分けで11通りの文型に絞り込んだわけだ。それなら、
：構文相を選択肢付きで並べておく形式で基本文型とするなら、一行の構文
型にまとめられるだろう、と気づきました。
（そこで、[挿入音素の選択演算子化]方式を思い出しました。動詞の五段活用
/一段活用を一行で一般形式表記できる実例があるのです）
・それを応用して、基本文型の語彙要素や主部/述部要素の「要る/要らない」
を選択肢に設定する。すると、基本範囲・選択範囲を並立させても簡潔な「一
般形式の基本構文型」が表現できるだろうと予測しました。

各章での演習を試みて最終的に上記 6-5.12, 6-5.13表のように、
【日本語の基本構文型1、2：選択演算式一般形式表記】が完成しました。

1. これまでに提案した選択演算式構文型を整理すると、
   【基本構文型1】初出第2章7節/再掲第5章6節/第6章2,4節、【抽象
   構文型】初出第4章4節/再掲第5章6節/第6章2節、
   【基本構文型2】初出第5章6節/再掲第6章4節、
   の3つがある。
   また、主部/述部の関係性の考察では、
   【RPNスタック記法】初出第3章5節/再演習第5章6節
   /第6章4節、
   【基本述語律構文型】初出第6章4節/再演習第6章5節、
   この2つは「主部要素と述語律の合致を検査する」のに有効な方法と
   して演習に活用したものです。
   【述語律構文型】は説明不足ですから、追加記述しておきます。

2. 【基本述語律構文型】：述語律記号を活用して構文解釈する。
   主部律と述語律の規制合致を確認するために用いますが、
   主に態動詞を含む本旨構文の構成解釈に役立てられます。
   例：特に主部が3項必要な態述語には手こずることが多い。
   ・AはBにCを紹介する。：A→B(C) …述語律構文でOKなら、
   ・BはAにCを紹介される。：B↕A(C)…、でOKか？
   ・CはAからBに紹介される。：C↕Aから,Bに…、でOKか？
   ・？AはBにCを紹介させる。：？A;B→A(C) / ？A;B→D(C)…、
   ・？BはAにCを紹介させられる。：？A;B↕A(C) / ？D;B↕A(C)…

   例：多重使役態は単純な本旨構文でOKだが、それ以外は？
   ・祖父は父に弟を大学に行かせさせた。：ik[-]as[-]e[s]as[-]e[-]ta.
   ：祖父；父→；弟→大学。：(大学ik[-]弟as[-]e父[s]as[-]e祖父)[-]ta.
   ・弟は父と祖父から大学に行かせさせられた。
   ：(祖父；父→)；弟↕大学…！苦しい：(祖父；父→；弟→大学)；弟↕。
   ：態接辞の並びを優先すると、((大学ik[-]弟as[-]e父[s]as[-]e祖父)弟
   [r]ar[-]e)[-]ta.：原事象の動作意図の方向に並び、順序は固定的で

す。原事象を明示してから、付加で受動態部分を明示するのが次善の策か？

・父は祖父から弟を大学に行かさせられた。

：(祖父;父→・弟→大学);父↕。：原事象に父の受身描写を付加。

：((大学ik[-]弟as[-]父as[-]e祖父)父[r]ar[-]e)[-]ta.

：または、;父↕(祖父;父→・弟→大学)。としてもよいか。

　本旨構文の主部要素が並ぶ順は、事象生起の意図伝播順に従います。主部意図の高＞中＞低の流れ(祖父;父→;弟→大学)で配置します。態述語要素は、具体動作の順番に並び、具体原態＞態三系接辞＞態三態接辞の順番に広がる膠着[/]派生をします。これは現実世界での意図伝播の到達方向順と、具体動作の伝播時間順とが互いに逆順になるからです。態の多次派生構文を明快に解釈するには、「主部の意図順流れ」を「原事象」として把握するのが第一段階です。

この状態を崩さず「主部の原事象」として明示したうえで、主部要素のどれ/誰か(弟や父など)に焦点を当てた視点からの「最終態接辞の「述語律」を付加して全体を解釈するのが確実な「新手法」解釈です。

その他の構文にも試してみましょう。

　　例：問答文脈から出た「端折り即答文」には文脈情景も併せ読む感覚で構文解釈しましょう。

・太郎は(大阪に行く)予定でいそがしい。

：太郎(→大阪)予定:>。：または、太郎(太郎→大阪)予定:>、

・太郎は(大阪に行く)予定です。：太郎(→大阪):|予定、

・太郎は予定です。：太郎(→端折り),:|予定、

・予定は太郎です。：予定(→端折り),:|太郎、

・僕はウナギだ。：僕(→端折り),:|ウナギ、

・ウナギが僕です。：ウナギ(→端折り),:|僕、

・花子はピアノが弾ける。：花子(花子 ピアノ)↔、

・ピアノは花子が弾ける。：ピアノ(花子 ピアノ)↔、

・AはなぐられてBに復讐した。：A↕,→B、

・BはなぐってAに復讐された。：B→,↕A、

・源さんは饅頭がこわい。：源さん:<饅頭:>、

・？饅頭は源さんがこわい。：饅頭:>源さん:< / 饅頭(),源さん:>？

・？コンニャクは太ら×ない。：コンニャク？→×、NG。
（コンニャク自体は太ら×ないが、コンニャクは太らない＝NG!）
：コンニャク[で!]は→×、にすべき。（食べる具材扱いにする）

3. 【基本述語律構文型】の通常の使い方としては、本旨構文の文節に直接述語律記号を付記して文章推敲の参考にするのが効率的です。すでに述語律記号を使い込んできたのは効率的だからです。
（述語接辞の派生連結順は「一定の規則順」があるが、主部要素の並び順は比較的自由ですから、構文型に収めにくい）
・「コンニャクは」→？？太ら×ない？？：コンニャクが太る？
：コンニャク自体の「自律/受律の動作ではないのに！」と、暗算感覚で判断できるように「述語律」を身に着けたいですね。

4. 文法概念上、日本人なら子どもでも暗算感覚・暗黙知として体得している法則が、まだ残っています。
・暗黙知として理解している法則も、知恵がつく頃には理屈をこねて逆に混乱し始めます。
ちょうど人魚構文でつまづいてしまうようなことです。
　第五章の5-6.3)で述べた「人魚構文攻略法」の二項目をきちんと文法則に反映させて成文化すること、学習指導にも反映させることが必要であろうと、内心では思います。
本当はすでに先行研究もあり、
1)「言葉の二面性」：状態表現か/動作表現か、
（補語文での、1)補語、2)判定詞の二項目）、
3)「～[は/が/の]」：係助詞/格助詞/連体助詞の役目、
下地は国語学の中でも出来ているはずです。ただし膠着語の派生流儀を認めていません。接辞の本来の姿を見逃しています。

＜言葉の概念：意味の内包性/外延性、意味の真芯/縁辺を知る力＞
　上記の「人魚構文攻略項目」を「言葉の概念を正しく知る」という一言で表現してみました。
・言葉を具象的に使い、抽象的に記憶し、時によりそれを使い分ける人間の能力を指した概念です。人間が自然に習得する優れた能力です。

・しかし、意味の真芯を正確に理解し峻別し得るようになるには正確な学習が必須条件です。見よう見まねでは知識が真芯に届かない可能性があります。（用例を多く分かっても意味の真芯へ帰納できる必然はない）

一般構文にも当てはまるように考察してみよう。
1. 品詞単位の言葉：用言/体言のどちらであれ、意味に二面性を含んでいます。
   具象的な意味での使い方：事象に即した陳述的、具象的な表現、
   抽象的な意味での使い方：状態・性状説明、条件・評価説明、
   の二面性があり随意的に選択して発話しています。
2. 単語例：予定（①名詞/②さ変他動詞）①予め決定した状態、②前もって(②決めること/②'決めた事柄)の二義が辞書登録されてある。
   ・動詞②と②'の2つもあり、外延的縁辺：延辺的意味の広がりが
   想定できる。②動作の概念と、①'動作目的の完了状態の意味と、②'
   動作完成の結果物にまで外延した意味まで含んで使われる。
3. この単語が発話されたとき、問いかけに応答する「端折り即答文」なら、疑問項目に対応する発話単語のはずですから、双方ともに適確な意味を感得し合うでしょう。
   ・「太郎[は]「何？で今？「大阪に→行く「の」か？：の疑問に
   ・「(先週！確定の)「①①'：|予定！」+です。：発話の意味は、急場しのぎでなく前々から確定したものです、を返答したのです。
   単語意味の真芯/縁辺を理解しましょう。

＜〜[は/が/の]：係助詞/格助詞/連体助詞の意味を悟る＞
4. 次に助詞の意味の真芯と縁辺について、
   〜[は/が/の]：係助詞/格助詞/連体助詞の意味の真芯を確認する。
   ・〜[は]＝(関)係助詞なので、焦点投光を当てて説明項目として取り上げたい主部要素/述語要素を「何[は]/「何[が]は]/「何[を]は]/「何に[は]/「何で[は]/「何と[は]/...などの形式で説明文を開始します。〜[は]:|なになに+だ。と説明するのが主たる任務です。
   :焦点を当てた「これこれ[は]」の性状・状態・条件・特徴・関係を述べるのが第一義です。

例：「僕[は]「:|ウナギ」+だ。:注文に関係する「僕「ウナギ」の2項目を簡潔に即答したのです。
これこれ[は]と取り上げて、言外に他のモノと優劣を比較する機能ではありません。
:～[は]＝主題提示役、既知提示役、を信じ込むのはやめましょう。無意味な「主語役」探しをやめましょう。
・～[は]の意味の真芯は、状況説明文を誘導する役です。
:（主に、英語ならBe助動詞文に対応するとしても、英語の主語必須主義とは相容れない側面があります。英語の繋辞概念では「名付け指定律」に対応しても「措定律」には対応できません）

5.　～[が]＝格助詞＝当たり格助詞です。
「それ[が]」直接的に対象に対応する根源要素だと表現する。
:誰々[が]、これこれ[が]で取り上げると、焦点光を当てるだけでなく対比的に他より一歩前に出て、述語の真正面に対峙します。
（「他者で代替えは出来ないぞ」という場面もあります）
例：・「君[は]「猫[が]「好きY'①か？「嫌いY'①か」？
:好きY'①/嫌いY'①は連用中止法の動名詞S'①に相当します。
通常「猫[が]「好き/嫌い」だ、という常套句で、好悪感情を湧き
上がらせる根源元を表現します。
:「君が「猫が/を→好きな「のは「:|なぜ」+だい？
「なぜって、僕は:<「猫が:>「好きな「:|ん」+です。と「好き」を形容詞的な感覚で使うことが起きます。
（猫[が/を]の[が]を優先するのは、[が]の根源性を表現するためでしょう）

6.　～[の]＝連体助詞＝分身化助詞です。
「何々[の]」が「何々分身」となり後続の文節を支配します。
例：「僕[の(分身が)]「:|ウナギ」+だ。は自分の所有権・関与権の主張にはちょうどよい。
通常は「僕[の]（「注文[は/の]）「:|ウナギ」+だ。と動作名詞をつなぎこむのが判りやすい。[の]分身化を連続して十分な述語概念を生み出す手段でもあります。

＜〜[で/に/と]：事由助詞/時空格助詞/並立助詞の意味を悟る：判定詞＞

7. 次に判定詞に関わる助詞の意味の真芯と縁辺について、
　〜[で/に/と]：事由助詞/時空格助詞/並立助詞の意味の真芯を確認
する。
・〜[で]＝〜[に・て]からの転用(平安期)で、場所・手段・原因・状態な
ど幅広く「動きを伴う事由を表す」ための助詞です。
・判定詞：〜である・〜だ・〜であります・〜です、
＝[+]d(e[×])a(r[-]u) / [+]de([×]ar[i/-]ma)s[-]u、
：事由判定詞として使うとよい。(〜にあるよりも動作相あり)
・で＝にて、に由来するので、「にて」の変化形にも影響を受けただろ
う。前章で少し深読みしたように「に(し)て」と動詞を組み込んだ形式：
に-決め-て/に-よっ-て/に-従っ-て/...などを内包した
「で・ある」＝「に(し)て・ある」が公開知識になってほしい。

例：「太郎[は]「:|予定」+[で][×]ある。
：〜[は]〜[で]→[×]ある/[+]する＝事由の報告・陳述にはぴたりの表
現方法です。実際は、+で[×]ある判定詞として解釈するので、
・「:|予定S③」+d(e[×])a(r[-]u)S'③＝:|予定S③+である/:|予定S③+だ＝
「:|予定に-決め-てある状態S③」+。/+だ。と解釈します。
(予定+de[×]ar[-]u＝予定+de[×]-e[r]e[r]u＝:|予定の結果態と解釈す
るのも理にかなう。結果として「:|予定」が立ってある)

8. ・〜[に]＝時空格助詞＝動作が生起する時空の場所や目指す対象・
目的を表現する助詞として使います。
：「誰々[に]」で、自律動作/受律動作の発生源や対象者を示します。
また「どこどこ[に]/何々[に]/何時[に]」で、動作の行われる場所や目
的(地)・時空を示します。

例：「朝のうち[に]」「公園[に]」「散歩[に]→行く「の[が]」「:|日課」+です。
([に]の役目が多いので重なってもOKです)
・判定詞：〜にある・〜なる・〜な(連体形)、:|有様の判定詞。
＝[+]ni[×]ar[-]u / [+]n(i[×])ar[-]u / [+]n(i[×])a(r[-])u 、:|今の有様。
例：「心配[な(る)]状況でも、「一家の大黒柱[な(る)]の」だから...

234

・帰ってくる[なり]、「カバンを」→放り投げた。
（変化に応じたその時の、有様・在りさま、を述べる判定詞）

9. ・～[と]＝並立助詞＝先行要素(単語/文節)を意識的に切り分けて、文
脈を並行に離して指示・明示する助詞です。
（格助詞/接続助詞などに両用する。真芯の意味は文脈を外におくこと
である）
:「誰々[と]/何々[と]」区切り、文脈を並立に進めて何らかの指示をす
る。
（辞書で:～[と]一緒に・を第一義に記載するのは誤解を誘う）
・第一義:[と](:遠くのあれ)にも、かく(:近くのこれ)にも:から発生した
[と]なので、～[と]～[と]で、別々に離して区切りを入れて
指示していくのが意味の真芯です。
当然、一緒になるのが必然[と]解釈するのは的外れです。

例:「ビール[と]「酒を」→飲んだ。:一緒に混合して飲む？！
・「～誰[と]」→ばったり会った。:別行動の誰[と]の意味ですから、ばっ
たり出会う描写が真芯の使い方です。
（ネット上では、「～[と]一緒に」を盲信している人がいて、
～誰[に]→ばったり会った、とすべきだという。それだと「～誰[に]思い
を向けての」ばったり出会うとの意味になるから、余りにも動作追従型
の遭遇感覚だなあとしか言いようがない）

例:～[と](→名付ける/言う/思う/聞いた/推測する/...)など、先行文+[
と]を付けて用言を連結することで、引用文や推測文形式に話法を切
替える助動詞:判定詞としても使います。

・判定詞:～とある＝～[+]t(o[×])ar[-]u, ～たる＝[0i=IQN/-]tar[-]u,
例・泣い[たり]、笑っ[たり]:nak[0i=I]tar[i], waraw[0i=Q]tar[i],
・読ん[だり]、遊ん[だり]:yom[0i=N/-]dar[i], asob[0i=N/-]dar[i],
:これが[と]の並立性発揮の好例用法です。並立判定詞とします。

<～単語、助詞の意味の真芯：辞書の使い方＞

10. その他の単語、助詞にも意味の真芯を身につけてほしいが、当方に
力が足りません。そこで辞書の使い方で応用します。
・辞書で意味を調べる場合、多義の語には「意味の縁辺へばらつき」
を感じる用例が多いはずです。「それらを意味の真芯に引き寄せる言
葉に」するため、自分で探したり造語したりを試します。（用例が散ら
ばっても一つにつなぐ根源の意味はなにか）
　言葉は多義です。立場の違いで表現意図も多義です。
「多義であっても根源は一つ」その根気の要る探査方法を具体的に示
す書籍が参考図書⑤だと感得しています。

例・来る：出発点：来るはず→通過点：来る/きた！→到着点：来ない/
来れる/来られた!/こた!?（着待ち人の視点で一貫している）

例・行く：出発点：[を/終着[へ]向け]出発！→通過点：[を]通過！→到
達点：[に]到着した！/着いた！（行く人の視点で一貫している。見送る人
の視点とは違いがありうる）
（出発点で、"青い眼をしたお人形はアメリカ生まれのセルロイド日本
の港[へ]（向けた長旅をへて、ようやく）着いたとき、
いっぱい涙を浮かべてた"の童謡の忖度たっぷりの心情表現が認めら
れないとなると残念です。
日本の港[に]着いたときだけが正解ではないのです。
見送り人なら[へ]を使うのだと理解し、説明できる言葉の幅のある社
会が望ましい。その立ち位置を理解するための助詞なのです）

例・「大阪[へ]/[へと]」→向かう。：の意味の違いは何か？
：大阪方向[へ]→向かう。通常の陳述文であり、[へ]→行くこと。
：大阪[へと]→向かう。：文脈により類似的な2義あり。
a.大阪[へ]の他に、別方面への選択肢があるのに、決意してこちら[へ
と]選択指定して向かうのだという心裡表現の場合か、
b.大阪[へと]向かう話しはこれで打ち止め、本筋の話しに戻りますとい
う「ト書き」扱いの文節か。（文章に別の選択を展開！）
（～[と]：意味の真芯を大事にして解釈を進めた造語推測です。

・戦争[へ]/[へと]進む道：の解釈を真剣にすると判る。
・持続社会[に]/[にと]進む道：の解釈演習がよいですね）

＜接辞活用派生の一覧表形式の再考：未完状態＞

　最後にもう一度、既出の6-5.4表：活用形一覧表の概念推測、で触れた「助動詞類の活用一覧」の新手法的整理をしたいところです。
まず「新手法」で理想と思う改善型の一覧表を記述する。
（考察段階の一覧表形式案）
　動詞・態接辞の派生、6-5.14、6-5.15、6-5.16表（構想案）
6-5.14表（横軸：態の四態派生、縦軸：各態三系の構文相③②①活用形）（構想案）

態接辞→文接辞↓	能動態 D-	可能態 [-/r]e-	結果態 [-/r]ar-	受動態 [-/r]ar[-]e-
③終止形 [-/r]u	D[-/r]u ・食べる	D[-/r]e[r]u ・食べれる	D[-/r]ar[-]u ・食べらる	D[-/r]ar[-]e[r]u ・食べられる
②連体形 [-/r]u	D[-/r]u ・書く	D[-/r]e[r]u ・書ける	D[-/r]ar[-]u ・書かる	D[-/r]ar[-]e[r]u ・書かれる
①連用形 [0i=IQN/-]te, (*[0i=N]de,)	D[0i=IQN/-]te ・書いて、 ・読んで、	D[-/r]e[-]te ・書けて、 ・食べれて、	D[-/r]ar- [0i=Q]te *?* ・書かって*?*	D[-/r]ar[-]e[-]te ・書かれて、 ・食べられて

6-5.15表（横軸：強制系の四態派生、縦軸：強制系の構文相③②①活用形）（構想案）

態接辞→文接辞↓	強制態 D'=D[-/s]as-	可能態 [-/r]e-	結果態 [-/r]ar-	受動態 [-/r]ar[-]e-
③終止形 [-/r]u	D'[-]u ・書かす	D'[-]e[r]u ・書かせる	D'[-]ar[-]u ・書かさる	D'[-]ar[-]e[r]u ・書かされる
②連体形 [-/r]u	D'[-]u ・食べさす	D'[-]e[r]u ・食べさせる	D'[-]ar[-]u ・食べささる	D'[-]ar[-]e[r]u 食べさされる
①連用形 [0i=IQN/-]te, (*[0i=N]de,)	D'[i/-]te ・書かして、 ・食べさして、	D'[-]e[-]te ・書かせて、 ・食べさせて、	D'[-]ar[0i=Q]te*? ・書かさって? ・食べささって?	D'[-]ar[-]e[-]te ・書かされて ・食べさされて

6-5.16表（横軸：使役系の四態派生、縦軸：使役系の構文相③②①活用形）（構想案）

態接辞→ 文接辞↓	使役態 D'=D[-/s]as[-]e-	可能態 [-/r]e-	結果態 [-/r]ar-	受動態 [-/r]ar[-]e-
③終止形 [-/r]u	D'[r]u ・書かせる	D'[r]e[r]u ・書かせれる	D'[r]ar[-]u ・書かせらる	D'[r]ar[-]e[r]u ・書かせられる
②連体形 [-/r]u	D'[r]u ・食べさせる	D'[r]e[r]u ・食べさせれる	D'[r]ar[-]u ・食べさせらる	D'[r]ar[-]e[r]u 食べさせられる
①連用形 [0i=IQN/-]te, (*[0i=N]de,)	D'[-]te ・書かせて、 ・食べさせて、	D'[r]e[-]te ・書かせれて、 ・食べさせれて、	D'[r]ar[0i=Q]te*? ・書かせらって? ・食べさせらって?	D'[r]ar[-]e[-]te ・書かせられて・ 食べさせられて、

（注：.15表 強制態：D[-/s]as-、.16表 使役態：D[-/s]as[-]e-をそれぞれ
＝D'（新しく強制、使役語幹化）として見やすくした。
・態派生は動詞活用の一番順位で連結する。（語幹と[/]膠着派生する）
・態接辞は：-e-, -ar-, -as-の３種類です。

名詞・名容詞/形容詞/動詞の構文相活用一覧表：
6-5.17表：主要四品詞の活用一般形式（構想案）
（横軸：主要四品詞、縦軸：構文相③②①活用形、）

四品詞→ 文接辞↓	名詞：M(単語) 例：春	名容詞：My(単 語)例：にぎやか	形容詞：K(語幹) 例:tanosi-	動詞：D(語幹) 例:kak-/tabe-
③終止形	[+]de[×]ar[-]u ・春である/だ.	+d(e[×])a(r[-]u) ・にぎやかだ.	[k]0i ・tanosi[k]0i.	[-/r]・kak[-]u. ・tabe[r]u.
②連体形	[+]de[×]ar[-]u- ・春である- ・春の-	+de[×]ar[-]u- ・～である- ・にぎやかな-	[k]0i- ・tanosi[k]0i- （楽しい-）	[-/r]u- ・kak[-]u- ・tabe[r]u-
①連用形	[+]は/が/を/に/ で/と/... ・春は/春を/	[+]なの[+]は/が/ を/に/で/と... ・～なのが/	[k]u[-]te ・楽し[k]u[-]te	[0i=IQN/-]te ・書いて、 ・食べて、

（注：構文相接辞：四品詞に共通の接辞はないので、見比べて慣れ始めるつ
もりで掲示しておく。ここまでは一覧表にしやすいですが...）

日本語の活用概念を俯瞰してみると、すべての活用形とは：
・固定語幹や固定単語に「付属語＝助動詞(接辞)、助詞を[#]膠着さ
せることで実現している」のです。つまり付属語を[#]膠着連結すること
で固定語彙を活用変化させるのが文法則なのです。
・先行研究に参考図書①、②があり、これを発展させて一覧表に仕上
げていくのも良策かもしれません。（四品詞三活用形式で）
・「付属語の機能別活用一覧表」を目指すということです。

　しかしまだ、調査不足もあり先に進めませんが、もう一つ参考になるのは
『岩波古語辞典』（参考図書：③）による助動詞の事象的区分の方法がありま
す。
　助動詞の機能と膠着する順序の区分を明示する視点が明確です。
その古語の解説内容を要約して引用すると、

＜引用開始：
・第一類：使役・自発・可能・受身・尊敬：す/さす/しむ/る/らる/ゆ…
・第二類：尊敬・謙譲・丁寧：たまふ/たてまつる/まうす/はべり…
・第三類：完了・存続など：つ/ぬ/り/たり/ざり/べかり…
・第四類：打消・推量・回想：ず/じ/まじ/む/らし/べし/けり…
・別類：指定・比況・希求：なり/たり/ごとし/まほし/たし…
に分類する。重ねて用いる場合には、一類、二、三、四、の順で連結するが、
欠落しても差し支えないが、順の入れ違い：三、一、四、二、の
ように配列することはない。：引用おわり＞＿＿

・大概の国語辞典には助動詞一覧表が巻末に記載されていて、
「使役・受動の接辞見出し語が先頭枠に」置かれています。
これは「態派生を第一順番に活用させるべき」だとの暗示ですから、
・第一類：「態の三系四態：△✙」を第一順番に派生するとよい。
ということです。（△：三系、✙：四態の記号のつもり）
・古語の第二類は、たまう/たてまつる/そうろう、などの
二段活用動詞の文末処理向きの補助接辞が並ぶが、
それに代わる現代口語の第二類は、いただく/さしあげる、などの
授受：「やる/もらう」の補助動詞が相当する。

この授受動詞を時代に適合させる整理が必要です。
（補助動詞なので接辞と同様には整理されていない）
とりあえず授受動詞を後回しにして、活用接辞を掲げましょう。
・第二類：活用接辞：①連用形、②連体形、③終止形、
：D△✚（①[0i=IQN/-]te|de, /②[-/r]u- /③[-/r]u. ③[i/-]mas[-]u.)、
：K([k]u①[-]te /②[k]0i-, [k]ar[0i=Q]ta- /③[k]0i. [k]ar[0i=Q]ta.)、
：M①[+]は/が/を/に/で、/②(M/My)[+]de[×]ar[-]u-、②[+]Mの/②Myな、
/(M/My)(③[+]です.：de([×]ar[i/-]ma)s[-]u. /③[+]だ.：d(e[×])a(r[-]u).)
を付随的に定義しておきます。

・基本文型の探求には「活用形の①連用形、②連体形、③終止形の
3種類」で文章構造の仕組みを簡潔に表現しました。
その結果、1行形式で選択演算式基本構文型を一般表記できました。
（・辞典の接辞見出し語として如何に形式化するか工夫が必要だが、）
（・体言・用言の文章活用形が並行して存在することを明示する）
・活用形としては④已然形・完遂実現形接辞も含めたかったところ、
近世の文法向上で、-e-, -e[r]-, 接辞はすでに「態の可能態」に当てられて
活躍しています。そのお陰様々で、
可能動詞の活用形：①連用形、②連体形、③終止形を使うことで、
構文中に完了相・已然形を「三活形式」で十分に活用できる状態になっています。
す。
（仮定形には終止仮定形「〜なら」を使うことにし、誤用誘発しないように、已
然仮定形：〜たら、〜れば、の使用は厳禁としたい）

・問題は第三類、第四類の事象接辞の順番に対していかに判断するか。
　：用言語幹に蜜結合[/]するもの：[a/-]na[k]0i, [-/y]ou, [i/-]ta[k]0i,
　[i/-]mas[-]u, [0i=INQ/-]ta|da, など、膠着形態としては第二類と同様の順位
であろう。
　：単語に疎結合[+]するもの：[+]na[k]0i, [i/-]hazime-/[+]hazime-, など用言と
みるか、補助用言とみるか、「新文法」では区分を明確にしたいところです。（
[a/-]na[k]0i / [+]na[k]0i：接辞/(補助)形容詞の区分は定着しているようです
が）

：縮約派生[×]するもの：判定詞：[+]de([×]ar[i/-]ma)s[-]u →[+]des[-]u のように派生構造内部で簡略・省略が起きている形態もあります。
ただし、頭部の膠着は[+]複合で疎結合なので結合順位は低いだろう。

　以上を考慮してもなお簡単にしか記述できませんが、
　（構文相：①連用形、②連体形、③終止形）
・第三類：意向：-③[-/y]ou, ②③[i/-]ta[k]0i, ②③[i/-]ta[+]g(e[×])ar[-]u,
　：存続・完了など：① [0i=INQ/-]te|de, ②③ [0i=INQ/-]ta|da,
・第四類：打消：②③([a/-],[+])na[k]0i, ②③[a/-]z[-]u, -③([a/-],[+])mai,
　：推量・伝聞：②③[+]rasi[k]0i, ②([i/-],[+])sou, ②[+]you, ②[+]be[k]i,
とまとめておきます。
動詞/形容詞/名詞との結合例を表現したいのと、第三類と第四類との結合例を演習できる例を添えるべきだろう。
　これは、動詞活用のみでなく形容詞、名詞を含めての文章作成に
必要な要素の「活用派生一覧表」を目指すものです。
・さらに視野を広げて、付属語の活用膠着の立場からみて、
　助動詞(接辞)の活用：動詞/形容詞語幹[/]接辞語幹[/]接辞語幹…、
　助詞の構文相活用：名詞/名容詞/副詞/連体詞/接続詞/…/[+]助詞[#]接辞
　語幹…という膠着全体の解釈法を明確に開示する方策が工夫できると
　最高文法になります。
それと同時に「選択演算式基本構文型」を合わせ持てば日本語文法の
実践演習が開始できることになります。
　今回はこの項目を未完終了とします。
　日本語の構文論を完成させるにはもっと広く多くの事例に対して検証し、分類するだけでなく、多世代の知恵を「選択演算式に統合する方法」でまとめ上げること、これが「道具の文法「可視化の文法」を作る上で望ましい。
　手元の「新手法原稿」の自己査読も10稿に及んでいます。
提起した「基本構文型」も先行文と後続文の構成自体がほぼ同じです。
もう少し工夫を重ねると、「先行/後続合体の選択演算式」構文を見つけ出せるかもしれません。
しかし、今この段階で前著の発展版として進歩できたと考えます。

　あとは好奇心あふれる次世代の若者に夢を託して期待したい。

以下最後に解析演習例を一つ書いておきたい。

	主部要素	述部要素	:RPNスタック表記を適用した
先行文 後続文 ト書き 的補充	「今年の「夏は ↘…ので「紅葉は ↘「と」 ↘が	:>暑かった…↙ :>遅い↙ →聞いていました↙ 、(↙)	日本語文を「主部/述部」スタックに振り分け、四品詞以外は便宜的に主部に置いていくと、案外簡潔な主・述の並びに見えてきます。 ・単文でも先行文/後続文の複文形式であることが多い。 ・引用例文：WEB『日本語の文の仕組み』国分芳宏:2014/6/20~の構文木の解説例文。 ・基本構文型が適用できるか気にかかっていました。
先行文 後続文	(↘)「先日 ↘「母と,「妻を ↘..「養老渓谷へ」	:>老いた↙ →連れて…↙ →行ってきました。	
先行文 後続文	「そこは「すでに ↘…「道も」	→紅葉していて…↙ →混んでいました。	

基本構文型1：T①(T②/Y②)T①-Y①/-Y②…S①(S②/Y②)[S①-S③/S①-Y③].

・ト書き補充の部分は、別解釈をすることもできます。

↘…「のでS①「紅葉はS① :>遅いY②「とS'①」→聞いていましたY③ が、と後続文に入れ込んだ解釈も成り立つでしょう。

しかし、文意の把握としてはト書き扱い/伝聞扱いが判りやすい。

（動作主体の姿は潜在化したままで、家族の出来事として文章が記述されています。それでも不都合はなく解釈されます）

・主部要素スタックと述語要素スタックが平衡・均衡する規律が働くなら、空枠の要素があっても「述語律」が脳内暗算で補ってくれます。＿

242

あとがき

「新手法」に書き加えを重ねて4稿、5稿と往復してようやくここまでたどり着きました。通読していただき感謝いたします。

日本語の変革期にあった「本居宣長・春庭」時代の「本居手法」を越えたいという技術的な目標を達成できたと思っていますが、十分な説得力をもって論証しえたのか定かではありません。

（自己査読は10稿まで進みましたが）

　著者の若き日の疑問は主に受動態: -ar- 接辞のはたらき（受け身、実績可能、自発、尊敬）の多義に対して、なぜを感じたものでした。

独習が進むうちに「態の四態: ✛構造」に気づき、

さらに「態の三系四態: ✛、・✛、;✛構造」にも気づきました。

態の接辞が -ar-, -as-, -e-, の3つだとはっきり裏付けられたわけです。

（先史では -ar-, -as-, -ay-, -ak-, も態接辞に使用され、現代でも膠着派生の[挿入音素]: [-/r], [-/s], [-/y], [-/k]で重用しています。

これも論証の正否が問われますが、言い残しはありません）

　しかしながら、日本語学者や教師が執筆した書籍・出版本に「受動、使役を態の領分と認めるが、強制態には目を向けていない」記述が多いことに気づきました。元来の -as- 形態を忘れ、-as[-]e- 形態だけが視野にあるような理解度です。(-e-接辞の意味の真芯を理解できていないのに…です)

ですから「態の三系四態」をすんなりご理解いただけないし、「四態」だけでも理解の外の状態です。

　本書ではそれを乗り越え、第3章3–4.に一歩進んで、

「態の多重派生に対しその正否を判定する」を記述しました。

（態の応用観察に役立つことです）

それ以外にまだまだ「態の成否」に関して言い残したことがあります。

以下に述べる4つの項目です。

（自己査読が進んで補完済もあるが、念のため記しておきます）

1）可能態の二重化：現代日本語の「肝心・要の可能態」の成否。

　可能態の接辞は-e[r]-, であり、由来は已然活用形-e-, なのです。

-e- が多用途で活用形としてさりげなく使われるので、現代でもその意味の真芯を理解されない状態なのが残念です。

・動詞の自動詞/他動詞の交替機能、已然実働表現、動作完遂表現、動作可能表現＝可能態表現、などの意味を生み出します。

・-e- の意味の真芯は「動作の完遂実行、実現」を描写する接辞です。

例：流れる/流る/流す：古語：nag[-]ar[e/-] /(nag[-]ar[-]u[r]u) /nag[-]as[-]u

近世：nagare[r]u /(nagar[-]u) /nagas[-]u 、

・着る/着す/着せる：古語：kir[-]u /(kis[-]u) /kis[e/-]、

この[e/-]は挿入音素の[i/-], [e/-]の形式で連用形(未然形も)を生成する音素で、[i]＝動き始めでも動作相を表せる動詞に対し有効、

[e]＝動き完了でしか動作相を表せない動詞に使うので、-e-, [e/-]音は已然の意味を確実に維持している。（下二段の-e-音として何世紀も-e[r]uに成れぬまま近世を迎えてようやく下一段：nagare[r]u, kise[r]u と言えるようになった）

・書ける/読める：kak[-]e[r]u /yom[-]e[r]u が已然＝可能態と連動できるようにもなった。

（-e[r]u の根源が動作完遂するという意味だからです）

　さて、問題は：「流れる/着せる」と「書ける/読める」に可能態-e[r]uを二重化するとどうなるか？です。

例:流れれる!!:nagare[r]-e[r]u 自発動詞の可能は？使う場面がない？
着せれる!!:kise[r]-e[r]u 可能態を感じられてOK、使う必要性もある。
・書けれる×:kak[-]e[r]-e[r]u 可能態＋可能態でNG用法であり、書かる:
kak[-]ar[-]u が結果態(受動態)で先史時代からの用法です。
(-e[r]-e[r]u＝-ar[-]u-です)
・読めれる×:yom[-]e[r]-e[r]u 可能態＋可能態でNG用法であり、読まる:
yom[-]ar[-]u が結果態(受動態)で先史時代からの用法です。
(-e[r]-e[r]u＝-ar[-]u-です)
(書ける/読める:可能態を感じ取れる動詞がさらに完遂を重ねるとは、書かる
/読まる:と表現するのが先史からの法則です:書かれ、読まれ、の已然形ま
では古語代でも通用した)

　この考察を踏まえて、強制態と使役態について注記したい。
強制態と使役態:例:書かす/書かせる、の四態比較と意味の違い。
・強制態:・→書かす、・↔書か(せる)、・↑書か(さる)、・↕書かされる、
・使役態:; →書か(せる)、; ↔書か(せれる)、; ↑書かせらる、; ↕書かせられる、
の2組の四態派生のなかで、
・同形(せる:-as[-]e[r]u)や異形同義(さる/せれる:-as[-]ar-/-as[-]e[r]e[r]-)
が存在します。
これの文法的解釈を十分に説明し尽くしていない。(と心配になる)
　強制可能態:・↔書か(せる)、と使役態;→書か(せる)、は同形・同義です
が、使役態は可能の意味より「書くようにしむける動作」を感じます。そこで文
法説明として「述語律記号」を工夫しました。

・使役態の律記号には、主体に互律「；」で-e[r]- を1つ使い、客体に服従的自律「→」を付加することで「使役の述語律記号；→」を定義したのです。（強制可能態：・↔記号は完遂可能が客体の尽力に負うの意味）

　また、強制結果態：・↑書か(さる)=kak[-]as[-]ar-、と使役可能態：；↔書か(せれる)=kak[-]as[-]e[r]e[r]-、が異形・同義？である理由：接辞の平衡方程式（-ar-＝-e[r]e[r]-）と解析するのが文法の役目です。

・本来、-e[r]e[r]- は、動作完遂想定が現実化することを意味するので（先史時代なら -ar- 結果(受動)態で表した）-ar- で表すべきです。　が、使役可能態は、主体の互律「；」で -e[r]- を1つ使い、客体の互律「↔」で2つ目の -e[r]- を使います。だから使役可能態は「書か(せれる)」が成立し、（先史人なら目を回してしまうでしょうが…）

「主体も「客体も動作実現に尽力する「述語律」の意味に解釈できます。

（現代人ならではのひいき目で見た場合の解釈ですが）

・強制系の「書か(さる)」は「客体側の動作結果」に注目した表現です。

（先史人は強制系の領分に暮らしていたから、已然の「書かせ」までの理解はできただろう。「せる/せれる」-e[r]u/-e[r]e[r]uの派生までには1000年の時の流れを待つしかなかったのです）

・使役可能は「主客両方の動作を語る」ので「可能態」を感じとれる。

（現代人は使役系の領分に生きているから「せれる」を許容できる。

しかし、許容するのは使役系に対してだけにしてください）

・使役以外の自律動詞に対して「-e[r]e[r]u」態派生してはいけません。

誤用：「行けれる/書けれる/読めれる/見れれる/食べれる」という-e[r]e[r]u 活用に対して、現代人でもびっくり仰天するくらいの感性と文法力が必要だと本書で提起したい。

・可能に可能が重なったなら、-ar-接辞を使って「行かる/書かる/読まる/見らる/食べらる」結果態とし、-ar[-]e[r]uを使って「行かれる/書かれる/読まれる/見られる/食べられる」受動態で結果影響を表現するのが先史時代に倣った用法です。

・結果以前の可能を言うなら、仰天するのと同じ感性と文法力を働かせて、「行ける/…/見れる/食べれる/来れる」は合理的な可能態動詞であると自信を持って言えるようでありたい。

世論もそれに近づいてきている。正否を論理的に選別できるように文法が先導もしくは後押しして導くようでありたい。

2）受動態の二重化：例：つかむ/つかまる、の四態比較。

・能動態：→つかむ、可能態：↔つかめる、結果態：(↑つかまる)、 受動態：(↕つかまれる)、

・能動態：(→つかまる)、可能態：(↔つかまれる)、結果態：↑つかまらる、受動態：↕つかまられる、

つかむ結果態：(↑つかまる)：つかむの結果態だが、意味上では十分能動的な含意があり、「手すりを掴んで身体を安定保持するための動作をする」を想定できる。（車内放送で「吊り革におつかまりください」と呼びかけがある。つまり立派な自律動詞だから呼びかけに使えるのです）

・それで自動詞にも転換できて能動態：(→つかまる)になるのです。
-ar-=-e[r]e[r]- の意味の潜在完遂動作力が利くからです。

・つかまる結果態：↑つかまらる、受動態：↕つかまられる、これは -ar[-]ar[-]u の二重結果・二重受動による表現です。

「自分が固定棒の立場で誰かにつかまられる」という表現です。

（誰かに必死につかまられる状態だろうか、何気なく幼子につかまられる状態だろうか、）

-ar- は -e[r]e[r]- の動作性を持つから、-ar[-]ar[-]e[r]u は -e[r]- の4重、5重派生：-e[r]e[r]e[r]e[r]e[r]u 、と同等であるとも言えるのです。（先史人の -ar- がなかったら、「えれれれれ」だらけになっていたでしょう）

・2つの受動態：(↕つかまれる)／受動態：(↕つかまられる)、が表現する情景の違いを想像していただけるなら、つかむ、つかまるの自律動作の違いにも得心がいくでしょう。

3）態の四態：✤記号の頂点の動作動詞とみなせる動詞の条件はなにか。

・・→書かす、(・↔＝)；→書かせる、→つかまる、のように「述語律」に →自律動作の要素を持つ動詞であることが必須条件です。

例：→立つ、→立てる、→割る、↔割れる(可能・自発)＊、→壊す、↔壊れる(自発)＊、→進む、→進める、などの動詞では、

OK：・→書かす、；→書かせる、→つかまる、→立つ、→立てる、→割る、→壊す、→進む、→進める、の「述語律」が→付きである動詞：

自律→記号の動詞は四態の頂点(原系態)動詞を務めることができます。

NG：↔割れる(可能・自発)＊、↔壊れる(自発)＊、自律→記号でない動詞は「態の四態」の頂点には立てません。

「述語律＝自律→」要素を持つ動詞が「四態✤の頂点」に立てます。

例1：-e[r]u つきの下一段動詞の四態✤の成立／不成立は、

・→離れる、→覚える、→考える、→育てる、→耐える、のように、

：達成結果が残る→自律動詞は＝頂点、四態表現も成立しOKであり、

✤活用も定着します。

・↔折れる、↔割れる、↔壊れる、？→絶える、？→消える、？→砕ける、

：消滅の結果になる互律・自律の？動詞は、事象自体が四態にまで発展しないから、描写不要で不成立・NGという事象実態の推移状態を判断して決まるのかもしれません。

（消滅結果なら、さらに態活用で状態説明する必要がないからでしょう。-e[r]u は動作完遂の動詞ですから一定期間の事象推移の結果を見守る立ち位置で表現します）

例2：↔行ける、↔書ける、↔渡せる、↔見れる、↔食べれる、など可能態が感じられる動詞は、「四態の頂点：✤」には立てません。

✤の右側：可能態の位置に留まり、二重可能にはしない。

（正しい一次派生の可能態動詞を「ら抜き」言葉と考えることは

それ自体が間違い：間抜けた考えです。-ar-到達前の口先で可能を表現する

のが可能態なのですから受動態の一歩手前表現です）

しかし、さらに可能追加しての↔↔行けれる、↔↔書けれる、↔↔渡せれる、↔↔見れれる、↔↔食べれれる、の派生が無理筋なのです。

（原理的には合理ですが先史人の先例確立の派生方法：-ar-がすでにあり）

-ar-派生により、↕行かれる、↕書かれる、↕渡される、↕見られる、↕食べられる、のように✤の下側・受動態に言い換えることが必要なのです。

元来-ar-派生の意味が-e[r]e[r]-を内包しているからです。

（先史人の確定法則：↔↔でなく「↑」を使い、↔↔↔でなく「↕」を使うのです）

・態の四態の頂点に立つ動詞：何でもないような動詞の立場ですが、自律動作を誘発する大事な役目を持つ動詞です。この点も実感に落とし込んでいけるとよいのですが。

（能動、強制、使役の頂点に立つ動詞の態をそれぞれ、能動原系態、強制原系態、使役原系態と呼びます。新定義の仮称です）

4）動詞の自他交替で自動詞/他動詞ともに「四態✤頂点」に立つ。

先史時代では、動詞語幹が自動詞/他動詞にも両用することも多く、

例：決む/求む/休む/始む/終う/分く/上ぐ/...など両用原動詞です。

古語時代には、徐々に自動詞/他動詞を区別する造語派生をするようになった。

　先史時代は -e-接辞を-e[r]-接辞まで進展させられていなかったので、「態の二系二態」の感覚であったろう。

（能動/強制二系、原態/受動二態の「二系二態」）

自他交替の方法も同様で、決む/決-e-/決-ar-/決-ar-e の四態構造のうち、決-e-と決-ar-e は活用変化形として扱われて、「決む/決-ar[-]u」だけが「二態」であり自律動詞だと注目されたのだろう。決-e- の已然形はkim-u[r]e-：決むれ：二段活用であり、kim-e[r]-e,kim-e[r]-e[r]u が通用するまで何世紀も待ちに待ったことになります。他動詞の決める/求める/…動作完遂する自律動詞です。何世紀もの時間をかけて成立したのです。

例3：決まる/求まる/休まる/始まる/終わる/分かる/上がる/…などは、四態形状の結果態-ar- の派生した動詞のようにも解釈できます。古語では結果態と受動態が同一形態ですから「終わられましたか？」は二重受動に見えても一次受動での丁寧表現であり立派に通用します。（終えられましたか？の意味よりも、終わられましたか？のほうが事象の完遂状態を気にした問い掛けのようです）

この場面でも、新動詞語幹の:D[-]ar- の-ar-は、-e[r]e[r]- の意味を内包しており、動作完遂して結果を出すという自律機序が働いています。

（終わる：仕事がow[-]ar[-]u / ow[-]e[r]e[-]ta, 両方の意味が内在します。終わる：瞬間動詞でなく動作完遂の過程終末を表現するのです）

・例3に上げた動詞は古語：決む/求む/休む/始む/終う/分く/上ぐ/…が態の四態頂点に位置したのだが他自区別を明確にするために、決める・決まる/求める・求まる/休める・休まる/始める・始まる/終える・終わる/分ける・分かる/上げる・上がる/と別けられたのです。

250

それぞれが四態の頂点に立つ扱いなのです。

（この自他交替例：-e[r]- /-ar-(＝-e[r]e[r]u-) が最多数なのです：第二章参照。原初では自他交替にも-e-/-ar-/-as- 接辞を活用して造語することが多かったからです）

・残念なことに、国語文法は「態の二系二態」を脱却できずにいます。

誤用例：読まさせる/決まらさせる/上がらさせる＝D[a]+s[-]as[-]e[r]u の用法：読まさせる、を恣意的な感性だろうか、推奨するような記事を書く学者がいます。[a]+s[-]as-では態接辞の膠着規則を完全無視した用法です。（動詞語幹と態接辞は第一優先で：D[-/s]as-連結するのが規則です。

+s[-]as-では、+する+as-＝+s[-]as-する補助動詞+as-の意味ですから、補助動詞が挟まってしまい厳密には筋違いの用法です）

筋違い用法でも、聞き手には=as-強制接辞に-as[-]e[r]u 使役接辞を連結した(二重)強制使役の重なりだと思わせてしまいます。

（＝yom[-]as[-]as[-]e[r]u：不必要な孫請け動作？、二重使役です）

正しくは、読ませる＝yom[-/s]as[-]e[r]u です。単純使役態でよいのです。

（決まらせる：kim-ar[-/s]as[-]e[r]u /食べさせる：tabe[-/s]as[-]e[r]u=tabe[s]-as[-]e[r]u＝使役態OKです）

・他動詞化した決める/求める/休める/始める/終える/分ける…は辛うじて可能態の印象を発揮していません。自律→他動詞として四態頂点に立てます。

（意気込み可能態：決めれる/求めれる/…など派生OKですが微妙です：決む/求む/休む/始む/終う/分く/…が廃れた時代ならOKかも。受動態は決められる/求められる/休められる/…で実績可能を表せます。ほとんど決まる/求まる/…に近いですが、人為努力が見える表現になります）

・自動詞化した決まる/求まる/休まる/始まる/終わる/分かる…は人為努力した結果状態を描写する-e[r]e[r]-＝-ar- ですから、自律→自動詞として四態頂

点に立てますが、結果に動きは少ないので他態変化の範囲は狭いかもしれません。（つかまる：のように特定の実行動作を表す動詞なら、♣四態が体験として理解できるはずです）

・補足した説明の大部分が已然・実現形の-e-接辞、可能接辞の-e[r]u の用法に関することです。まさに態動詞の理解が不徹底だと、「ら抜き言葉、さ入れ言葉、れ足す言葉」などが未消化のままに何世紀にもわたって滞留してしまいます。「態の三系四態」をもとに早く解決しましょう。
（「態の二系二態」に留まるのは時代遅れですよ）

＜新文法を可視化すると＞
　自己査読を繰り返すうちに「本居手法を超えるために「新文法を可視化したい」と思うようになりました。（第六章6-5新手法一覧表揃え）
「日本語の基本構文型」を選択演算式一行表記で提案するところまで到達できました。（未完了の述語活用形を部分的に整理できずに終わりますが）可視化手法の工夫、枠組みを明示しました。
・一行表記の「基本構文型」が日本初提案なのか定かではありませんが、「可視化工夫の成果」であり、「態の三系四態の「述語律」の考え方（第三章3-3節）が誘導した「成果」であります。
　「態の四態：述語律」で提示した「主部・述語の「規律」は
・原態：主客対象が自律/受律で規制する。（主客対象とも態に連結可）
・可能態：主客対象とも互律で規制しあう。（主客対象とも態に連結可）
・結果態：主客対象ともに果律で規制しあう。（同上で連結可能）
・受動態：主客対象ともに果互律で規制しあう。（同上で連結可能）
であり、述語の全態が主部要素に対して連結できる規律性を有している。

それ故に、主部要素は①連用形でなら、すべての態述語に連結できる構文法則が成立します。(形容詞述語にも拡張できる)

つまり、「態の三系四態の「述語律」を元にして新しい文法力へ拡張できたわけです。(「主語だけが「述語と→つながる...「のでは」:>ない。

「主語・主体以外の「主部要素が「述語と→つながる「場合が」:多い)

　まずはお読みいただき、選択演算の演習にお付き合い願いまして可視化の効果を試していただけるならうれしい限りです。

　なお、名詞・名容詞に対して構文相①連用形②連体形③終止形を定義したことの利点は「基本構文型」生成する定義につながりましたが、「述語律記号」の形態については、なにか疑義を感じたりしませんか。

・動詞や形容詞の「述語律記号」と同じ概念に合わせるなら、

正:「吾輩は「=| 猫」+である。だが、否:「吾輩は「猫」=| である、

正:「太郎は「:| 予定」+です。だが、否:「太郎は「予定」:| です、

正:「彼は→行く「;| べき」+です。だが、否:「彼は→行く「べき」;|です。と迷記していました。(自己査読10巡目のあと、気づくまで！)

・自立語の補語に「述語律」があり、付属語の判定詞には「述語律」がないと言いながら、

・補語体言に「律記号を付加する「常識破りの新手法」に思い至りもしなかった。気づいて一気に全章の記述を修正しました。二巡しましたが見落としがあるかもしれません。

　この種明かしに免じてご容赦をおねがいします。

(第一章1-9、第五章5-3の解説を確認し補強しました)

参考図書

1.『日本語文法新論』清瀬義三郎則府著・おうふう(桜風社)・
　1989年2月初版1刷、

2.『日本語文法体系新論』清瀬義三郎則府著・ひつじ書房・
　2013年12月初版1刷、

3.『岩波古語辞典・補訂版』大野晋,佐竹昭広,前田金五郎,編・
　岩波書店・(1974年初刊)1990年2月補訂版第1刷、

4.『曲がり角の日本語』水谷静夫著・岩波新書・2011年
　4月第1刷、

5.『日本語の論理　言葉に現れる思想』山口明穂著・大修館書
　店・2004年2月初版第1刷、

6.『日本語態構造の研究 ―日本語構造伝達文法 発展B―』
　今泉喜一著・晃洋書房・2009年11月初版1刷、

7.『日本語のしくみ(1) ―日本語構造伝達文法 S ―』
　今泉喜一著・揺籃社・2015年12月発行、

8.『日本語に主語はいらない　百年の誤謬を正す』金谷武洋著
　・講談社選書メチエ・2002年1月第1刷、

9.『日本語の構造 ―英語との対比―』中島文雄著・岩波新書・
　1987年5月第1刷、

10.『国語学原論(上・下)』時枝誠記著・岩波文庫・
　(1941年初刊)2007年上巻3月第1刷、下巻4月第1刷、

11.『日本語のシンタクスと意味 1,2,3』寺村秀夫著・
　くろしお出版・第1巻1982年11月第1刷、第2巻
　1984年9月第1刷、第3巻1991年2月第1刷、
　（第1巻：名詞的形容詞＝名容詞。用言扱い：判定詞）

著者略歴　村山匡司

1944年〜武蔵野市吉祥寺生まれ、神奈川県川崎市育ち。

1962年　県立川崎工業高校(電気科)卒業。

1962年〜NHKに入社、技術研究所無線研究部配属。

1967年　東京電機大学(2部電子工学科)卒業。

1969年〜NHK放送センター運用技術に転属。
　　　　運用技術、制作技術にてVTR収録、編集に従事。
　　　　この間転勤で、名古屋放送局5年を経験。

1990年　ドラマ番組編集にデジタル画像圧縮によるノンリニア編集
　　　　検証を提案。この間転勤で、福岡局3年、岡山局2年を経験。

2000年　一般番組のノンリニア編集化への構成仕様を準備。

2001年　NHKアイテックに転籍。放送制作設備工事の仕様書作成など
　　　　に従事。

2004年　定年退職。ネット上のHP開設：沿線歩きなどを記載。

2012年〜BLOG開設：市販文法書を読み、思考実験などを記載

2016年〜初出版『日本語動詞　態文法を再生する』。
　　　　以後さらに、先史、古語とのつながりを探る新手法を考察中。

2023年〜『日本語述語文法　〜「新手法」で学び取れる〜』出版準備中。

著　書　『日本語動詞　態文法を再生する』ブイツーソリューション 2016年。

日本語の述語文法
〜「新手法」で学び取れる〜

2024 年 6 月 18 日　初版第 1 刷発行

著　者　村山　匡司（むらやま・きょうじ）

発行所　**ブイツーソリューション**
　　　　〒466-0848 名古屋市昭和区長戸町 4-40
　　　　電話 052-799-7391　Fax 052-799-7984

発売元　星雲社（共同出版社・流通責任出版社）
　　　　〒112-0005 東京都文京区水道 1-3-30
　　　　電話 03-3868-3275　Fax 03-3868-6588

印刷所　藤原印刷

ISBN 978-4-434-34043-7
©MURAYAMA Kiozi 2024 Printed in Japan